기자수첩

민완기자 이영풍의 특종본능

기자 수첩

민 완 기 자
이 영 풍 의
특 종 본 능

이영풍 지음

추천사

강규형(명지대 교수, EBS 이사, 전 KBS이사)

2017년 8월 문재인 정권의 민주당 공영방송 장악 시나리오 문건이 세상에 알려졌을 때만 하더라도 KBS 내부의 분위기는 민노총이 배출했던 양승동 사장 체제로 순치되고 순응하는 분위기가 지배적이었다. 그 결과 적폐청산이라는 광풍이 본격적으로 불기 시작했을 때 이를 지적하고 앞장서서 저항하는 KBS 내부의 언론인은 그리 많지 않았다. 모두 인사보복과 감사보복을 두려워했을 것이라 짐작한다. 특히 불법보복기구로 판명이 났던 <진실과미래위원회>의 칼춤에 겁을 먹거나 행여나 쓸데없는 싸움에 휘말려 손해를 볼 가능성을 우려해 외면했거나 침묵했던 KBS인이 대부분이었다.

나는 당시 문재인 정권으로부터 부당한 방법으로 KBS 이사직에서 쫓겨나는 고통을 겪었지만 몇 년간의 지난한 사법적인 투쟁을 통해 문재인 전대통령을 상대로 한 KBS 이사 해임무효 소송에서 최종 승소함으로써 명예를 지킬 수 있었다. 자신의 명예는 자신이 지켜야 한다. 당시 나의 이 수난과 직간접적으로 관련된 KBS나 다른 곳에서 마음으로나마 나를 도와준 사람은 극소수였다. 오히려 자기가 살기 위해 나의 등 뒤에서 칼을 찌르는 자들도 많았다. 그런 자들이 이제 와서 KBS 사장 등 방송의 요직을 맡기 위해

동분서주하는 것을 보면서 비애를 느낀다. 이영풍 기자와 나는 이런 자들을 (만주에서 독립투쟁을 했다고 속였지만 실제로는 개고기 장사를 했던) 만주 개장수들이라 부른다.

마찬가지로 공영방송의 독립성과 정치적 중립성은 KBS인 스스로 지켜 내야 하는 절대 명제인 것이다. 이를 소홀하거나 외면했거나 순치되는 순간 시청자 국민은 KBS를 신뢰하지 않을 것이다. 그 투쟁 과정에서 많지는 않았지만 아스팔트에서 또는 언론자유를 위한 투쟁현장에서 만난 KBS인들도 있었다. 그 가운데 가장 기억에 남는 인물 중 한 사람이 이영풍 해직기자이다. 그는 최근 민노총이 배출했다는 김의철 KBS 사장 체제의 편파방송에 항의하는 1인 농성을 석 달 가까이 벌이다 해직되는 큰 아픔을 겪고 있다. 긴말이 필요 없을 정도로 그의 과감한 실행력과 결단력을 존중한다. 많은 국민들의 지지가 이를 반증한다.

이 책은 그런 그가 지난 27년 동안 KBS에서 벌여온 그의 생생한 현장 르포이자 투쟁기록이다. 그는 그동안 발로 뛰어온 그대로 '민완기자 기자 수첩'이라는 창을 통해 각각 <취재 수첩> <유학 수첩> <신사업 수첩> <액션 수첩> <회고 수첩>이라는 이야기 보따리를 풀어놓았다. 각 에피소드는 저자의 생생한 체험과 느낌, 철학이 고스란히 녹아있는 수첩장이자 일기장과 같다. 이 책을 읽으면서 저자와 대화하는 즐거움을 느끼고 현장기자의 따끈따끈한 냄새가 물씬 피어남을 알 수 있었다. 이영풍 KBS 해직기자의 체험기를 꼭 읽어보시길 강력하게 추천한다. 해직기자 이영풍을 응원한다. 문재인 정권의 전폭적인 지원 하에 KBS 등 공영방송을 불법장악했던 민노총 언론노조가 저질렀던 편파 왜곡 보도 등의 폐해를 바로잡기 위해 우리는 이영풍 같은 투사가 필요하다.

프롤로그

모든 사람에게 운명이라는 것은 과연 있는 것일까? "왜 기자라는 직업을 택했어요?"라는 질문을 받을 때마다 곱씹어보는 대목이기도 하다.

난 대학에서 경제학을 전공했다. 3저(저달러 저유가 저금리) 호황기의 절정이었던 80년대 후반에 대학을 다닌 여느 경제학도였다면 대기업이나 은행, 종금사 등 금융권으로 취업했을 가능성이 크다. 최근 취업난에 시달리는 MZ세대에는 정말 송구한 말씀이나 30여 년 전 취업상황을 보자면 최근보다 훨씬 수월했음은 주지의 사실이다. 많은 대학의 경우 학생들이 대기업 추천서를 몇 장씩 들고 회사를 골라서 취업하던 시기였다. 그래서 사법고시, 행정고시, CPA 고시, 언론고시 등 입사 시험을 별도로 준비하지 않을 바라면 차라리 대기업 입사 추천서를 받아서 손쉽게 취업하면 되던 시절이었다.

나도 마찬가지였다. 졸업 후 연봉 많고 무이자 대출이 보장되던 은행을 갈까? 아니면 삼성, LG, 현대 등 대기업을 갈까? 이런 평범한 고민이나 하던 대학생이 굳이 언론사 입사 준비를 한 계기는 우연한 사건에서 출발했다. 군대 전역 후인 1994년 학교 도서관 앞에서 우연히 보았던 '대학생 논문 현상 공모' 포스터 한 장이 내 운명을 갈랐다. 모 중앙 일간지와 대기업이 공동으로 '국제화'를 주제로 대학생들의 논문 현상 공모전을 안내하는 포스터였다. 당시 김영삼 정부가 집권해 세계화를 부르짖고 있던 시기여서 '국제화'를 주제로 한 공모전이 열린 듯하다. 1등 장원 포상금이 500만 원. 당시 국립대 한 학기 등록금이 50만 원을 넘지 않았던 시절이었으니 1등만 하면 당시 유행했던 배낭여행에다 남은 학비도 한꺼번에 '득템'할 수 있을 규모의 포상금이었다. 그 포스터를 보는 순간 "저 500만 원은 내 거야."라는 천지도 모르는 자신감이 들었다. 1등 500만 원의 포상금을 받기 위한 '꿈'을 실현하기 위해 처절한 노력이 시작되었다. 국회도서관, 각종 연구소, 신문사, 방송사 등을 찾아다니며 자료조사에 매달렸다.

결과는 어떻게 되었을까? 그 '꿈'은 예상과 달리, 보기 좋게 '개꿈'이 되었다. 낙방이었다. 반면 의외로 소득은 있었다. 떨어졌지만 논문 공모전을 벌였던 모 대기업으로부터 작은 선물을 소포로 받은 날. 번개처럼 날아든 깨달음이 있었다.

"언론사 기자 시험 치자. 국제화로 국경이 무너지는 무한경쟁, 정보화 시대에선 분초를 다투며 쏟아지는 뉴스를 다루는 언론사 기자가 딱~이네. 가자 언론사로."

장원을 해서 500만 원 포상금 '득템'을 하는 데는 실패했지만 뜻밖에 언론사 기자라는 진로를 확신하고 선택하게 되는 의외의 선물을 받게 되었다. '개꿈'이 나의 인생 진로를 확정짓는 진정한 '기자 꿈'으로 돌변했던 순간이었다.

중앙 일간지와 방송사 시험을 복수로 치던 중 KBS와의 인연이 그렇게 시작되었다. KBS 입사에 성공한 뒷얘기는 지금 생각해도 짜릿하다. 신입사원들에게 카메라 테스트를 하기 시작했던 시기여서 경상도 사투리를 쓰는 나에게는 엄청난 부담이 되었다. 운명의 카메라 테스트 시험 날. 나의 대학 친구인 A 기자(現 KBS 부산방송총국 근무)와 이걸 어떻게 뚫고 나갈 것인지 머리를 맞대고 있었다. 내가 친구 A에게 아이디어를 냈다.

"우리보다 수험번호가 빠른 아이들이 버리고 간 시험지가 분명히 어디에 있을 거야. 원고 대본 같은 거 말이야. 카메라 테스트 끝난 다음 그 시험지를 버리고 가지 않았을까? 어디에다? 으음…그래 쓰레기통이네. 쓰레기통."

내가 여의도 KBS 본관 여기저기에 있던 쓰레기통을 뒤졌더니 거기에서 카메라 테스트용 시험지 몇 장을 바로 '득템'할 수 있었다. 지금 생각해도 그런 깜짝 아이디어가 어떻게 나왔는지 알 수가 없다. 그런데 문제는 그다음이었다. 둘 다 경상도 사투리를 쓰는 까닭에 이걸 어떻게 잘 읽어낼 수 있을까? 이번에는 친구 A가 아이디어를 냈다.

"어디 텔레비전에 잘 나오는 아나운서 없나?"

주위를 두리번거렸다. 그런데 이게 또 무슨 행운이람? 여의도 KBS 본사 계단 앞에서 초조하게 기다리던 우리 앞으로 TV 뉴스에서 자주 보았던 여성 아나운서 한 명이 지나가는 게 아닌가? 입사하고 나서야 그 사람이 누군지 알게 되었다. 박 모 아나운서 실장님이셨다.

"저…신입사원 시험 치러 왔는데요. 이거 어떻게 읽으면 좋아요?"

다짜고짜 물었다. 시험을 앞두고 분초를 다투던 터라 안면몰수하고 그 여성 아나운서 '님'에게 찰싹 달라붙어 공격적으로 물었다. 신입사원 시험을 치러 온 대학생들이니 얼마나 귀여웠을까?

"아이고, 시험 치러 왔어요? 자, 봅시다. 1번 기사. 이스라엘 정부는…어쩌고 어쩌고…여기서 끊어 읽고요. 저기서 길게 늘여주세요. 2번 문제는…3번 문제는 요렇게 읽고…."

솔직히 2번과 3번 문제까지 외울 여유가 없었다. 1번 문제라도 제대로 읽자. 그러고는 당시 AFKN(주한미군 뉴스) 들으며 영어 공부하던 식으로 일종의 서울식 억양을 외워버렸다. 개그 프로그램에서 경상도 시골 촌사람이 서울말을 흉내 낸다면서 개그맨 김대희 씨가 우스갯소리로 하는 말이 있지 않은가?

"말끝을 올려서 읽으면 돼~~~."

나와 A는 고마우신 아나운서 '님'의 지도를 받들어 남은 시간 서울식 억양으로 원고를 계속 읽는 연습을 반복했다. 문장의 끝을 심하게 올려 읽으면서.

"이스라엘 정부는……협상을 요청했습니~~다~~."

수험장에 들어가니 또 행운이 찾아왔다. 시험 감독관이 1번 문제를 읽어보라고 하지 않는가? 서울식 억양연습을 하고 자신감으로 똘똘 뭉친 나였다. 서울식 억양으로.

"이스라엘 정부는…협상을 요청했습니~~다~."

결과는 카메라 테스트 바로 통과였다.

난관은 또 있었다. 모든 필기, 종합시험을 다 통과한 뒤 사장을 포함한 임원들 앞에서 최종 인터뷰를 하는 날이었다. 무더운 1995년 8월의 어느 날. 지금이야 의자에 앉아서 대담 인터뷰했겠지만 당시는 10여 명의 임원 앞에 차렷 자세로 서서 질문에 즉답하는 식이었다. 바닥에는 공업용 녹색 테이프로 역삼각형이 표시되어 있었고 그 자리에 수험생이 서야 했던 그런 시절이었다.

졸업논문 주제를 물어보길래 내용을 브리핑했다. 그런데 갑자기 임원 중한 명이 "이영풍 씨는 사투리가 심해서 그런데요. 방송 잘 할 수 있겠어요?"라고 공격적으로 쑥 들어오는 것이 아닌가? 수험생을 어리둥절하게 만드는 악역을 하는 임원이 등장한 것이었다. 정신이 번쩍 들었다. 그때 내가 주눅이 들거나 겁먹은 자세로 엉뚱한 대답을 했다면 낙방했을 것이다. 최종 인터뷰라는 것이 답변의 내용보다는 합격 후보자의 대범함이나 순발력을 테스트하는 것이 주목적이 아니었을까? 입사 후에 몇 년을 지나고 보니 그런 생각이 들었다.

공격적인 질문을 받는 순간 힘들었던 군대 생활의 추억이 번개처럼 스쳐 지나갔다. 나중에 다시 얘기하겠지만 난 시험을 쳐서 카투사로 입대했는데 카투사 교육대에서 영어시험 한번 잘못 치는 바람에 경기도 동두천에 있던 미 보병 제2사단 전방 사단으로 배치되었고, 거기서 또 뭘 잘못했는지 나는 판문점 바로 옆 'DMZ 헌병' 민정경찰 카투사로 날아가 버렸다. 당시 카투사로 입대하면 문제의 두 곳만 피해 가면 힘든 군대 생활이 만사형통이라고 했던 그 부대. JSA(Cp. Bonifas 판문점 공동경비구역)와 헬기 레펠 하강 훈련하던 506 공중강습 보병대대(Cp. Greaves 506 Infantry Air Striking Batallion). JSA 옆에 있던 딱 그곳에 배치되어 버렸지 뭔가? 그때가 생각나서 나는 면접관에게 소리를 질러버렸다. 죽을힘을 다해서.

"죄송합니다. 바로 시정하겠습니다~~~."

서울말은 끝을 올려 말하면 된다. 10여 명의 면접관이 깔깔깔 웃으며 당황해하는 모습을 지금도 잊지 못한다. 나에게 질문을 했던 면접관은 민망한 표정으로 말했다.

"아니, 그게 아니고요. 사투리 쓰는 게 미안한 일은 아니고요."

그때 나는 눈치를 챘다. 임원 선배들이 감동하셨나? 합격이다! KBS 시험에 합격하던 날 아침을 잊지 못한다. 합격자 명단을 방송사 정문에 붙였던 시절인데 고향인 KBS 부산방송총국 앞에 내 수험번호가 붙은 걸 보고 좋아서 환호를 질렀던 기억이 지금도 생생하다. 졸업 직전인 1995년 12월 1일 입사를 했고 2023년까지 근무했으니 만 27년을 KBS 기자로 근무한 셈이 되었다.

그 길이 나의 운명이었을까? 기자라는 직업은 나에게 안성맞춤이었다. 신입사원들에게 종종 따라다니는 업무 스트레스는 고사하고 너무 재미나서 지칠 줄 모르고 신나게 취재 현장을 누비고 다녔다. 총각 시절에는 일이 늦게 끝나거나 다음 날 새벽 일찍 출근해야 하니 때로는 회사 숙직실에서 먹고 자고 출입처인 경찰서 당직실에서 밤새는 일도 부지기수였다.

"기자로서의 달란트를 타고난 것이 확실하다."

출처 불명의 자신감도 들었다. 각종 사건 사고 현장에 달려갔고, 그 많은 사람을 만나도 지칠 줄 몰랐다. 마냥 재미있고 신이 났다. 그러다가 휴대전화에 저장된 전화번호만 약 6천 개가 넘었던 적도 있었다.

그때 언론사 선배들이 틈만 나면 강조하던 말이 있었다.

"민완기자(敏腕記者)가 되어라."

'민완(敏腕)'이란 말은 '재빠른 팔'이라는 뜻이다. 그러니 민완기자라는 뜻은 '재치 있고 발 빠르게 취재하고 보도하는 기자'를 뜻한다. 민완기자는 특종을 할 가능성도 큰 기자이니 많은 선배가 신입기자에게 민완기자가 되라고 하는 것은 그 당시 언론풍토에서 보았을 때 당연한 충고였다.

KBS 입사 27년을 훌쩍 넘긴 나는 민완기자가 되었을까? 재치 있고 발 빠르게 취재하고 방송했을까?

"호랑이는 죽어서 가죽을 남기고 사람은 죽어서 이름을 남긴다."

그런데 민완기자는 은퇴하면 무엇을 남길까? 지난 27년 동안 나는 민완기자로서 잘 살았을까? 그 얘기 보따리를 지금부터 풀어보려고 한다.

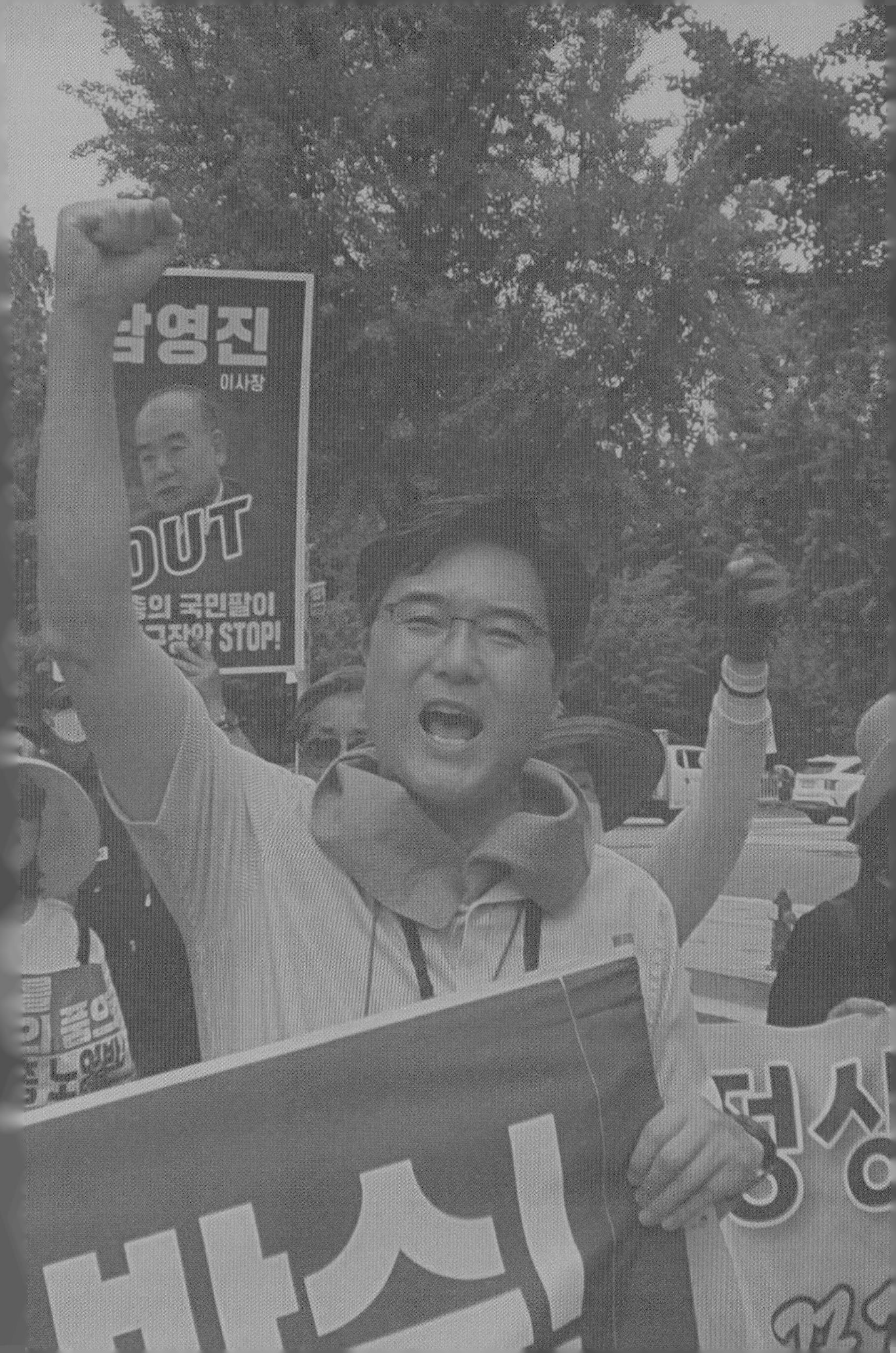
영진
이사장
OUT
국민팔이
STOP!

목차

도전

특종

민완기자 취재 수첩

No.1

전쟁

제목   **테러와의 전쟁…아프가니스탄 종군 특파원**

시기   **2001년 10월~11월**

장소   **아프가니스탄, 파키스탄, 타지키스탄, 두바이**

방송   **KBS뉴스, 2001년 10월~11월**

9·11 테러 사건[001]

2001년 9월 11일 발생한 미국 뉴욕의 110층 세계무역센터(WTC) 쌍둥이 빌딩과 워싱턴의 국방부 건물에 대한 항공기 동시다발 자살테러 사건. 발생 일자를 따서 '9·11 테러 사건'이라고도 한다. 2001년 9월 11일 오전 9시부터 오후 5시 20분 사이에 일어난 항공기 납치 동시다발 자살테러로 인해 미국 뉴욕의 110층짜리 세계무역센터(WTC) 쌍둥이 빌딩이 무너지고, 워싱턴의 국방부 청사(펜타곤)가 공격받은 대참사를 말한다.

이 사건으로 세계 초강대국 미국은 순식간에 아수라장으로 바뀌었고, 세계 경제의 중심부이자 미국 경제의 상징인 뉴욕은 하루아침에 공포의 도가니로 변하고 말았다. 미국의 자존심이 일거에 무너진 것은 차치하고, 이 세기의 대폭발 테러로 인해 90여 개국 2,800~3,500여 명의 무고한 사람이 생명을 잃었다. 사건이 일어나자마자 CNN 방송망을 타고 시시각각으로 사건 실황이 전 세계에 생중계되면서 세계 역시 경악하였다.

미국인들은 이 사건을 일컬어 '제2의 진주만 공격'으로 부르기도 하지만, 미국 건국 이래 본토의 중심부가 외부의 공격을 받은 것은 이번이 처음이다. 납치당한 4대의 항공기에는 3~5명의 납치범이 탔을 것으로 추정되는데, 미국연방수사국(FBI)의 조사 결과 범인들은 사우디아라비아와 이집트 출신의 조종사들로 알려졌다. 미국은 사우디아라비아 출신의 국제 테러리스트인 오사마 빈 라덴(Osama bin Laden)과 그의 추종 조직인 알카에다(Al-Qaeda)를 주요 용의자로 간주하고, 그밖에 팔레스타인해방기구(PLO) 산하의 무장조직인 하마스(HAMAS), 이슬람원리주의 기구인 지하드, 레바논의 헤즈볼라 등 다른 이슬람 테러 조직들도 관여했을 것으로 보고 있다.

---

001   9·11 테러 사건,
       https://terms.naver.com/entry.naver?docId=1216566&cid=40942&categoryId=31787

특종-민완기자 취재 수첩

미국 정부는 9월 12일 테러 개입자들에 대해 사전 경고 없이 보복할 것을 천명하고, 이튿날 부시 대통령은 '이 테러를 21세기 첫 전쟁'으로 규정하였다. 9월 15일 빈 라덴이 숨어 있는 아프가니스탄에 대한 지상군 투입 결정을 내리는 한편, 아프가니스탄의 인접 국인 파키스탄을 설득해 영공 개방 등의 약속을 받아내고, 작전명을 '무한 정의 작전'으로 명명한 뒤 보복 전쟁에 들어갔다.

같은 해 10월 7일, 미국은 '테러와의 전쟁'이라는 명분을 내세워 영국과 함께 아프가니스탄의 카불 공항과 탈레반 국방부, 잘랄라바드 공항, 칸다하르 탈레반 지휘사령부, 헤라트 공항 유류 저장고, 마자르이샤리프 탈레반군 장비 집결지, 콘두즈 탈레반 지역 군사 작전 지휘소 등에 50기의 토마호크 미사일을 발사하였고, 알카에다의 훈련 캠프와 탈레반 정부의 군사시설 등에 엄격히 제한된 선별 공격을 감행함으로써 제한전쟁의 포문을 열었다.

미국·영국 연합군은 2001년 10월 9일 아프가니스탄 주변에 350여 기의 항공 전력을 배치하고, 아프가니스탄 영토에서 자유로운 전·폭격기를 이용한 공습과 아프가니스탄 북부 동맹군을 앞세워 같은 해 11월 20일에는 아프가니스탄 전역을 함락시켰다. 이어 다음 달 22일 연합군은 반 탈레반 정권인 과도정부를 수립함으로써 탈레반과의 전쟁을 종결하였다. 그러나 미국이 이 전쟁의 목표로 삼았던 빈 라덴과 그의 조직 알카에다를 뿌리 뽑는 데는 실패하였다.

2001년 9월 11일 화요일 밤. 자정이 다 되어가던 시간. 저녁 9시 뉴스 제작을 마친 나는 부산 KBS 앞 식당에서 취재원과 만나고 있었다. 집에서 아내의 전화가 왔다.

"민준이 아빠. 텔레비전 좀 봐요. 미국에서 지금 큰일 났어요. CNN에 비행기가 날아다니고 건물에 충돌하고 난리가 이런 난리가 없어요."

이게 무슨 소리지? 난 퉁명스럽게 전화를 끊고 식당 주인에게 TV를 켜 달라고 했다. 그리고 입을 다물지 못했다. 널리 알려진 대로 '9·11 테러 사건'이 일어난 것이었다. 음식이 잘 넘어갈 리가 없었다. 그때 내가 아마도 본사 보도본부에서 근무했다면 비상이 걸려 회사로 총소집 당했을 것이다. 부산에서 근무 중이었으니 그런 일은 없었는데 나는 왠지 모를 불안감에 일단 바로 부산 KBS 보도국으로 복귀했다. 생방송을 한참 보고 있다가 별도의 업무지시가 없어서 당직 기자를 뒤로하고 집으로 돌아갔는데 집에서도 새벽 늦은 시간까지 계속 생방송을 보았다. 잠이 올 리가 없었다.

대형사건 접할 때 발생하는 아드레날린 분비사태

대형사건을 접하면 발생하는 일종의 '아드레날린' 분비 현상이 일어났다. 아드레날린은 '에피네프린'이라고도 불리는데 신장 위에 붙은 기관인 부신 피질에서 분비되는 카테콜아민의 일종으로 체내에서 신경 전달 물질 혹은 호르몬으로 작용한다. 스트레스 반응의 중심적인 역할을 한다고 알려져 있다. 인류의 먼 조상은 각종 생존의 위협을 받는 환경에서 생활하면서 맹수의 공격 등과 같은 절체절명의 상황에서 싸우거나 도망할 것인지를 선택해야 했는데 이러한 진화적인 특징이 현대의 우리에게도 남아 있는 것이라고 한다. 이런 상황에서 재빠르게 도망치거나 싸우기 위해 분비되는 호르몬이 아드레날린인데 이는 교감 신경을 자극하기 때문에 심박수와 혈압을 올리고(운동능력 향상), 동공을 확장시키며(주위의 적을 빠르게 파악) 포도당의 혈중 농도(혈당치)를 올려 빨리 위협에 대처할 수 있도록 해준다고 알려져 있다.[002]

몇 년 전 과도한 아드레날린(에피네프린) 분비 현상을 겪은 내 몸의 부신 하나를 제거하는 수술을 겪어봐서 그게 무엇인지를 체험했다. 아드레날린이 과다 분비되면 처음에는 가슴이 쿵쿵거리고 몸에 갑자기 활력소가 돌아 무엇이든지 할 수 있겠다는 느낌이 든다. 하지만 시간이 지나면 탈진 부작용이 나게 된다. 부신 제거 수술이라는 고행을 한 이유도 "사건기자를 오랫동안 했던 내가 분초를 다투는 뉴스를 제작하는 기자 업무환경에서 유발되는 스트레스 때문이었고 그래서 이것은 산재사고(?)일 가능성이 크지 않을까?"라는 하소연을 가족들에게 한 적이 있다.

2001년 9월 11일과 12일 새벽, 그날도 손바닥에 땀이 났고 한파에 노출된 팔뚝 근육이 살짝살짝 떨리는 그런 느낌처럼 근육 곳곳이 긴장되었다. 잠이 제대로 올 리가 없었다. 아드레날린 과다분비 현상이 아니었을까? 거실 소파에서 새우잠을 자다가 아침 일찍 일어났다. 뉴스에서는 계속 美 CNN이 생중계됐다. 순간 이런 생각이 들었다.

002   분노와 흥분의 호르몬 '아드레날린' https://healthhabit.tistory.com/65

"아~전쟁이 나겠구나. 전쟁을 취재하는 특별팀이 꾸려지겠구나."

내 예상은 적중했다. 본사에서 주니어 기자들을 중심으로 1차 취재단이 파키스탄 이슬라마바드로 긴급 파견되었다. 나는 이후 본사에서 종군 특파원을 선발할 것을 예상하고 촉각을 곤두세웠다. 그리고 2001년 10월 7일 미군과 연합군이 아프간을 공격하면서 아프간 전쟁이 시작되었다. KBS 본사에서 종군 특파원을 뽑는다는 소식을 들었고 나는 팔을 번쩍 들었다. 종군 특파원으로 지원한 것이었다.

"짐 싸서 서울 본사로 바로 와라"…종군 특파원의 시작

서울 본사에서 연락이 왔다.

"지금 바로 노트북과 여행 짐 챙겨 본사 국제부로 오세요."

드디어 종군 특파원으로 가는구나. 부랴부랴 집으로 바로 가서 아내에게 여행용 가방을 챙겨달라고 했다. 그런데 이걸 어쩌나? 어디로 가는지, 출장 목적지를 사전에 알리지도 못했고 종군 특파원으로 갈 수 있음을 미리 알리지도 않은 것이었다. 아내는 덜커덕 겁을 냈다.

"아니 아프가니스탄으로도 갈 수 있는 건데. 지금 거기는 전쟁터잖아요? 지금 제정신이에요?"

결혼한 뒤 지금까지 꼬박꼬박 나에게 존댓말을 써주는 아내에게 너무나도 미안한 마음이 뒤늦게 들었다. 자기 일밖에 모르는 녀석. 가족의 안위보다 자기 일이 먼저인 이기적인 기자 녀석. 그게 바로 그 당시 나였으니 말이다.

특종-민완기자 취재 수첩

"파키스탄 이슬라마바드로 가는 거야. 아프가니스탄으로 간다는 말은 아직 없었어."

나도 앞으로 벌어질 일에 대해서는 별 정보가 없었기에 적당히 얼버무리고 다급히 여행가방에 짐을 싸서 공항으로 출발했다. 아내에게는 "걱정마라." 한 마디 남기고.

당시 아프가니스탄에서 종군 취재 활동 중 피습되어 숨진 전 세계 언론인이 40여 명이라는 뉴스를 귀국하고 나서 들었을 때 등골이 오싹했었다. 철없던 30대 초반 민완기자였던가? 민완기자는 겁이 없어도 되는 것일까?

아프가니스탄 호자바우딘, 2001년 11월

기자수첩

지금도 그때를 생각하면 가슴을 쓸어내린다.

본사 국제부로 갔더니 바로 특별취재팀이 꾸려졌다. 베이징을 거쳐 파키스탄 이슬라마바드로 가는 비행기에 몸을 실었다. 중국 베이징발 파키스탄행 비행기는 출발 시간이 되어도 뜨질 않았다. 스튜어디스에게 왜 안 가냐고 물었더니 손님이 다 탈 때까지 안 간다는 말을 듣고 우리 취재팀은 아연실색했다. 전쟁이 터져 부정기선을 탔는지 기억이 가물가물하지만 이해가 되지 않았다. 출발 예정 시간보다 3시간 뒤 비행기가 드디어 이륙했다.

그런데 놀라운 일은 또 있었다. KBS 취재팀을 제외하고 파키스탄으로 가는 승객들이 안전벨트 해제 버튼이 울리자마자 언제 기다렸다는 듯이 모두 일어나 담배를 피워대기 시작했다. 이거 원, 영화 '인디아나 존스' 화물 전세기도 아니고 문명국가에서 이런 일이 벌어질까? 승객들은 담배를 피워대며 내 자리 모서리에 기대어 내가 이해 못하는 말을 자기들끼리 떠들어댔다. 글로벌 '에티켓'이라고는 전혀 찾아볼 수 없는 '정글' 그 자체였다. 하는 수 없이 자리를 피해 맨 뒷자리 화장실 근처로 피신할 수밖에 없었다. 장관이었다. 비행기 안이 뿌연 담배 연기로 뒤덮이는 그 광경. 아뿔싸. 앞으로 벌어질 사건들이 은근히 걱정되기 시작했다.

종군 특파원 '출장비' 뜯어낸 간 큰 경찰관들

파키스탄 이슬라마바드 공항에 밤늦게 도착한 뒤 나를 포함한 KBS 취재팀은 1진 취재팀이 있던 호텔로 버스로 이동했다. 호텔까지는 무사하게 이동했다. 그런데 문제는 그다음 터졌다. 취재팀 1진이 그날 밤 한국으로 철수하면서 내 여행용 큰 가방을 공항으로 가져가 버린 것이었다. 가방이 너무 많아서 헷갈렸던 탓이다. 비행기 이륙 전에 공항에서 온 전화를 받고 나는 현지 택시를 타고 공항으로 다시 가서 내 가방을 찾았다. 그리고 파키스탄 택시를 타고 다시 호텔로 돌아오는데 사건이 발생했다. 자정을 넘긴 늦은 시간이라 호텔로 돌아오는 도시고속도로에는 내가 탄 택시 외에는 오고 가는 차량도 없었다. 저 멀리 경찰이 보였다. 갑자기 택시를 세우더니 내리라고 했다. 그리고 내 여권을 보자고 하더니 여권을 받아든 다음 말을 걸기 시작했다. 나를 둘러싼 경찰관은 2명이었다. 그 가운데 덩치가 컸던 한 명은 나에게 어깨동무까지 하며 택시 뒤로 나를 끌고 갔다. 뚱뚱한 경찰관은 나에게 살갑게 말했다.

"South Korea, very rich."

민완기자는 눈치가 빨라야 할 것이다. 여기도 부패 경찰이 차고 넘치는군. 난 지갑에서 10달러 한 장과 세종대왕이 그려진 만 원짜리 몇 장을 흔들며 그 경찰관에게 찔러주었다. 그리고 한국 만 원권 지폐를 자랑했다.

"South Korean note…very available, I am sure."

그러자 그 경찰관은 언제 그랬냐는 듯 넘겨받은 통행세를 뒷주머니에 슬그머니 집어넣더니 천연덕스러운 표정으로 웃으면서 내 여권을 친절하게 돌려주었다. 잘 가라는 말도 잊지 않았다. 전쟁이 나면 그 주변 국가들이 돈을 번다는 말이 딱 맞는 말이라는 생각이 들었다. 아프가니스탄에 전쟁이 나니 접경 국가인 파키스탄으로, 타지키스탄으로, 우즈베키스탄으로 전 세계 언론인이 몰려들면서 달러가 돌아다니는 장면이 눈에 선하게 보였다.

"출동하라! 아프가니스탄으로!"…드디어 지옥행?

며칠 뒤 본사 국제부에서 긴급 연락이 왔다.

"아프가니스탄으로 들어가라!"

모두 할 말을 잃은 채 아프가니스탄으로 들어갈 5명을 최종 선발했다. 취재기자 2명, 촬영기자 2명, 엔지니어 1명으로 5명이 선발되었고 나는 당시 방콕 특파원이었던 김인영(前 KBS보도본부장) 선배와 촬영기자 선배 2명, 엔지니어 선배 1명을 모시고 아프가니스탄으로 가야 하는 오더를 받았다. 내가 제일 막내였다.

아프가니스탄 현지 위성전화 방송, 2001년 11월

특종-민완기자 취재 수첩

'전쟁터'로 들어간다. 살면서 별의별 체험을 다 해보는구나. 파키스탄에서 아프가니스탄으로 가는 길은 모두 막혀 있었다. 비행금지구역이 설정되어 비행기도 뜨지 못했다. 결국 두바이를 경유하고 아프간 북

아프가니스탄 현지 취재진용 발전기, 2001년 10월

부 타지키스탄을 통해 아프간으로 들어가기로 했다. 아프간 입국 경로가 결정된 것. 탈레반군은 아프간 남서부를 장악했고 적대 진영인 북부동맹군은 아프간 북부를 장악했으니 미국, 영국, 한국, 일본 등 서방의 언론취재팀은 대부분 북부동맹군 지역으로 들어가서 취재 활동을 할 수 있었다. 비자는 아프간 북부의 타지키스탄 수도 두샨베로 가서 받아야 했다.

먼저 두바이에서 종군 취재팀 장비를 준비했다. 일종의 군수물자 쇼핑이었다. 전쟁터에 가면 생존을 위해 가장 필요한 것이 무엇일까? 물과 소금이다. 그리고 전기를 생산하기 위한 발전기가 필수이다. 먼저 발전기부터 600달러를 주고 한 대 마련했다. 손으로 들고 다닐 수 있는 일본산 혼다 소형 발전기였는데 성능이 아주 좋았다. 어디를 가나 곳곳이 먼지 구덩이였던 아프간 곳곳에서 고장 한번 안 나고 잘도 돌아갔고 취재팀이 위성 방송을 하는 데 안성맞춤이었다.

"우리 비행기는 자유석이야"…기장의 충격적인 선언

종군 취재를 위한 쇼핑을 끝낸 다음 두바이에서 타지키스탄 수도인 두샨베로 가는 비행기를 타던 날. 우리는 긴장했다. 그런데 두바이 공항에서 예상 밖의 해프닝이 벌어졌다. 탑승 게이트가 열리자마자 긴 천연색 원피스를 입고 머리에는 각종 짐을 가득 진 여성들이 비행기로 쏜살같이 달려가는 것이 아닌가? 이른바 타지키스탄 보따리 아줌마 상인들. 우리는 그 이유를 알 수 없었다. 왜 저렇게 뛰어갈까? 느긋하게 비행기에 올라타고 나서야 그 이유를 알게 되었다. 내 자리와 그 주변 자리에 그 아줌마 보따리 상인 승객들이 자리를 잡고 진을 치고 있었다. "이건 내 자리"라고 하니 무슨 러시아 말인지 알아들을 수 없을 정도로 떠들어서 결국 승무원에게 따졌다. 기내가 시끄러워지자 기장이 직접 나와서 한마디로 정리했다.

"Our plane is free seat."

뭐 자유석이라고? 그럼 왜 번호가 찍힌 티켓을 파는 거야? 민완기자는 눈치가 빨라야 한다. 빈자리로 잽싸게 다이빙했다. 창가 옆 빈자리였는데 이후 영어를 구사하는 서방 언론인들이 와서 자기 자리를 내놓으라고 했다. 기장을 핑계로 나도 똑같이 써먹었다.

"Captain said free seat."

그 보따리 상인들이 왜 창가에 앉지 않고 중간구역 좌석을 선점했는지도 나중에 알게 되었다. 이륙하고 날아갈 때 창가 좌석은 엄청 추웠다. 옛 소련제 비행기였는데 이거 원 무슨 찬바람이 틈 사이로 숭숭 들어오는 것인지 몰라도 무릎이 시릴 정도였다.

특종-민완기자 취재 수첩

통과세는 무조건 1인당 100달러…달러가 곧 국력

몇 시간을 날아서 드디어 타지키스탄 수도 두샨베 공항에 도착했다. 비행기에서 내리니 바로 공항 건물이 아니었다. 인천공항이나 김포공항을 상상하면 안 된다. 그 깜깜한 새벽에 비행기에서 한참을 걸어서 CIQ 건물에 도착했다. 우리를 기다리고 있던 것은 "Welcome to Tajikistan"과 같은 환영 현수막이 아니었다. 놀랍게도 기관총으로 무장한 러시아 국경수비대와 셰퍼드 군견들이었다. 먼저 그 보따리상들과 타지키스탄 현지인들이 들어갔다. 시간이 한참 지난 뒤 CIQ 직원들이 전 세계에서 날아온 기자들을 국가별로 부르기 시작했다. 미국, 영국, 프랑스…이거 뭐 국력 순으로 부르는 건가? 이런 생각이 들었다. 남은 것은 한국, 중국, 일본 등 아시아 국가 취재진

외신기자용 프레스 카드, 타지키스탄, 2001년 10월

이었는데 제일 먼저 일본을 불렀다. 그다음은? 중국을 제치고 한국을 불렀다. 중국 통신사 기자의 일그러졌던 표정이 지금도 생생하게 기억난다. 아프간 취재 기간 중 이 원칙은 계속 지켜졌다. 타지키스탄과 아프간 공무원들은 국력 순으로 기자들을 부르는 것 같았다. 국력의 지표는 무엇일까? 간단하게 말하자면 '달러'이다. 비자 받을 때, 국경을 통과할 때, 현지 공무원을 만나면 일종의 'tea-money'라고 하는 통과세를 내야 했다. 국제 시장가는 1인당 100달러였다. 그 이후 틈만 나면 우리는 "우리나라 공무원이 얼마나 청렴결백한지 알겠군."이라는 하소연을 자주 하게 되었다.

한번은 취재팀 짐을 싣고 가던 우리 봉고 버스를 타지키스탄 현지 경찰이 세웠다. 운전기사는 자연스럽게 다가가서 경찰에게 "바로다르(Brother~형제여~)"라면서 거수경례했다. 굳이 우리말로 번역하자면 "아이고 형님~" 뭐 이런 것이 아니었을까? 운전기사는 면허증을 경찰에게 건네주면서 면허증 뒤에 우리 돈으로 3천 원 규모의 현지 화폐를 접어서 전해주는 것을 나는 목격했다. 현지 가이드에게 "경찰이 왜 버스를 세웠느냐?"고 물으니 "우리 짐이 아주 불안하게 실려 있어 경고하러 세웠다."라는 얘기를 듣고 한참을 웃었다. "한국도 저런 시절이 있었지."라는 생각이 들었다. 현지 가이드가 당시 매일 백 달러의 안내 수수료를 받았는데 현지 경찰의 월급이 백 달러가 안 된다는 이야기를 듣고 난 뒤 부패 먹이사슬의 밑바닥이 어떻게 돌아가는지를 목격한 셈이었다.

특종-민완기자 취재 수첩

현지 대학생 '파로' 군이 안겨준 뜻밖의 행운

우리를 안내한 현지 대학생 가이드를 만난 것은 취재팀에게 큰 행운이었다. 그의 이름은 '파로'였다. 당시 23살로 타지키스탄 국립대 학생으로 자신을 소개했다. 호텔 로비에서 가이드를 구한다고 해서 즉석 인터뷰를 한 뒤 채용했다. 안내 수수료는 매일 백 달러. 차를 가지고 와서 운전하면 매일 백 달러를 더 얹어주었다. 기름값은 취재팀이 별도 결제했다. '파로' 대학생은 팔방미인이었다. 현지에서 해결 안 되는 일이 없었다. '두샨베 해결사'였다. 아프간으로 들어가기 전날 취재팀은 양고기로 회식했다. 선배들과 헤어진 뒤 나는 내일 아프간으로 출동한다는 생각에 들떠서 대학생 파로 군과 호텔 인근 대학가의 호프집으로 갔다.

아프간 취재진과 현지 대학생 파로 군(중앙), 2001년 10월

두샨베 해결사 파로 군의 KGB 신분증

그런데 호프집에서 호텔로 돌아오던 중 또 해프닝이 벌어졌다. 기관총을 찬 러시아 국경수비대가 호텔 주변 골목 곳곳에서 불시 검문하고 있었다. 전쟁 중이었으니 말이다. 군인 한 명이 나를 보더니 경계하는 눈빛으로 여권을 보자고 했고 가진 돈이 얼마냐며 따지기 시작했다. 이거 원 현지 공무원이나 군인들은 가는 곳마다 왜 다른 나라 언론인들의 지갑 사정을 그리도 궁금해할까? 사실 나는 그때 취재팀 경비를 담당하는 총무 역할을 하고 있어서 출장비 가운데 상당 금액(영업비밀)을, 백 달러 지폐로 환전해 가방과 점퍼 안주머니에 숨겨서 소지하고 다녔다. 전쟁터에서는 카드 결제가 안 된다. BC 카드, VISA 카드 이런 것은 사용 불가이다. 오로지 현금 결제만 가능하다. 그래서 주요 국가의 언론인들이 강도 사건의 표적이 되어 희생되기도 했다. 아찔한 그 순간 '두샨베 해결사' 파로 군이 또 나섰다. 자신의 신분증이라며 까만색 가죽으로 입혀진 손바닥 크기의 신분증을 그 군인에게 보여주었다. 그랬더니 놀라운 일이 벌어졌다. 군인이 파로 군에게 거수경례를 하는 것이 아닌가? 그러고는 아주 순한 양처럼 굽신굽신 돌변하더니 호텔까지 안내해줬다.

이게 무슨 영문일까? 호텔에 도착해 파로 군에게 물었더니 놀라운 답을 했다. 그 신분증은 FSB(러시아연방보안국, 옛 KGB) 신분증이라는 것이었다. 물론 가짜였지만 말이다. 백 달러만 주면 만들 수 있다고 해서 나도 하나 만들어 달라고 했더니 거절했다. 내가 너무 한국 사람처럼 생겨서 만들어도 안 믿을 거라며 난감해했다. 이 바람에 서로 한바탕 웃으며 헤어졌던 기억이 난다. 아프간 전쟁 통에 인근 국가에서는 이런 식으로 달러 특수가 발생하고 사이비 신분증도 위력을 발휘했다.

달러가 위대할까? 신이 위대할까?

　호텔 방을 구하는 과정에서도 달러의 위력은 대단했다. 타지키스탄 두샨베에 내린 그 날 새벽. 우리 취재팀은 타지키스탄의 수도 두샨베에서 가장 큰 호텔인 타지키스탄 호텔로 무작정 가서 방을 찾았다. 호텔 리셉션 데스크에 앉아 있던 금발의 러시아 할머니는 방이 없다며 냉정하게 딱 잘라 말했다. 그런데 다음 날 달러를 보더니 변심했다. 나는 호텔 편지 봉투에 백 달러 지폐를 넣은 뒤 그 봉투 안의 달러 지폐를 살짝 보여주며 방을 구한다고 했다. 바로 방 5개의 열쇠 꾸러미가 나왔다. 달러의 위력은 막강했다. 안 통하는 데가 없었다. 호텔은 직사각형 형태로 건물 중앙에 엘리베이터가 있었는데 각층 엘리베이터 옆에 러시아 할머니들이 앉아 있었다. 그 할머니들은 거기에 왜 앉아 있었을까? '파로' 군의 설명이다. 옛 소련 체제가 몰락하기 전인 1990년대 이전에는 외국인들이 호텔에 입실하면 여권을 맡긴 채 함부로 못 돌아다녔고 각층의 러시아 출신 할머니들이 여행객들의 일거수일투족을 감시했다는 것이다. 그렇다면 2001년 당시 그 할머니들의 역할은? '파로' 군의 설명이다. 현지 여성과 연애(?)하려는 여행객들을 감시하는 것인데 말이 감시지 실상은 tea-money를 건네주면 외국인과 현지 여성과

의 밀회를 눈감아주는 경우도 많다
는 것이었다. 그 말을 듣고 나는 "몸
조심해야겠다."라는 생각이 들었다.
곳곳이 우리가 모르는 감시와 경계
의 눈총이었기 때문이다. 정신이 번
쩍 들었다.

아프간 입국 비자, 2001년 10월

국경 세관장의 돌출 발언…"당신, 달러 얼마 있어?"

타지키스탄 두샨베에서의 짧은 1주일 준비기간을 뒤로 하고 KBS 취재
팀은 드디어 아프간으로 출발했다. 타지키스탄 정부 차량이 앞뒤로 호송을
하며 전 세계에서 온 취재진이 아프간 접경지역으로 이동했다. CNN, BBC,
미국과 유럽의 신문사, 한국의 KBS, 중국의 관영매체 통신사, 프리랜서 기
자와 PD 등 백여 명 넘게 이동했다. 각각 빌린 차량으로 이동했다. 우리 팀
은 파로 군이 모는 봉고 버스에 모든 짐을 싣고 출발했다. 아침 일찍 출발한
이동 행렬은 오후 3시쯤 아프간 접경지역으로 국경 세관이 있는 곳에 도착
했다. 여기서도 또 해프닝이 벌어졌다. 비자를 확인하고 도장을 찍고 국경만

특종-민완기자 취재 수첩

넘도록 조치하면 될 일이었는데 국경 세관에서는 깜깜무소식이었다. 도착한 지 6시간이 흘렀다. 밤 9시쯤 되자 깜깜한 밤이 되었다. 그러자 전 세계의 언론인들이 국경 세관장 방으로 호출당했다.

이번에도 또 달러 강국 순으로 불렀다. 미국, 영국, 프랑스…일본, 한국, 중국. 나도 불려갔다. 우리는 이미 예상하고 주머니에 소량의 달러만 들고 들어갔다. 국경 세관장의 위세가 하늘을 찌를 지경이었다. 잘못 보이면 아프간 입국 자체가 불허될 수 있었기 때문이다. 세관장이 앉은 자리에 있는 의자는 호랑이 가죽으로 덮여 있었다. 말이 세관장이지 과장해서 표현한다면 마적단 두목 같았다. 세관 공무원 유니폼도 입지 않았고 머리에는 두건을 쓰고 있었다. 사무실 천장에는 백열전등이 달려 있어서 그 빛이 비치는 테이블이 있는 방은 마치 영화에서나 볼 수 있는 음산한 수사기관의 취조실을 연상케 했다. 세관장 옆에는 영어를 하는 통역관이 기다리고 있었다. 그는 나를 보더니 다짜고짜 앞뒤 가리지 않고 물었다.

"달러를 얼마 가지고 있나?"

나의 예상 답변은 정해져 있었다.

"3천 달러가 안 된다."

즉 한국 돈 3백만 원으로 답했다. 사실상 그것보다 10배 이상 많았지만. 그러자 그 통역관이 버럭 화를 내며 내뱉었다.

"South Korea very rich."

나는 10여 일 전에 내 여권을 흔들어 보이며 내 돈을 뜯어 간 파키스탄 경찰관이 생각나서 이번엔 당할 수 없다는 심정으로 큰 소리를 질렀다.

"South Korea IMF(국제통화기금)."

현장 영어는 이렇게 단순하고 강렬해야 한다.

"South Korea IMF"…아연실색한 국경 세관장

그러자 세관장 방은 한바탕 난리가 났다. 불과 몇 년 전인 1997년에 한국에서 발생한 IMF 외환위기 관련 뉴스를 많이 들은 탓이었는지 어려운 영어를 안 해도 IMF(국제통화기금)라는 말 한 마디에 그 통역관과 세관장은 아연실색, 어이가 없는 표정이었다. 세관장이 나를 떠밀며 한 말이다.

이란 출신 용병 아프간 진입 단독보도 〈아프간 – 타지키스탄 국경, 2001년 10월〉

특종-민완기자 취재 수첩

"Get out."

그래서 1차 인터뷰에서는 쫓겨났다. 이러다 아프간 영영 못 가는 것 아닌가? 그때 대학생 파로 군이 해결사 노릇을 또 해줬다. 자기에게 200달러를 10달러 권으로 20장을 쪼개서 달라고 했다. 그 세관장 얼굴을 보니 누군지 알 것 같다고 했다. 자신의 아버지가 모스크바로 보따리상을 하는데 친구로 보인다며 자기가 부탁해 보겠다고 했다. 포커를 쳐서 잃어 주면 될 것 같다며 국경 통과 비법을 알려주었다. 결과는 '무사통과'였다. KBS 취재팀이 5명이기 때문에 1인당 100달러씩 500달러가 뜯길 법한 상황에서 200달러로 해결했다. 금싸라기 같은 300달러를 아낄 수 있었다. 어디를 가나 현지 공무원들은 민원 해결에 1인당 100달러를 요구했다. 종군 취재보다 이러한 현지 돌발 상황에 적응하는 실전을 지혜롭게 해결해야 하는 여러 문제가 만만치 않았다.

아프간 입국 전부터 터진 특종 보따리…이란 용병 투입현장

밤을 새우며 아프간 국경을 통과하기를 기다렸다. 동이 트기 전 새벽에 취재진에게 준비하라는 소리가 들렸다.

"야~ 이제 들어가는 거야?"

우리는 들떴다. 그런데 이게 또 무슨 일인가? 어제까지 보지도 못했던 트럭이 몇 대씩 줄지어 들어가는 것이 아닌가? KBS 취재팀 단장이었던 김인영 前 방콕지국장이 어서 가서 뭔지 알아보라고 했다. 밤새 기다린 우리를 제치고 국경 통과를 새치기하려는 자들이 누구인지 색출하려고 난 쏜살같이 달려들었다. 그런데 "헐~" 트럭 안에는 무장반군처럼 보이는 전사들이 수십 명씩 타고 있었다. 모두 개인 화기를 보유하고 전쟁터로 투입되는 것 같았는데 정규군처럼 보이지는 않았다. 더 알아본 바로는 이란 출신 용병이라는 전언이었다. 김인영 취재팀 단장이 '가르마'를 바로 탔다.

"이란 출신 용병, 아프간 전쟁터로 이동."

아프간에 들어가자마자 KBS 취재팀이 터트린 특종 보도였다.

용병이라고 하면 아프간 전쟁에도 투입된 것으로 알려진 '블랙워터'라는 용병회사가 대표적이다. 부시 대통령 집권 기간인 2003년부터 2007년까지 미국 정부로부터 12억 달러 규모의 경호 계약을 따냈고, 오바마 대통령 정부에서도 미국 정부와 계약을 유지했다. 블랙워터와 같은 용병회사들은 돈을 받고 전쟁을 대신해 준다는 평에도 아랑곳하지 않고 알카에다 암살, 무인 폭격기 운용 등 민간 업체의 선을 넘어서는 군사작전도 감행하며 미국 정부의 신임을 받는 것이다. 용병회사에서 주목받는 사람들은 영국 공수특전단(SAS)과 미군 해군 특수부대 출신이다. 이들의 연봉은 부르는 게 값이다. 용병회사에 고용돼 기본 훈련과 교육만 마친 초년병이라도 연간 10만 달러 이상을 받는다. 이는 현역 군인 연봉의 2배이다. 전투 전문가나 특수 분야 지휘자들은 월 5만~10만 달러를 받는다.[003]

---

003   아프간 전쟁 최대 수혜자 블랙워터
       https://www.sisain.co.kr/news/articleView.html?idxno=6319

이란 출신 용병이 아프간 국경을 넘어 전쟁터로 들어간다는 보도가 〈KBS뉴스9〉를 통해 나가자 국내 대표적인 정보기관 관계자가 아프간 현지의 KBS 취재팀 위성전화로 연락했다. 이것저것 상세하게 물어봤던 기억이 난다. 현지 분위기는 어떠한지? 용병들은 몇 명인지? 국적이 어딘지? 등등을 질문했고 우리는 취재한 그대로 답해주었다. 미국 CIA처럼 해외 부문 전문 정보기관이 이래서 중요하다. 우리나라도 미국 CIA나 이스라엘 모사드처럼 해외 정보를 수집하는 정보력이 강화되어야 할 것이다. 방송하러 나온 언론사 기자를 통해 정보수집을 하면 되겠는가? 하여튼 우리 취재팀은 아프간 첫날부터 특종을 하며 기세를 올리게 되었다. 시작이 반이지 않은가? 당시 KBS 보도본부 수뇌부가 아프간 현장 취재 타이밍을 절묘하게 맞

아프간 북부 타슈테칼라 최전선, 2001년 10월

추었고 김인영 당시 방콕지국장의 판단이 '아프간 단독입국'이라는 결정적인 역할을 했다. 그래서 리더가 중요하다. 특히 전쟁터에서는. 줄 잘못 섰다간 큰일난다. 아프간에는 이제 국내 방송사로는 KBS만 유일하게 전쟁뉴스 방송하는 상황이 된 것이다. 그냥 매일 밤 9시 뉴스에서 보도하기만 하면 특종 보도가 되는 상황이 되어서 우리 취재팀은 신나게 아프간 곳곳을 돌아다니기 시작했다.

탈레반이 보이는 최전선 생방송, 말과 당나귀가 돕는 특종 보도

가장 먼저 북부동맹군과 탈레반군이 치열하게 전투를 벌이는 최전선 지역으로 잠입해 생방송을 하자는 결정이 내려졌다. 현지 북부동맹군이 제공하는 안내 가이드가 우리를 전투지역으로 안내했다. 아프간 전쟁 최전선 지역으로 가기 위해서는 먼지가 펄펄 날아드는 황량한 들판과 나무 한 그루 제대로 자라지 않는 산악지역을 통과해야 했다. 봉고 버스나 지프차는 거기까지 갈 수 없다. 그래서 대체 이동 수단은 말과 당나귀였다.

말을 타고 하천을 건너고 들판을 가로지르는 현장 상황을 상상해보라. 20세기 대한민국 기자가 19세기형 말 타고 취재 나가는 현장. 그것이 아프간 종군 취재의 따끈따끈한 현장이었다. 전투지역 최전선에 도착했더니 참호가 길게 파여 있었다. 우리는 안전 헬멧을 쓰고 방탄조끼를 입고 참호를 왔다 갔다 하면서 취재했다.

　나를 비롯해 KBS 취재팀 모두 대한민국 군대를 갔다 온 예비역 육군 병장들 아닌가? 능수능란했다. 이런 것쯤이야 뭐? 나의 임무는 현장에서 촬영한 테이프를 공수해 위성송출센터인 APTN[004] 센터로 가서 한국으로 그림을 쏘는 것이었다. 밤 9시 뉴스 생방송을 김인영 방콕지국장이 했다. 김인영 지국장이 생방송을 할 때 밑그림으로 깔아주는 현장 그림이 필요했기 때문이다. 나는 가이드와 함께 촬영 테이프를 배낭에 넣어서 메고, 타고 왔던 말을 타고 다시 1시간쯤 달려서 APTN 송출센터가 있는 기자촌 마을로 달려갔다. 밤 9시 뉴스 이전에 촬영 테이프를 전달해야 한국에서 편집할 수 있었기 때문에 시간이 촉박했다. 방송 시간에 맞게 현장 그림을 제공하려고 정말 정신없이 뛰었던 기억이 난다. 방송에 노출되는 생방송 기자도 있지만 종군 취재 현장에는 나처럼 말 타고 다니며 현장 그림 테이프를 공수하고 "South Korea IMF"를 외치며 국민 세금 아끼려고 달려드는 주니어 기자도 필요한 것이다. 민완기자는 이렇게 열정적으로 달리고, 인터뷰하고, 취재하고, 방송하면 되는 것 아닌가? 20여 년 전 나는 이렇게 생각하고 달리고 또 달렸다.

[004]　　APTN: 미국의 위성방송사

아프간 북부 타슈테칼라 최전선, 2001년 10월

김인영 당시 방콕지국장(右)과 함께 아프간 북부 호자바우딘 시장, 2001년 10월

특종-민완기자 취재 수첩

골목에서 마주친 아프간 여인…내가 가재걸음 치며 도망친 사연

이역만리 사회문화적 배경이 완전 다른 나라에서 취재 활동하다 보니 가는 곳마다 해프닝이 벌어진다. 한 번은 촬영한 테이프를 들고 APTN 위성방송 송출센터로 달려가다 좁은 골목에서 아프간 현지 여성과 딱 마주치게 되었다. 그런데 이걸 어쩌나? 머리부터 발끝까지 온통 옷으로 몸을 가리는 부르카를 입은 여성이 나를 보더니 벽 쪽으로 달라붙어 꼼짝달싹하지 않는 것이 아닌가? 나도 처음에 당황해서 벽 쪽으로 붙어서 그 부르카 여인이 지나가기를 바랐다. 그런데 그 아프간 여인은 무슨 영문인지 벽 쪽으로 머리를 대고 꼼짝달싹하지 않는 '얼음 인간'이 되어버렸다. 서로 한참 동안 눈치를 보다가 내가 벽 쪽을 보면서 가재걸음으로 그 골목길을 빠져나왔다. 혹시나 그 아프간 여인이 외간 남자와 눈이 마주쳐서 부족 마을 족장이나 가족들로부터 오해를 살까 걱정이 되어서였다.

외신 화면을 보면 탈레반 종교경찰이 대낮에 공공장소에서 부르카를 입은 여성들에게 회초리를 휘두르며 폭행하는 장면을 본 적이 있었다. 아프간 현지의 여성들의 삶이라는 것은 아마도 세계 최악의 상태일 것이다. 아프간 전쟁 피난민을 취재하다 돌아오는 길에는 끔찍한 장면도 목격했다. 어떤 마을을 지나가는데 까만색 부르카를 입은 아프간 여인이 마을에서 가장 큰 나무에 달랑달랑 매달려 있었다. 밧줄로 몸을 묶인 그 여인은 팔이 뒤로 꺾인 채 큰 나무에 매달려 있는 것이 멀리서도 보였다. 우리는 현지 가이드에게 무슨 일인지 알아봐 달라고 했다. 가이드가 마을로 가서 알아본 바에 따르면 그 아프간 여인이 남편 말을 잘 듣지 않고 고분고분하지 않아 체벌을 받는 중이라는 놀라운 소식을 전해 들었다. 탈레반이 장악하지 않은 북부동맹군 지역인데도 말이다. 아프간 북부지역 여성의 인권도 저런 수준인데 탈레반이 장악한 아프간 서남부 지역은 말할 나위가 없을 지경일 것이다. "아프간에서 여자와 아이들은 물건이나 다름없다."라는 비평가들의 말처럼 아프간의 여성 인권 문제는 아프간 전쟁 20여 년이 지난 지금도 심각한 국제문제로 이슈화되고 있다.

금강산도 식후경…종군 특파원의 슬기로운 밥 생활

종군 특파원들도 먹어야 일한다. 아프간에 처음 들어갈 때 보름 분량의 군수품(?)을 준비해서 들어갔다. 깡통에 든 햄이나 참치, 라면, 식수, 음료수 등등. 그런데 아프간 취재 1주일도 안 되어 모든 군수품이 바닥나고 말았다. 돌아서면 배가 고팠다. 아프간과 한국은 4시간 반 차이가 난다. 주로 밤 9시 메인 뉴스를 지국장이 맡고 나는 현지 시각으로 새벽 1시에서 3시 사이에 국내용 아침뉴스를 제작해서 송출해야 했기 때문에, 방송하고 돌아서면 배에서 꼬르륵하고 소리가 났다. 그래서 아프간 현지 취재 1주일 뒤부터는 현장에서 모든 군수품을 조달하게 되었다. '금강산도 식후경' 아닌가?

그 전쟁 통에서도 시장이 서고 먹고사는 문제가 치열했다. 우리는 바자라고 부르는 현지 노천 시장에 가서 군수품 조달을 시작했다. 가장 중요한 것은 먹을거리였다. 아프간 닭이 눈에 쏙 들어왔다.

아프간 북부 호자바우딘 - 취재진 닭죽 요리, 2001년 10월

  "저거 바로 닭죽 만들어 먹으면 되겠군?"

  그리고 시장에 굴러다니던, 좀 거칠게 표현하자면 무슨 개 밥그릇 같은
다 찌그러진 냄비를 샀다. 냄비 곳곳이 다 엉망이었지만 전쟁 통에서는 아
주 유용한 냄비였다. 아프간 쌀과 소금도 함께 조달했다. 그 냄비를 들고 와
서 지하수로 씻고 또 씻었다. 상수도가 공급되지 않는 탓에 드럼통에다 지
하수를 퍼 날라 가라앉힌 다음 드럼통 윗부분의 지하수 물을 살짝살짝 떠
서 밥하는 데도 쓰고 이도 닦고 그런 식이었다. 아프간 닭죽을 만들어 먹는
날의 추억은 지금도 생생하다. 내가 장작 나무를 구해와서 불을 피우고 냄
비에 지하수를 붓고 끓이기 시작했다. 닭 내장을 발라내는 것은 도저히 우
리가 할 수 없는 영역이어서 아프간 현지인에게 10달러의 수고비를 주고 부

탁했다. 그리고 그 안에 아프간 쌀을 조금 집어넣고 헝겊 줄로 닭 다리를 묶는 방식으로 아프간 전쟁터 닭죽을 끓였다. 얼마나 고소한 냄새가 나던지 옆의 외신 기자들이 냄새를 맡고 찾아오기도 했다. 이런 식으로 요리한 아프간 닭죽은 현지 취재하는 동안 KBS 취재진을 지켜준 훌륭한 영양식이었다. 우연히 지나가던 한국의 다른 언론사 기자들에게도 아프간 닭죽을 대접하기도 했다. 그렇게 또 하루하루를 견뎌냈다.

아프간 철수 결정…빠져 나가는 것이 더 어려웠던 현실

2001년 10월 7일 아프간에 전쟁이 시작된 지 한 달이 넘었던 2001년 11월 초가 되었을 때 아프간 전쟁은 일시 교착상태에 빠졌다. 미군과 연합군이 탈레반을 남쪽으로 밀어내는 소탕 작전이 지연되고, 겨울이 다가오자 아프간 수도 카불 함락 작전이 내년으로 넘어갈 것이라는 전망이 나오기 시작했다. KBS 취재팀은 더 버틸 것인지? 일단 철수할 것인지를 놓고 고심하기 시작했다. 가장 큰 문제는 또 달러였다. 현장에서 버틸 수 있는 유일한 총알은 카드가 아닌 현금, 달러 '캐시'였기 때문에 매일 줄어드는 달러로는 더 이상 버티기가 힘들었다. 그리고 전쟁이 겨울을 넘기고 장기전으로 갈 것이라는 전망까지 나와 취재팀은 일단 철수하기로 결정했다.

아프간에 들어가는 것도 험난한 여정이었지만 나가는 것은 더 심한 고행길이었다. 다시 북쪽의 타지키스탄 접경지역으로 가서 타지키스탄 수도 두샨베로 이동해야 했는데 우리 취재팀을 픽업하러 올 대학생 파로 군과 연락이 잘되지 않았다. 파로 군의 집에 위성 전화를 걸면 영어를 하지 못하는 가족들이 주로 전화를 받았기 때문에 언어소통이 되지를 않았다.

그러던 중에 천신만고 끝에 파로 군과 통화에 성공해 정해진 날에 국경 세관에서 만나자고 서로 약속이 되었다. 그리고 우리는 아프간에서 철수할 수 있었다. 2001년 11월 중순 드디어 아프간 국경을 넘고 타지키스탄 국경 세관에 도착했다. 난데없이 비가 내리기 시작했다. 바람도 세게 불었다. 11월 중순 황량한 벌판에서 맞는 비로 추위가 엄습했다. 우리 취재팀은 모두가 추위에 떨고 있었다. 취재팀의 모습은 말이 종군 특파원이지 사실상 노숙인 행세 저리가라였다. 전쟁터 취재 탓에 지쳐 버린 시커먼 안색과 면도를 하지 못해 생긴 긴 수염까지. 얼핏 보면 패잔병이거나 노숙인 차림의 행세였다. 취재진은 서로를 보면서도 정말 고생이 이런 고생이 없구나라는 생각이 들 지경이었다.

국경 세관에 도착한 지 3시간이 넘어섰다. 그런데 대학생 파로는 나타나질 않았다. 국경 세관 주변에서는 믿을 수 없는 택시 운전자들이 즐비했는데 우리가 세관을 떠나지 않고 서성이자 말도 안 되는 가격을 제시하며 자기 차를 타라고 겁박하기도 했다. 우리는 무작정 대학생 파로를 기다렸다. 약 3시간쯤 지났을까. 저 멀리서 흰색 봉고 버스 한 대가 세관 쪽으로 오고 있었다. 순간 나는 대학생 파로라는 느낌이 바로 들었다. 점점 가까워지는 봉고 버스 안에서 파로가 외쳤다.

"Mr. Lee. Are you ok?"

우리 취재팀과 파로는 서로 반가워 부둥켜안고 뜨거운 재회 인사를 했다. 굿바이~아프간!

아프간 종군 특파원 20년 뒤
미군 아프간 전격 철수 기사를 읽고

아프가니스탄 주둔 미군이 소리 소문도 없이 철군했다는 외신이 날아들었다. 미군 주둔지의 핵심인 바그람 공군기지에 갑자기 전기가 나갔는데, 가보니 일부 군사 장비들만 남아 있고 개미 새끼 한 마리 없이 싹 다 철군해 버렸다는 것이다. 때를 만난 듯 도적 떼가 미군 장비들을 다 훔쳐 달아났고 아프간 정부군이 뒤늦게 바그람 공군기지를 접수해 지키고 있다는데 탈레반 세력이 확산하면서 내전 상태로 접어들 수도 있다고 한다.

아프가니스탄. 神마저 버린 비극의 땅으로 불리는 나라. 20년 전인 2001년 10월 초 나는 이 땅을 밟았다. 여행객으로서가 아니라 KBS 아프가니스탄 종군 특파원 신분이다. 2001년 9월 11일 이슬람 극단주의 무장단체가 민간 항공기를 납치해 뉴욕의 무역빌딩에 충돌, 공중 폭파시키는 잔인한 수법으로 일으킨 9·11 테러 사건. 이후 미군이 테러 사건의 배후조직을 소탕하기 위해 아프간을 공습하기 시작하면서 벌어진 전쟁터로 나는 직접 걸어 들어간 것이다. 전쟁터에서의 일상. 종군 특파원들의 생존 상식은 무엇일까?

① 카드 결제 안 된다.

외국인은 무조건 현찰을 들고 다녀야 한다. 그래서 외국인, 특히 취재진은 강도 범죄의 표적이 되기에 십상이다. 이를 예방하는 차원에서 집단을 이뤄서 이동해야 안전하다. 당시 KBS 취재진은 나를 포함해 5명이었다. 그나마 다행.

② 식량은 현지 조달이다.

폭탄이 떨어지는 전쟁 통에서도 시장은 매일같이 열린다. 바자~라고 부른다. 한국인은 강인하다. 시장에서 딱 보고 골랐다. 생닭과 소금, 약간의 곡류. 그리고 다 찌그러진 개 밥그릇 같은 냄비를 샀다. 메뉴는 삼계탕(실제론 닭죽)이다. 생닭 내장 처리는 현지인에게 5~10달러 정도 팁을 주고 부탁한다. 요리는 KBS 취재진이 직접 했다. 전쟁터에서 삼계탕이면 최고급 식량이다.

③ 이동 수단은 트럭, 말, 당나귀다.

뭐라도 하나 빌렸다 하면 100달러다. 매일 차 100달러, 아프간 현지 안내인 100달러다. 매일 200달러는 기본으로 나간다. 트럭도 못 가는 데가 있었다. 그럼 19세기 이전의 교통수단으로 돌아간다. 말이나 당나귀를 탄다. 그때 현장 화면이 디지털로 변환돼 있어 지금도 그때를 회상하며 즐겨본다.

④ 종군 취재의 기본은 신속 촬영과 엄폐 기동이다.

탈레반과 맞붙은 최전선 취재할 때 지켜야 할 점은 재빨리 촬영하고 기자가 현지 설명하는 온-마이크도 최대한 빨리 찍고 빠져야 한다는 점. 당시 전 세계 종군 특파원 40여 명이 현장에서 총 맞고 숨졌다. 한국인 종군 특파원은 희생자가 없었다. 한국 남자들은 다 군대 갔다 왔다. 헬멧 쓰고 참호에 딱 달라붙어 잘 숨어다닌다. 행여나 큰 트럭이나 장갑차 같은 거 보이면 그 뒤에 숨어서 엄폐 기동할 줄도 안다.

⑤ 아프간 현지 여인들과 눈 맞추면 절대 안 된다.

현장 촬영한 테이프를 들고 서울로 위성 송신 서비스하는 APTN 기지로 달려가다 막다른 골목에서 부르카를 입은 아프간 여인과 딱 마주친 적이 있다. 그 여인은 부르카를 써서 자기 얼굴 등이 드러나지 않는데도 나를 마주친 순간 벽 쪽으로 딱 붙어 꼼짝달싹도 안 했다. 난들 어쩔 도리가 없다. 반대편 벽에 달싹 붙어서 벽을 보며 지나갔다. 이게 뭔…사람 사는 동네가 이게 뭔가?

그곳에서 한 달 반을 버텼다. 체중은 10여 킬로그램 빠졌고 현지에서 배탈 설사가 자주 나서 귀국 후에도 고생했다. 아프간 종군 취재기를 쓴다면 책 한 권으로 다 쓸 수 있을 정도다. 오늘은 이쯤에서 그만.

아프간 취재를 나가던 그 날. 가족들이 물었다. 어디 가냐고? 아뿔싸~. 30대 초반의 열혈 기자였던 나. 가족에게 상의도 하지 않고 아프간 종군 취재를 위해 파키스탄으로 갈 기자를 뽑길래 손을 들었고 뽑히자 바로 여행가방 싸서 출발하려던 참이었다. 기자란 직업이 숙명적으로 뿜어내는 그 잘난 공명심의 발로랄까? 아내에겐 아프가니스탄이 아니라 일단 파키스탄 간다고 했다. 결국엔 아프간 들어갔지만. 가슴을 쓸어내린 가족들에게 두고두고 미안하다.

탈레반이 6개월 안에 아프간을 매우 장악할 것이라는 전망 보도가 잇따른다. 神마저도 버렸다는 비극의 땅…아프간. 남은 인생 동안 다시 가볼 일은 없을 듯하다. 아프간 주민들의 안전과 행운을 빌 뿐이다.

(2021년 7월 7일 페북 글)

미군이 전격 철수한 아프간의 미래는?

美軍이 소리 소문도 없이 아프간에서 철수했다. 그 결과 아프간 정부군과 美軍의 위세에 눌려있던 탈레반이 주요 도시를 속속 장악하고 있다는 소식이다. 이에 아프간 여성들까지 탈레반에 맞서 총을 들었다는 외신이 전해지고 있다. 그런데 이를 잘 살펴봐야 한다. 神도 저버린 처절한 땅 아프가니스탄. 크게 보면 남부와 북부에 엄연히 다른 민족이 살고 있다. 남부의 칸다하르를 중심으로 광활한 평원지역에는 파슈툰족이 중심인 탈레반이 장악하고 있다. 반면 북부에는 타지크족이 거주한다.

20년 전 미국이 아프간을 점령했을 때 美軍을 도운 조력자는 타지크족 중심의 북부동맹 지원군이었다. 그러니 탈레반에 반대해 현지 여성까지 총을 든 지역은 북부의 타지크족들이 주로 거주하는 북부지역이란 점을 잊으면 안 된다. 보도된 사진을 보면 탈레반 지역의 여성들이 온몸을 가린 부르카를 입는 것과 달리 총을 든 여성들은 얼굴을 드러내는 히잡 복장을 한 것을 알 수 있다. 즉 이들은 탈레반과 비교하면 덜 보수적인 북부지역 주민들임을 알 수 있다.

아마도 북부지역의 현지 여성들까지 총을 들고 탈레반과 맞선다고 하는 걸 보면 얼마나 사정이 급박한지 알 수 있다. 탈레반은 원래 이슬람 근본주의 학생운동 단체였다. 80년대 우리나라의 운동권과 흡사하다. 펀더멘탈리스트들이다. 타협하지 않고 이슬람 근본주의를 신봉한다. 아마도 이들이 6개월 안에 아프간 전역을 장악할 것이라는 전망이 잇따른다. 그 이후 어떤 일이 벌어질 수 있을까?

나는 아래와 같은 이유로 이 사태가 나비효과를 일으켜 한반도에도 영향을 줄 것으로 생각한다.

① 美軍이 왜 급작스럽게 철군했을까?

잘 아시다시피 美軍은 바보가 아니다. 지구적으로 전략하고 전쟁을 기획한다. 그런데 왜 소리 소문도 없이 아그람 공군기지를 텅텅 비워놓고 훌쩍 철군했을까? 어떤 힌트를 암시하는 건 아닐까? 누구에게? 탈레반일 것이라는 추론이 유력하다. 美軍은 아프간에서 이제 손을 뗄 터이니 너희들이 알아서 하라는 그런 암시 말이다. 탈레반은 옳거니 하고 달려들 게 뻔하다. 실제 탈레반은 美軍 철군 후 속속 지방 도시들을 장악하고 있다.

② 탈레반은 앞으로 어디로 진격할까?

그럼 탈레반은 앞으로 어떻게 돌변할까? 먼저 아프간 내부부터 장악할 것이다. 엄격한 이슬람 근본주의 문화를 모든 아프간에 요구할 것이고 특히 타지크족이 많이 사는 북부지역의 주민들과 큰 충돌을 빚을 것이다. 그런 다음 이들은 어디로 향할까? 나는 탈레반들이 중국인민해방군과 한판 붙지 않을까 예상한다. 아프간 지도를 한번 보면 짐작할 수 있다. 아프간의 제일 오른쪽 끝부분의 국경이 중국과 붙어 있다. 또 거기로 들어가면 신장 위구르로 진입할 수 있다. 탈레반은 소위 무슬림 근본주의 학생운동권 세력인데 최근 신장 위구르에서 중국 정부로부터 고통받고 신음하는 무슬림들을 가만히 두고 보고 있을까?

③ 중국 신장 위구르의 급변사태?

만일 탈레반이 신장 위구르로 진격하는 날이 벌어진다면 아마도 중국인민해방군과 지하드(성전)를 벌일 수도 있다. 그렇다면 중국에 어떤 일이 벌어질까? 최근 중국인민해방군은 인도군과도 국경분쟁을 벌이고 있는 마당인데 탈레반과 한판 붙는다면 이건 국제분쟁의 화약고로 돌변할 수도 있다고 보인다. 그 시기는 탈레반이 아프간을 완전히 장악한 뒤부터가 될 가능성이 크다. 아마도 내년쯤이 지나면 아프간 정세를 더 정밀하게 살펴볼 필요가 있다.

그런데 참 이상하기 짝이 없다. 美軍은 왜 아프간에서 철수했을까? 美軍이 20년 전 아프간에 진군해 전쟁을 벌일 때만 해도 '아프간의 자유와 민주화'를 부르짖고 9·11 테러 사건을 일으킨 극단주의 무장 세력의 뿌리를 뽑자고 한 것 아니었던가? 그런데 그게 달성됐는가? 답은 NO다.

그렇다면 다른 측면에서 이 사태를 살펴봐야 한다. 그건 미국과 중국 사이에 벌어지기 시작한 신냉전 확산의 신호탄이 아니냐는 분석이 유력해 보인다. 美軍은 탈레반의 힘을 빌려 중국인민해방군을 신장 위구르 지역으로 끌어들이려는 것은 아닐까? 아프간은 소비에트 체제를 망하게 했던 소련군의 무덤이었음을 잊지 않는다면 이런 추론도 설득력이 있지 않을까?

그렇다면 美軍은 탈레반이 중국을 치는 '차도 살인'의 수단으로 쓰려는 것은 아닐까? 소련군에 저항해 지하드(성전)를 벌이던 80년 초 당시 아프간 남부 파슈툰족을 도운 건 미국이었고 그 결과 아프간은 소련군의 무덤이 됐다. 그리고 소련군 철군 후 얼마 지나지 않아 소련은 망했다는 건 다 알려진 역사적 사실이다. 시간이 흘러 남부 파슈툰족 중심의 탈레반 세력이 급성장하자 미국은 이번에 그 반대편인 북부 타지크족 중심의 북부동맹 세력을 지원했다. 그런데 20년 만에 소리 소문도 없이 야반도주하듯이 美軍을 철군시켰다. 왜일까?

탈레반의 '차도 살인' 전투가 벌어지는 그때가 온다면 미국의 對 중국 전략과 중앙아시아 전략의 실체를 알게 되는 그 날이 올듯하다. 다시 한번 아프간 주민들의 안전과 안녕을 기원할 뿐이다. 또 '나비효과'로 한반도 정세에도 어떤 영향이 올지를 예의주시해야 할 사태임이 틀림없어 보인다.

(2021년 7월 10일 페북 글)

No.2

군폭

제목　식물인간 이등병, 사실대로 말해줘

시기　2014년 10월~12월

장소　서울, 수원, 육군훈련소

방송　시사기획 KBS 창, 2014년 11월

수상　KBS 우수프로그램상 최우수상
　　　방송통신심의위원회 이달의 좋은 프로그램상

식물인간 이등병, 사실대로 말해줘

2012년 훈련소 훈련병 생활을 잘 마치고 강원도 모 육군 부대로 자대 배치된 구상훈 이등병. 자대 배치를 받은 지 20일이 채 되지 않은 시점. 그는 뇌출혈을 일으켜 후송되었고 식물인간 상태에 빠졌다. 그리고 1년 7개월이 흘렀다. 놀랍게도 구상훈 이등병은 기적적으로 깨어났다. 어눌했지만 어머니의 지극한 정성으로 말문이 열렸고 어머니와의 끊임없는 대화를 통해 구상훈 이등병은 그 진실을 폭로하기 시작했다. 자신이 쓰러진 이유가 구타 사건 때문이었다는 것.

그는 자신을 구타한 선임병들의 이름과 구타 정황을 구체적으로 진술하기 시작했다. 〈KBS 시사기획 창〉의 방송으로 전국에 알려진 뒤 국방부 장관의 재수사 지시가 이뤄졌다. 그러나 육군 측은 "집단폭행은 없었던 것으로 확인한다."라고 발표했다. 피해자는 있는데 가해자는 사라져 버린 채 사건은 오리무중에 빠져버렸다. 당시 국방부는 KBS와 취재진을 상대로 소송을 제기했다. 국방부 측은 2심까지 패소하자 대법원 최종심에 상고하지 않았다. 가해자로 지목된 선임병에 대한 거짓말 탐지기 조사 결과는 '거짓'으로 판명되었다.

구상훈 이등병과의 만남

그는 경기도 수원에 살며 소방 공무원을 꿈꾸던 평범한 19살 청년이었다. 2012년 군 입대 후 자대로 배치받은 지 19일 만에 "의문의 변"을 당했다. "뇌 동정맥 기형에 의한 뇌출혈" 상태로 부대 안에서 발견된 것. 식물인간이 되어 버렸다. 가족들은 구타를 의심하고 아들의 뒤통수에서 발견된 상처 흔적을 군 헌병대에 제시하지만 돌아온 말은 "욕창"이란 설명뿐. 누구도 관심을 가지지 않았다. 그러기를 1년 7개월. 구상훈 이등병은 기적같이 깨어났다. 처음엔 밤을 새워 간호하던 어머니와 눈으로 대화했다. 그리고 1년 만에 말문이 열렸다. 그리고 자신은 구타당해 쓰러졌던 것이라며 자신을 구타한 선임병들의 이름을 조목조목 폭로한다. 구상훈 이등병은 구타의 장소나 목적, 방법 등에 대해 구체적으로 진술했다. 반면 사건 당시 수사 기록은 구상훈 이등병의 진술과 엇갈렸다. 군 수사기관의 허술한 초동대처에 대한 비판이 일어났고 수사 기록에 주요 목격자로 등장하는 인물들의 진술도 오락가락했다.

어떤 계기로 취재하게 되었나?

2014년 4월 고 윤승주 일병이 자신이 근무하던 군대에서 선임병으로부터 한 달 동안 잔인하게 폭행 및 가혹 행위를 당하다 숨진 사건으로 전 국민이 분노하던 시기였다. 시청자들의 제보가 빗발쳤고 천여 건이 넘는 軍暴!(군대 폭력사건) 제보가 정리된 엑셀 파일을 보도본부 디지털 뉴스국으로부터 건네받았다. 잘 정리되어 있었다. 시청자들이 다양한 제보를 해 주었다. 별의별 제보가 다 있었다.

"80년대 중반 군악대 소속 병사. 근무 중 군기 빠졌다고 창고로 끌려가 선임에게 야전삽으로 배를 맞았다. 내장이 파열돼 군 병원에서 반 년을 치료받다 의병전역."

"90년대 전방 GOP 근무 중 소초 근무 때마다 선임으로부터 밤새도록 성폭행당했다. 그 선임의 이름을 아직도 잊지 못한다. 사는 곳도 안다. 다시 마주치면 가만두지 않겠다."

제보는 끝이 없었다.

군대에 다녀온 사람들은 조금은 안다. 특히 90년대 이전에는 특히 심했다. 군기 잡는다고 기합! 군화로 조인트 까고…원산폭격 머리 박고… KBS 디지털 뉴스국이 접수한 제보들은 끔찍하기 이를 데 없었다. 그런데 한 제보 내용이 눈에 확 들어왔다. 보자마자 직감적으로 감을 잡고 달려갔다.

"아들 군 생활 중 뇌출혈 발생. 현재 구타 주장 위탁병원에서 재활 중…여러 방법으로 민원을 제기하기도 하였으나 아무것도 돌아온 게 없습니다. 요즘 윤 일병 폭행 사망 사건[005] 뉴스를 보고 너무 안타깝고 너무 억울해 제보를 드립니다. 아들은 어느 정도 인지가 돌아와 강력하게 구타 주장을 합

---

005   윤 일병 폭행 사망 사건 – 2014년 4월 7일 육군 28사단의 윤승주 일병이 선임병들에게 한 달여간 폭행 및 가혹 행위를 당해 사망한 사건이다.
       https://terms.naver.com/entry.naver?docId=2843504&cid=43667&categoryId=43667

니다. 사지는 움직이지 못하여 엄마가 2년 5개월 병간호를 하고 집에는 오지 못하고 가족은 엄청난 시련을 겪고 있습니다. 군의 구타를 근절할 수 있도록 제보를 드립니다."

2012년 2월 18일 전방 육군 보병사단에서 발생한 구상훈 이등병 구타 의혹 사건 취재의 시작이었다.

구상훈 이등병의 진술 - "집단 구타당했어요."

구상훈 이등병을 만났다. 병원에서 처음 얼굴을 마주한 구상훈 씨는 낯을 가렸다. 사지를 떨고 비틀며 제대로 답변을 못했다.

"오늘은 산책하는 것만 찍읍시다. 날씨도 좋은데."

KBS 시사기획 창, 2014년 11월

특종-민완기자 취재 수첩

첫날 촬영은 이렇게 서로 얼굴을 익히고 호흡을 맞추는 것으로 시작했다. 그리고 1주일 뒤. 조금씩 대화를 시도해봤다. 어머니의 도움이 주효했다. 어머니의 지극정성이 하늘을 울린 것이다.

"상훈아, 이 아저씨들은 KBS 방송국 기자야. 엄마하고 이야기한 거 다 이야기해봐."

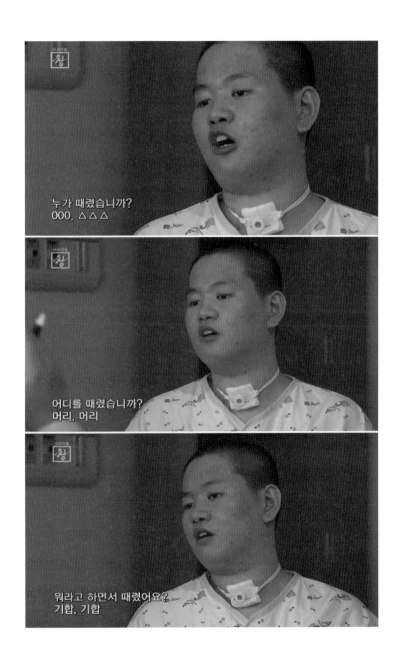

특종-민완기자 취재 수첩

조용한 병실로 옮겨 차근차근 진술을 화면에 담기로 했다.

"어디로 끌고 갔습니까? 연병장 위에. 무엇으로 때렸습니까? 각목, 각목. 뭐라고 하면서 때렸습니까? 기합, 기합. 때린 사람이 누구입니까? △△△, ○○○. 어디를 때렸습니까? 머리, 머리."

도저히 믿기가 힘든 상황. 그날은 그 정도에서 인터뷰를 끝냈다.

전투적 취재, 군 수사 기록을 달달 외우고 현장 취재 최우선

먼저 팩트를 확인했다. 육군 헌병대 수사 기록을 입수해 달달 외웠다. 몇 시 몇 분에 A 병장은 여기, B 상병은 저기, C 일병은 이리로, D 이등병은 저리로. 이런 식으로 수사 기록을 다 외우고 구상훈 씨의 소속 소대와 분대원들의 이름도 달달 외웠다. 그리고 선임 병사들을 만나기 시작했다. 가족에게 받은 선임병 인적 사항은 달랑 2명뿐. 이들을 통해 나머지 부대원들을 찾아내는 작업은 그야말로 남대문 시장에서 김 서방 찾기요, 해운대 해수욕장에서 바늘 찾기와 별반 다르지 않았다. 군부대는 전역 병사들의 개인정보를 공개하지 않는 것이 상식이다. 더군다나 구타 의혹 사건을 취재하는 기자들에게는 공개할 리가 없다. 그때부터 현장 사건기자 시절의 기질이 발동했다. 선임병 집 근처에 찾아가고, 수원역 앞에서 기다리고. 모든 안테나 망을 가동했다. 그러기를 20여 일. 예상하지 못했던 선임 병사 한 명에게서 전화가 왔다. 바로 만나자고 했다. 약속 장소로 갔다. 그리곤 진술을 들었다. 그런데 수사 기록과 다른 진술을 했다. 기억도 팩트가 다르다. 순간 알았다.

"거짓말을 하는구나."

반대로 따졌다. 병사 이름을 일일이 대며 추궁했다.

"그 형 이름까지 어떻게 알아요?"

그 병사는 한발 물러섰다. 전역한 고참 선임 병사들도 연락했다. 그리고 드디어 구상훈 씨가 핵심 구타 인물로 지목한 선임 병사 2명을 찾아냈다. 바로 출동! 다짜고짜 물었다. 직격 인터뷰다.

"구상훈 왜 구타했느냐?"

그는 극구 구타 사실을 부인했다. 한 명은 왼쪽 안면근육이 경련을 일으키면서 떨렸다. 다른 한 명은 고개를 푹 숙이고 아무 말도 하지 못했다. 애처롭다.

"구상훈은 지금 거동을 전혀 못한다. 입장을 바꿔 생각해봤느냐? 만일 구타 사실이 있다면 지금이라도 늦지 않다. 구상훈 씨와 그 부모님에게 무릎 꿇고 용서하고 사죄를 빌어라. 내가 기자라고 생각하지 말고 동네 형이라고 생각하고 이 말을 명심해주길 바란다. 구만 리같이 남은 너의 인생을 다시 한번 더 생각해 봐라."

하지만 그들은 끝내 마음의 문을 열지 못했다. 팩트를 쫓는 기자도 사람이다. 헤어지면서 측은지심이 들었다.

가장 결정적인 증거는 뒤통수 상처…'이게 욕창'이라고요?

가장 먼저 주목한 팩트는 구상훈 씨 뒤통수 상처였다. 국방부가 주장하는

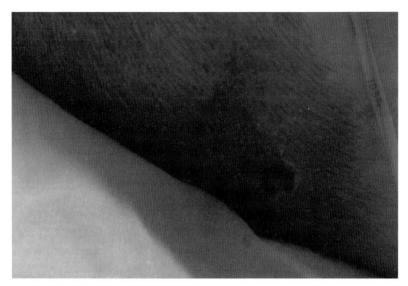

사고 직후 가족이 병원에서 촬영한 구상훈 이등병 뒤통수 사진

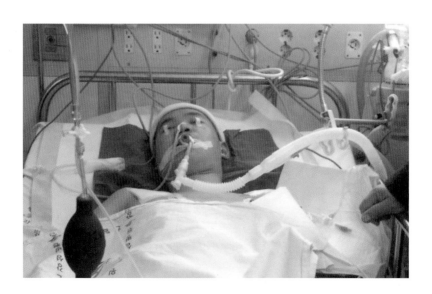

욕창이란 설명은 이해가 되지 않았다. 그리고 당시 수사 관계자로부터 사건 당일 이미 그 상처를 인지하고 있었음을 확인했다. 더구나 군 수사기관은 군의관이 욕창이라고 전하자 더 이상 뒤통수 상처에 대해 수사하지 않았음도 확인했다. 부대원들에 대한 수사도 부실함을 확인했다. 구타할 가능성이 큰 선임 병사로부터는 설문조사만 받았다. 반면 구상훈 씨와 같은 계급의 병사 4~5명만 개별 면담을 한 것이 확인됐다. 프로 파일러, 범죄심리 전문가는 "이런 설문조사 방법은 있는 사실을 맞추고 덮는 가장 흔한 수법"이라고 설명했다.

구상훈 이등병의 '군복'은 도대체 어디로 사라진 것일까?

사건 당시 수사 기록에 집중하면서 구상훈 이등병의 진술과 엇갈리는 수사 결과를 찾을 수 있었다. 특히 점심시간에 식당 도우미를 마친 13시 10분부터 17시까지의 팩트에 집중했다. 상훈 씨는 군복을 입고 구타당했다고 했다. 그런데 취재 당시까지도 구상훈 씨의 군복은 어디에도 보이지 않았다. 가족이 돌려달라고 해도 군 관계자는 이 핑계 저 핑계 대며 수 년간 돌려주지 않았다. 수사 기록에는 상훈 씨가 식은땀을 너무 흘려 웃옷을 벗겼다고 한다. 그 추운 2월의 강원도 철원의 혹한에 왜 웃옷을 벗겼을까? 그리고 체육복을 입고 발견된 것으로 적시돼 있다. 팩트가 서로 다르다. 만일 구타를 당했다면 사라진 군복에 혈흔이나 이물질이 묻어 있었을 것이고 가해자들은 결정적인 증거를 없애려고 했을 것이다. 국방부는 사건이 공개될 당시까지도 구상훈 씨의 군복에 대한 정보가 없다고 답했다.

특종-민완기자 취재 수첩

국방부 장관의 재수사 지시 결과…"집단 구타 사실 없음"

한민구 당시 국방부 장관은 방송 직후 파문이 확산되자 재수사 방침을 밝혔다. 하지만 안타깝게도 군 수사당국은 "집단 구타 사실 없음"으로 종결 지었다. 피해자는 있는데 어떻게 가해자는 없다는 말인가? 그렇다면 식물 인간 상태에서 1년 7개월 만에 깨어난 청춘이 자신을 구타한 선임 병사들의 이름과 구타 정황을 어떻게 구체적으로 조목조목 폭로한다는 말인가?

"집단 구타 사실 없음" 관련 보도[006]

육군 '식물인간 이등병' 재수사 "집단폭행 없었다" 결론

1년 7개월 만에 식물인간 상태에서 깨어나 "선임병들에게 각목으로 구타당했다"라고 주장한 '식물인간 이등병' 사건에 대해 육군은 "집단폭행 등 가혹행위는 없었다"고 결론 내렸다. 육군 관계자는 17일 기자들과 만나 "발병자인 구모 이병과 소대원, 지휘 계통상의 간부, 응급후송 의무병과 군의관, 춘천성심병원 의사, 헌병대 수사관계자 등 41명을 대상으로 재수사를 실시했다"며 이같이 말했다.

구 이병은 2012년 2월 자대배치 후 19일 만에 쓰러져 식물인간 상태에 빠졌다. 이후

---

006   육군 '식물인간 이등병' 재수사 "집단폭행 없었다" 결론 (2014.12.17.)
https://www.segye.com/newsView/20141217002218

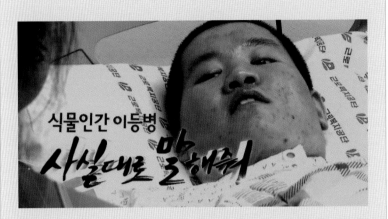

식물인간 상태에서 깨어난 구 이병은 구타를 당했다고 주장해 논란을 빚었다. 육군의 재수사 결과는 구 이병과 가족들의 주장과는 배치되는 것이었다.

구 이병을 치료한 의무병(2명), 응급구조부사관, 국군춘천병원 군의관, 춘천성심병원 의사(3명) 등은 "외상은 없었다"고 일관되게 증언했다. 이를 확인하기 위해 춘천성심병원 응급센터 경과기록지와 간호기록지, CT·MRI 영상 등 의료기록 일체와 구 이병 측이 촬영했다는 후두부 상흔 사진 등을 분당 서울대병원 신경외과·성형외과에 보내 자문을 의뢰했다.

그 결과 "발병은 선천성 질환인 뇌동정맥기형 출혈에 의해 발생했으며, 발병 당시 외상에 대한 증거는 없고 상흔은 입원 후 발생한 욕창"이라는 회신을 받았다고 육군 측은 밝혔다. 육군 관계자는 "뇌동정맥기형은 전체 인구의 1%에서만 발생하는 희귀 질환"이라며 "동맥과 정맥이 이어져 있어 출혈이 발생하면 뇌압이 올라가 두통이나 구토 등의 증상이 나타나며, 증상이 없으면 사전에 발견하기 매우 어렵다"고 말했다.

그는 "병무청 입영 신체검사에서 이를 발견하려면 신검자에게 조영제를 주사하고 MRI를 찍어야 하는데, 신체검사가 그 정도 수준까지는 이르지 못한 것으로 안다"고 덧붙였다. 가장 큰 논란을 빚은 구 이병의 후두부 욕창은 2012년 3월 5일 춘천성심병원 간호기록지와 욕창 발생 보고서에 처음으로 기록된 이후, 같은 해 6월 17일까지 욕창을 지속적으로 치료한 것으로 확인됐다. 같은 해 3월 9일 '욕창 없음'으로 기록한 간호기록지에 대해서는 "당시 간호사에게 확인 결과 '기존 욕창 부위 이외 새로운 욕창 부위가 발견되지 않았다는 의미로 기록했다'"고 육군 측은 설명했다.

부대 내 폭행 여부와 관련해 육군 수사 관계자는 "구 이병이 폭행 가해자로 지목한 3명에 대해 확인한 결과 '폭행을 한 적이 없다'고 일관되게 진술해 국립과학수사연구원에서 거짓말 탐지 검사를 했다"며 "'진실(폭행 없음)' 2명, '거짓' 1명으로 확인되어 거짓 반응자에 대한 최면검사와 2회에 걸친 재수사를 한 결과, 거짓 반응자는 '동기생이 발병자에게 딱밤 때리는 것을 목격한 상황이 떠올라 영향을 받은 것 같다'고 진술했다"고 밝혔다.

수사진이 해당 동기생에 대해 확인 결과 발병자에 대해 딱밤을 때린 적이 없다고 부인했지만 후임병들로부터 생활관에서 가위바위보 게임을 하면서 계급 구분 없이 상호 딱밤을 때린 사실을 확인했다. 폭행 당시 옆에 있었다고 지목된 병사들은 "집단폭행에 가담한 사실이 없으며 고소 시 법적 대응하겠다"고 진술한 것으로 알려졌다.

헌병대 부실수사 의혹 역시 정상적인 초동수사가 이루어졌다고 육군 측은 결론 내렸다. 지난달 구 이병 관련 의혹이 언론을 통해 제기되자 육군은 같은 달 11일 중앙수사단장을 중심으로 22명의 수사진을 꾸려 전면 재수사에 착수했다. 관련자 진술 외에 수사진은 국가인권위원회 예비조사결과와 국가보훈처 심의자료를 분석하는 한편 군 병원 및 춘천성심병원 의료기록을 압수해 분당 서울대병원에 자문을 의뢰했다. 폭행 가해자로 지목된 병사들은 본인의 동의를 받아 국립과학수사연구원에서 거짓말 탐지기 검사를 실시했다.

여전히 의문투성이인 당시 선임병들의 행적

인터뷰를 하다 보면 인터뷰 대상자의 얼굴 표정이나 악수하면서 손에서 느낄 수 있는 일종의 '삘'이 있다. 거짓말을 할 때면 웬만한 '후흑(厚黑)' 인물이 아니라면 표가 난다.

구상훈 이등병이 자신을 각목으로 최초 폭행했다고 지목한 A 일병의 경우가 그러하다. 그는 모 대학교 체육 관련 학과를 다니다가 입대한 경우이다. 방송되기 전에 정리한 사건 당시 선임병들의 시간별 행적인데 A 일병은 수사 기록과 다른 진술을 했다. 그는 또 국과수 거짓말 탐지기 조사에서 '거짓'으로 판명났던 유일한 인물이다.

구상훈 이등병과 A 일병과의 동선을 확인해보니 팩트가 다름을 확인할 수 있었다. 먼저 A 일병은 수사 기록 진술과 취재진에게 했던 진술이 달랐다. 구상훈 이등병이 생활관으로 이동한 뒤 취침하고 구토했다는 그 시간. A 일병은 "구상훈 이등병과 노래방을 같이 갔고 오락실을 보내주었다."라고 진술했다. 거짓말을 했을 가능성이 크다. 그래서일까? A 일병은 수사기관의 거짓말 탐지기 조사에서 '거짓' 판명받았다. 그는 '거짓'의 이유로 "구상훈 이등병에 대한 딱밤 얼차려를 연상했다."라고 국방부가 대신 설명했다. 반면 구상훈 이등병에게 확인한 결과 자대에 배치되고 병원으로 후송될 때까지 "딱밤 얼차려는 없었다."라고 확인했다.

사건 당일 구상훈 이등병과 구타의혹자 A 일병의 동선 (2012.2.18)

이름/시간	12~13시	13~14시	14~15시	15~16시	16~17시
구상훈 이병 (수사기록)	식당도우미	13:05 흡연★ 13:15 딸기 취식★ 13:30 생활관 청소★	B와 오락실 게임 ★	★ 생활관 복귀 침대 취침 17시 구토 후 후송됨	
구상훈 이병 (본인진술)		13:00~　　A가 데리고 폐건물로 끌고 감. 현장엔 군복차림 7명의 선임 병사 있었음. 　　　　　A 일병에게 각목으로 머리 3대 맞고 실신함. 　　　　　이후 생활관 이OO 상병 침대에서 한 차례 깨어났으나 다시 실신한 뒤 기억 없음.			
A 일병 (수사기록)	점심식사	★ 13:00~13:40 기록없음	13:40~14:40 생활관 청소	14:40~17:05 노래방과 오락실 게임	
A 일병 (본인진술)				★ 구상훈과 노래방 같이 갔다. 구상훈이 오락실 간다길래 보내줬다.	

★ 수사기록과 관련자 진술이 다른 점

KBS를 상대로 한 국방부 측의 정정보도 소송은 결국 패소

국방부 측은 이런 와중에 언론중재위원회를 통해 정정보도를 요구했지만 나는 중재 요청에 응하지 않았다. 적당한 선에서 반론보도문 또는 정정보도문 하나 달랑 써주고 물러설 수는 없었다. 대신 나는 법원으로 가서 진위를 가리자며 맞섰다. 그러자 국방부는 KBS를 상대로 정정보도 소송을 냈다. 결말은 어떻게 되었을까? 결론부터 말하자면 원고(국방부)의 패소로 끝났다. 1심과 2심 모두 패소판정이 났다. 아래는 2017년 5월 2일자 관련 기사이다.[007]

007　　KBS '식물인간 이등병 구타 의혹' 보도…항소심도 "허위라 보기 어려워" (2017.5.2)
　　　　https://news.kbs.co.kr/news/view.do?ncd=3474329

KBS '식물인간 이등병 구타 의혹' 보도
항소심도 "허위라 보기 어려워"

군 복무 중이던 이등병이 선임병 구타로 식물인간 상태에 빠졌다는 의혹을 보도한 KBS 시사기획 창 〈식물인간 이등병, "사실대로 말해줘"〉에 대해 1심에 이어 2심에서도 허위로 볼 수 없다는 판결이 나왔다.

서울고등법원 민사13부(부장판사 조한창)는 국방부가 시사기획 창의 보도가 허위라며 KBS를 상대로 낸 정정보도 청구 소송의 항소를 기각했다고 오늘(2일) 밝혔다.

앞서 KBS 시사기획 창은 2014년 11월 11일 방송에서 부대 내에서 뇌출혈로 쓰러져 식물인간이 된 구상훈 이병이 1년 7개월 만에 깨어난 뒤 선임병 등에게 구타당했다고 폭로했다는 내용을 보도했다. 이 보도에선 군 수사기관이 일부 병사에 대한 개별면담을 하지 않는 등 부실 수사 의혹도 제기했는데 국방부는 "구 이병이 소속 부대 안에서 선임 등으로부터 집단 구타당했다고 단정했고 수사가 부실하게 이뤄졌다는 보도는 허위"라며 KBS를 상대로 소송을 냈다.

1심 재판부는 지난해 10월 "KBS의 보도가 구 이병의 사고 원인을 집단 구타로 단정 짓지 않았고 실제 관련 수사가 제대로 이뤄진 것인지 의심할 만한 정황이 발견됐다"며 KBS의 보도를 허위라고 보기 어렵다고 판단해 원고 패소 판결했다. 2심 재판부는 "보도를 하기 앞서 구 이병과 그 가족들의 진술을 듣고, 구 이병의 입원 당시 진료기록과 수사기록을 확인하고 사고 당시 구 이병과 함께 복무한 부대원들을 직접 인터뷰하는 등 사실확인을 위한 노력을 기울였다"며 "원고에게 지속적으로 서면 질의 및 인터뷰 요청을 했으나 지속적으로 거부하다가 보도가 임박한 시점에 이르러서야 기존 수사결과와 동일한 내용으로 입장을 전달했을 뿐"이라고 지적했다.

재판부는 이어 "이 사건 보도는 공공의 이해에 관한 사항으로 그 목적이 공익을 도모하기 위한 것이라 할 것이고, 그 사실이 중요한 부분에 있어 진실이라고 믿을 상당한 이유가 있는 경우에 해당한다"고 덧붙였다.

구상훈 씨의 근황-어머니의 극진한 간호 속에 병원 치료 중

구상훈 씨는 올해 32살이 되었다. 소방대원이 되는 것이 꿈이었던 그가 군에 입대한 지 벌써 10년이 넘었다. 나는 이 사건을 방송한 뒤 구상훈 씨 가족과 연락을 취하고 있다. 병세가 호전되었는지를 물어보지만 답답하기만 하다. 내가 이런데 가족들의 심정은 어떠할까? 구상훈 씨가 당시 이 사건으로 법원에 나와 증언할 때 나는 방청석 뒷자리에 앉아서 눈물을 흘리며 기도했다.

"구상훈 이등병, 힘내라. 힘내라. 힘내라."

분명 피해자는 있었는데 왜 가해자는 사라져 버렸나? 수사권이 없는 기자로서의 한계를 이처럼 뼈저리게 느낀 적이 없었다.

방송통신심의위원회 이달의 좋은 프로그램상 수상

방송통신심의위원회 이달의 좋은 프로그램상 수상, 2015년 1월

KBS 우수프로그램상 최우수상 수상, 2014년 12월

No.3

세슘

제목   후쿠시마 원전사고, 일본산 먹어도 되나요?

시기   2015년 2월~3월

장소   일본 후쿠시마, 도쿄, 오사카, 홋카이도, 후쿠오카, 부산

방송   시사기획 KBS 창, 2015년 3월

수상   YWCA 좋은 TV 프로그램상

후쿠시마 원자력 발전소 폭발 4년
일본산 수산물 과연 안전한가?

2015년 3월 11일은 후쿠시마 원자력 발전소가 폭발해 방사능이 유출된 지 4년이었다. 방사능 유출 이후 한국 정부는 후쿠시마 인근 8개 현에서 생산되는 농수산물에 대한 수입금지를 했다. 이에 대해 일본 정부는 그동안 방사능이 상당한 수준에서 관리되고 있어 후쿠시마 인근 8개 현 농수산물 수입금지 조치는 부당하며 한국을 세계무역기구에 불공정 무역 국가로 제소할 움직임마저 보였다. 후쿠시마 현 인근 8개 현의 농수산물은 과연 수입 재개를 할 만큼 안전한 것일까? KBS 취재진은 후쿠시마산 수산물을 중심으로 수입이 금지된 수산물을 일본 현지에서 구입하고 현지 검사기관의 공식검사를 통해 확인했다. 그 결과 당시 높은 수준의 방사능 물질이 여전히 검출되고 있음을 확인했다. 원전 폭발 4년째였던 당시 가장 문제가 되는 방사능 물질은 세슘 137이라는 물질이다. 반감기가 30년으로 아주 길기 때문에 음식 섭취를 통한 내부피폭으로 이어질 경우 심각한 후유증을 유발할 가능성도 컸다.

르포

콧속으로 날아드는 세슘 日 방사능 공포는 '진행형'

후쿠시마 방사능 피해 현장

이영풍 | KBS 시사제작국 탐사제작부 기자 yplee@kbs.co.kr

입력 2015-04-22 11:42:00　f　y　YOU　💬 댓글 쓰기　📄 읽기 설정　　　👤 지면보기　🖨 인쇄

후쿠시마 170km 떨어진 곳에도 날아들어…피난행렬

코피 호소하는 일본인…코 안에 세슘 대량 피폭 가능성

침묵하는 日 언론…한국의 수산물 수입 움직임 어이없어

피폭량과 암 발생은 정비례…세슘 국제기준 바꿔야

세슘의 정체 - 0.00026cm

도쿄 숙소의 창밖에 비가 내렸다. 하루 종일 도쿄 수산시장을 걸어서 취재한 터라 피곤함이 밀려온다. 비가 많이도 내린다.

"방사능…방사능…눈에 보이지 않는다. 냄새도 없다. 색깔도 없다. 이걸 어떻게 시청자들에게 보여줄 수 있을까?"

그때 숙소의 텔레비전 화면에 NHK 과학 다큐멘터리가 방송됐다. 일본 기상청이 후쿠시마에서 날아온 공기 중 먼지 덩어리를 4개월 동안 추적한 결과 먼지 덩어리 속에서 초미세 세슘 입자 하나를 초미세 현미경으로 찾

아닌 결과였다. 크기가 얼마나 될까? 0.00026센티미터. 육안으론 볼 수 없는 크기다. 그런데 이 초미세 세슘 입자 하나에 들어 있는 방사선량은 3.8베크렐이라고 한다. 베크렐(Becquerel, 기호 Bq)은 방사능 활동의 양을 나타내는 국제표준 단위다. 1초에 방사성 붕괴가 한 번 일어날 때 1베크렐이라고 하니 이 초미세 세슘 입자는 1초에 3.8번씩 방사성 붕괴를 하는 셈이다.

"눈에 보이지도 않는 초미세 입자 하나에서 1초에 3.8번의 방사성 붕괴라니? 이게 우리 몸에 들어간다면?"

놀라울 따름이었다.

세슘의 정체 - 반감기 30년

세슘은 핵분열을 할 때 발생하는 방사성동위원소다. 핵분열을 할 때 발

생하는 방사성동위원소인 플루토늄과 세슘은 대표적인 위험 물질이다. 지난 1985년 브라질 고이아니아 지방 병원에서 도난당한 세슘 캔이 개봉되면서 그 안에 들어 있던 세슘가루를 신비의 가루인 줄 알고 먹었거나 몸에 바른 원주민 등 10만여 명이 방사능 검진을 받게 되는 초유의 사건을 일으킨 악명 높은 방사능 물질이기도 하다. 처음의 방사선량이 절반으로 줄어드는 데 필요한 시간을 나타내는 반감기가 세슘은 30년이다. 때문에 음식을 통해 내부피폭이 되면 큰 피해를 준다. 세슘은 인체 내부로 들어가면 칼륨과 같은 행동을 보인다. 칼륨은 감자에 많이 들어있는 영양소인데 인체 전체로 흡수가 잘 된다. 그래서 세슘이 우리 몸에 들어가면 장기 곳곳으로 퍼져 암 발생률을 크게 높이게 되는 위험물질이다.

현직 의사가 전하는 세슘의 공포 - 백혈구 '호중구' 세포 급감

의사 미타 씨는 도쿄에서 지난 30여 년 동안 병원을 운영해왔다. 그는 2014년 도쿄에서 비행기로 2시간 거리인 일본 서부 오카야마 현으로 피난했다. 그는 자신의 어린이 환자들에게서 발견한 이상한 증세를 보고 세슘의 공포를 이렇게 전한다.

"10세 이하 어린이들의 백혈구가 감소했어요. 특히 3세 미만의 영유아들이 극히 중증이었어요. 그런데 중증인 아이들이 도쿄에서 서쪽으로 피신하면 백혈구 수치가 거의 정상치로 회복된다는 사실을 알게 됐어요."

그는 아이들의 백혈구 안에 호중구 세포가 급감한 사실을 알게 됐다고 한다. 호중구(好中球)는 백혈구 안의 최전방 순찰대로 불린다. 인체 내부로 바이러스나 세균이 침투하면 제일 먼저 달려가서 싸우는 저항세포다. 생존 기간도 2~3일로 짧고 장렬하게 전사해 우리가 흔히 아는 고름의 형태로 생을 마감한다. 그런데 이 호중구 수치가 급격하게 떨어지면 우리 몸의 저항력이 눈에 띄게 약해진다는 것이 그의 설명이다. 미타 의사가 도쿄에서 본 환자들은 정상 수치보다 3분의 1에서 절반 가까이 떨어졌다고 한다. 그래서일까? 그가 본 환자들 중엔 왠지 기운이 없다거나 건망증이 생겼다거나 코피를 흘리는 환자들이 많아졌다고 한다.

"코피는 아주 흔했어요. 멍으로 피하출혈이 아주 많다거나 어쨌든 증상은 다양했어요. 다들 그럴 수 있다는 말을 들었지만 평소 있을 수 없는 빈도였어요. 인플루엔자의 유행이나 다양한 바이러스에 의한 병이 평소와 달랐어요."

그는 특히 도쿄를 중심으로 후쿠시마 방향인 동북쪽 지하철 라인에 거주하는 환자들이 이런 증상을 많이 발생함을 알게 됐다고 한다.

현직 의사가 전하는 세슘의 공포 - 갑작스런 '코피'의 원인

고치 히데오 동 고베시 진료원장은 원자폭탄이 떨어졌던 히로시마 출생이다. 의과대학을 졸업한 뒤 지난 30여 년 동안 히로시마와 나가사키 원폭 피해환자 2천여 명을 살펴온 이 분야의 대가다. 고치 히데오 원장은 취재진을 앞히고 무려 4시간 30분 동안 한 번도 쉬지 않고 후쿠시마 세슘의 위험성에 대해 브리핑했다. 인터뷰에만 한 시간 넘게 걸렸다.

그는 2011년 후쿠시마 원전 폭발 당시 방출된 세슘의 실태에 대해 이렇게 설명했다.

"일본 기상청의 연구결과를 보면요 0.00026센티미터 크기의 세슘 초미세 입자들이 1제곱미터당 100개 정도가 후쿠시마에서 170킬로미터 떨어진 이바라키 현까지 날아왔어요."

2011년 이후 일본의 대표적인 시사만화 잡지 《맛의 달인》엔 후쿠시마 사고현장을 다녀온 주인공이 갑자기 코피를 흘리는 이유가 방사능 세슘 피폭이라는 내용이 나온다. 이 같은 작가의 주장에 대해 일본 관방장관이 나서서 공개적으로 "세슘 피폭과 갑작스런 코피증세는 연관성이 없다"라는 기자회견까지 열었지만 많은 시민들을 세슘 공포 속으로 밀어 넣었다. 그런데 고치 히데오 원장은 이게 가능하다고 설명한다.

"세슘 입자의 크기는 0.00026센티미터이고 세슘이 6.5베크렐이 든 금속 입자가 코 점막에 붙으면 만약 그것이 상당한 양이라면 코 점막 혈관 특히 코 점막 중 키젤바흐 부위는 혈관이 아주 많아서 거의 코피가 그곳에서 발생 되는데요. 그 부위에 부착되기 쉬운 거죠."

그는 일본 기상청의 연구 보고서를 토대로 코 점막에 얼마나 많은 양의 세슘이 부착될 수 있는지를 계산했고 이것이 상당한 양임을 확인해 학회에서 보고를 했다고 한다.

"코 안 국소에 대량 피폭된다는 거죠. 그 세슘 입자가 붙은 국소가 혈관일 경우 얼마나 피폭되는지를 계산해봤어요. 그 결과 하루 동안 부착됐을 경우 적어도 130밀리시버트 정도였어요. 이 정도면 단순히 코를 만지는 자극만으로도 충분히 혈관이 손상돼 코피가 날 수 있는 거죠."

일반인의 연간 방사선량 피폭 허용치가 1밀리시버트인 점을 감안하면 이보다 130배나 많은 방사능 세슘이 코 점막에 붙었고 이것이 갑작스런 코피증세의 원인이라는 주장이었다. 물론 일본 정부가 밝힌 설명과는 배치된다. 고치 히데오 원장은 일본 정부의 설명에 대해 이렇게 주장했다.

"일본 정부가 말하는 건 전신 외부피폭이 돼 갑상선 기능이 떨어져서 혈소판이 감소해 코피가 난다는 것인데요. 이게 가능하려면 500밀리시버트 수준의 대량 피폭이 필요해요. 그래서 후쿠시마의 그 정도 방사선 정도론 코피가 나올 턱이 없다고 주장하는 거예요."

도망간 사람들 - 후쿠시마 토박이 '단지 야스히로' 씨

단지 씨는 후쿠시마에서 초·중·고등학교를 졸업한 토박이다. 법무사 시험에 함께 합격한 부인과 법무사 영업을 하는 평범한 30대 초반으로 유치원생 남매를 키우고 있다. 그는 후쿠시마 원전이 폭발한 뒤 1년 만인 2012년 고향을 떠나 부인의 친정인 오카야마 현으로 피난을 왔다. 그는 집 주변의 방사선량이 급증하자 큰 불안 속에서 1년을 보냈다고 한다.

"제가 살았던 곳은 후쿠시마 시로 현청 소재지가 있던 곳인데요. 평소에도 방사선량이 높았어요. 가장 높을 때는 연간 피폭 허용치보다 10배나 높은 10밀리시버트까지 올라가는 거예요. 원전이 터지기 전엔 0.04밀리시버트였으니까 수백 배나 높아진 거죠."

그는 집 주변을 제염청소를 해도 별 소용이 없다는 걸 알게 됐다고 한다. 바람만 불면 숲속에서 날아온 방사능이 집 주변의 방사선량을 높였다고 한다. 아이들의 건강을 최우선으로 생각한 그는 결국 온 가족이 피난을 결정하게 됐다고 한다. 거짓말을 일삼은 도쿄전력과 늑장대응을 한 일본 정부에 대해선 화를 참을 수 없다고 말한다.

"눈물요? 마음속으로 울지만 겉으론 울지 않으려고 애쓰고 있어요. 분한 마음이 더 강하고 분노가 더 강해요."

도망간 사람들 - 도쿄 주부 '핫토리' 씨

핫토리 씨는 원전사고 넉 달 만에 오카야마 현으로 이주했다. 남편은 경제적인 이유로 도쿄 직장에 남고 핫토리 씨와 주말부부 생활을 한다. 원전사고 이후 아이들의 안전한 급식을 위한 전국 네트워크 운동을 하다 지진이 적고 원전에서 멀리 떨어진 오카야마 현으로 피난을 왔다. 그녀는 오카야마 현으로 피난을 오는 도쿄 주민들을 돕고 있다. 그녀가 피난을 온 이유는 간단하다.

"아이들을 방사능으로부터 지키는 전국 네트워크를 만들었어요. 그런데 더 이상 도쿄에서 사는 것은 앞으로 어떤 일이 벌어질지 모르기 때문에 불안했어요. 결론은 도쿄에서 피난하는 거죠."

그녀는 지난 1월까지 오카야마 현청에 등록된 피난민만 1,120명이라고 한다. 등록 피난민이 이 정도 규모이니 오카야마 현이나 인근 다른 현으로 이동 중인 피난민까지 감안하면 그 수가 적지 않음을 알 수 있었다.

남은 사람들 - 세슘 1베크렐 음식으로 버티다

오사카 출신인 주부 미치코 씨는 남편과 5살 아들과 함께 도쿄 서부 외곽에 거주하고 있다. 그녀는 도쿄의 재래시장에서 식품을 구입하는 것을 최대한 자제한다. 그녀가 주문하는 온라인 식품업체는 오사카에 있는 ㈜올터로 세슘 1베크렐 이하인 식품을 공급하는 회사다. 취재진을 만난 그날

미치코
도쿄시

방사능 내부피폭이라고 하나요
음식을 먹고 몸 안에 축적된 방사능은 아주 큰 영향을 끼쳐요

아이들 간식인데요
모든 원료의 농약, 방사능을 조사해 안전한지 확인해요

오사카 소재 식품공급회사 - 세슘 1베크렐 수준의 식품만 판매한다

특종-민완기자 취재 수첩

도 세슘 1베크렐 식품이 배달되고 있었다. 그녀가 느끼는 방사능 '내부피폭' 불안감은 심각했다.

"음식을 통해 몸 안에 축적된 방사능은 아주 큰 영향을 주죠. 제 친구도 갑상선 질환을 앓았는데 후쿠시마 원전폭발 직후 그 영향으로 여전히 낫지 않는다는 말을 들었어요. 1베크렐을 유지하는 건 필수라고 생각해요. 아이들 건강을 생각하면요."

미치코 씨 집으로 세슘 1베크렐 수준의 식품을 공급하는 오사카의 ㈜올터의 니시카와 사장을 만났다. 이 업체는 직접 농수산물의 세슘양을 측정하거나 계약을 한 농장의 토양에서 세슘양을 측정해 1베크렐 미만의 식품을 조달한다고 한다. 니시카와 사장이 밝힌 1베크렐의 기준은 명확했다.

"보통 식품첨가물의 독성을 조사할 때 안전계수에 곱하기 100을 해요. 그런데 일본 정부는 방사능 규제에 대해선 곱하기 100을 하지 않아요. 그래서 정부의 현재 세슘 100베크렐이란 기준은 반대로 의학적으로 볼 때 100배 더 엄격해야 하는 거죠."

현재 식품에 대한 일본과 한국 정부의 세슘 규제치는 100베크렐이다.

일본 열도 기행 - 세슘 식품을 찾아서

취재진은 도쿄를 시작으로 후쿠시마 인근과 홋카이도 지역의 농수산물을 직접 구입해 방사능 검사를 맡겨보기로 했다. 검사기관은 요코하마 방사선 연구소와 서울 녹색병원, 부산 부경대 방사선 연구소 등이었다. 취재진은 도쿄 중심가에 있는 후쿠시마 농수산물 전용 판매 마트와 즈키지 수산시장, 후쿠시마 원전에서 50여 킬로미터 거리인 이바라키 현 수산시장, 홋카이도 삿포로 수산시장 등에서 20여 종류의 농수산물을 구입할 수 있었다. 특히 후쿠시마 농수산물 전용 판매 마트에선 버섯, 곶감, 가공 수산물 등을 확보했고, 즈키지 수산시장에선 후쿠시마산 찰가자미, 이바라키 수산시장에서도 말린 생선을 구입했고, 삿포로 수산시장에선 대구 생선을 구입했다. 세슘 검사 결과는 어떻게 나왔을까? 후쿠시마산 버섯 27.76베크렐, 후쿠시마산 곶감에선 12.75베크렐, 후쿠시마산 찰가자미 3.88베크렐, 이바라키산 말린 생선 0.66베크렐, 삿포로산 대구 0.54베크렐의 세슘이 각각 검출됐다.

취재진은 일본의 대표적인 시민단체인 식품안전기금 고와카 준이치 대표로부터도 후쿠시마산 생선의 최근 세슘 조사결과를 입수할 수 있었다. 일본 후생성의 공식자료를 근거로 한 조사결과다. 후쿠시마 현 신치마치 앞바다에서 지난 2014년 5월에 잡힌 감성돔에서 510베크렐의 세슘이, 후쿠시마 현 도미오카마치 앞바다에서 지난 2013년 10월에 잡힌 볼락에선 500베크렐의 세슘이 각각 검출됐음을 확인할 수 있었다. 국가의 세슘 관리 기준치인 100베크렐보다 5배나 많은 세슘 검출량이다. 고와카 준이치 대표는 말했다.

"저희들은 무서워서 적어도 후쿠시마 주변 해역의 생선을 먹지 않아요. 언제 어떤 위험이 있을지 모르니까요. 특히 위험한 것은 그곳에서 서식하는 생선인데요. 바닷물 깊은 곳을 통과하는 생선이 위험하다는 데이터가 나오고 있어요."

그는 특히 최근 일본 정부의 계속되는 압박에 한국 정부가 후쿠시마 인

특종-민완기자 취재 수첩

고와카 준이치
식품안전기금 대표

저희들은 무서워서 적어도 후쿠시마 주변 해역 생선을 먹지 않아요
언제 어떤 위험이 있을지 모르니까요

근 8개 현의 수산물을 수입 재개하려는 움직임을 보이고 있는 것과 관련해 일갈했다.

"일본 정부는 후쿠시마산 식품을 먹고 응원하자며 오염물을 먹자고 하죠. 거기에 한국 정부까지 휩쓸려 일본에서 수입하자는 말도 안 되는 결정을 하려는 모습을 보니 어이가 없어 말이 나오지 않아요."

세슘 관리 기준치 - 100베크렐은 과연 안전 마지노선인가?

후쿠시마 원전이 폭발하기 전 일본의 식품 세슘 기준치는 370베크렐이었다. 그런데 원전 오염수 문제가 확산하자 100베크렐로 대폭 낮췄다. 그럼 100베크렐을 넘지 않는 식품을 계속 먹는다면 인체에 무해한 것일까?

김익중 동국대 의과대학 교수는 강한 반론을 제기한다.

"피폭량과 암 발생 비율은 정비례하는 것으로 되어 있어요. 그래서 피폭량이 아무리 적더라도 그 양에 비례해서 위험이 증가해요. 그러니까 안전 기준치는 제로다. 이렇게 말씀드릴 수 있어요. 방사능이 없어야 암 발생 확률이 증가하지 않는 겁니다."

김익중 교수는 현행 세슘 100베크렐이란 기준이 터무니없이 높다고 주장한다.

"이 기준치는 국민들 피폭량을 줄이는 데 한 번도 기여해 본 적이 없어요. 이건 잘못된 기준치다. 너무 높다고 생각해요. 그런데 기준치 이하라서 안전하다 이렇게 이야기하면 이건 아무리 오염이 많이 되어 있는 음식도 다 안전하다 이 뜻이 돼 버려요. 굉장히 큰 잘못입니다."

김혜정 시민방사능감시센터 운영위원장도 같은 입장이다.

"세계 의학계도 방사능 물질의 안전 기준치가 있다면 그게 얼마냐? 0입니다. 그런데 모든 국가가 그걸 0으로 하기 힘드니까 국가가 그냥 관리 기준치를 정하는 거예요. 그래서 예를 들면 연간 피폭 허용치를 1밀리시버트라고 정한 것은 그 정도 피폭이 되면 안전하다는 말이 아니에요. 이건 만 명당 1명 꼴로 암이 발생하는 것을 그냥 사회가 허용하는 범위에서 정한 기준치예요."

이에 대해 식품의약품 안전처 김동술 식품기준기획관은 공식 입장을 밝혔다.

"이 기준이란 것은 우리가 매일같이 평생을 먹어도 이 정도 수준이라면 인체에 유해한 영향을 일으키지 않는다는 수준이지요. 실질적으로 100베크렐 수준의 수산물을 매일같이 평생을 먹어도 인체에 유해하지 않다는 겁니다."

그들은 왜 침묵하나? - 세슘의 공포는 현재진행형

고향 도쿄에서 오카야마 현으로 피난을 온 의사 미타 씨는 인터뷰 말미에 취재진에게 이렇게 물었다.

"이거 인터뷰하면 방송 나오는 거죠?"

왜 미타 씨는 그런 말을 할까?

"도쿄 있을 때 전국 방송사와 일간지에 많은 인터뷰를 했어요. 심지어 모 방송사와는 4시간 정도 인터뷰를 했어요. 그런데 보도되지 않았어요. 지금 KBS도 저와 인터뷰하고 난 뒤 방송을 하지 않는다면 미리 알려주세요. 꼭."

미타 씨는 일본 언론이 방사능 문제만 나오면 눈에 보이지 않는 어떤 '보도 거부 메커니즘'이 작동하는 것처럼 느낀다고 말했다. 언론이 자세하게 정보전달을 하지 않으니 대다수 국민들은 일종의 괴담 같은 이야기들을 듣고 조심할 뿐이라고 한다. 현지 관계자는 이런 말을 했다.

"일본 열도를 보면 나고야 지역이 거의 중간이에요. 나고야를 기준으로 서쪽으로는 비교적 세슘의 영향이 적다는 게 시민들 사이의 돌고 도는 정설이에요."

부산행 여객선 안에서의 에필로그

후쿠시마산 농수산물을 잔뜩 들고 후쿠오카에서 출항한 쾌속선을 타고 부산항으로 입국했다. 별다른 특별한 검색 없이 입국장을 통과했다. 여행자의 휴대품이라 일일이 검색하지는 않는다고 한다. 후쿠시마산 농수산물을 연구소로 보내 방사능 검사를 맡겼다. 예상보다 많은 세슘이 검출됐다는 연구소의 전화를 받았다.

"그렇군. 세슘은 의외로 쉽게 바다를 건너오는군."

국내 재래시장에서 구입한 수산물의 방사능 검사결과도 받았다.

"국내에서 구입한 생태, 대구, 명태알, 곤이, 꽁치 등 20여 종류에선 세슘 불검출입니다."

다행이다! 후쿠시마 세슘의 공포는 현재진행형이다. 감시망을 느슨하게 하는 순간 세슘은 언제든지 어떤 유통경로를 통해 한국으로 들어온다. 세슘 초미세 입자 0.00026센티미터! 과소평가했다간 한국 국민들의 건강이 큰 위험에 처할 수 있다.

YWCA가 뽑은 좋은 TV프로그램상 수상

차경애 회장과 평화 부문 수상자 이영풍 기자

특종-민완기자 취재 수첩

YWCA 좋은 TV프로그램상 수상 소감문

여러분은 방사능 물질 세슘에 대해 어떻게 알고 계십니까? 이번 취재를 하기 전 저는 방사능 물질은 눈에 보이지도 않고 냄새도 없는 것으로 알고 지내왔습니다. 저희 취재진은 취재 과정에서 0.00026cm 크기의 초미세 세슘 입자를 보게 됐습니다. 육안으로 확인할 수 없는 아주 작은 크기입니다. 그런데 여기서 3.8베크렐의 방사능 세슘이 나온다는 사실을 확인하고 충격을 받았습니다. 이렇게 작은 초미세 입자 하나만 우리 몸으로 내부피폭이 되면 1초에 3.8회 핵분열이 일어나고요. 그 어느 지점? 주로 폐와 위 등 장기가 되겠지요? 인근에 있는 우리 몸의 세포는 방사선에 노출되는 것이지요. 반감기가 30년이라고 하니 장기간 방사선에 노출되는 거니까 얼마나 몸에 해롭겠습니까? 세슘이나 플루토늄은 이 세상의 창조자인 하나님 또는 조물주가 애초부터 만든 물질이 아닙니다. 인간의 탐욕이 만들어낸 새로운 물질이지요. 그래서 불안합니다. 세슘이나 플루토늄이 안정된 상태로 변하는 과정에서 다량의 방사선을 내뿜는 것이지요. 그게 지금 인류의 미래를 어둡게 만드는 가장 중요한 원인 중의 하나로 등장한 걸 여기 계신 여러분들도 잘 아실 것입니다. 일본 정부는 지금 후쿠시마 원전에서 유출된 방사능 물질의 오염에 대해 잘 알리지 않고 있습니다. 오염수 유출도 은폐해 왔습니다. 자국민들에게도 거짓말을 합니다. 그런데 우리 정부가 후쿠시마 인근 해역에서 잡힌 수산물 등을 수입하려는 움직임을 보였습니다. 취재진이 만난 일본의 시민단체 대표는 "한국 정부가 후쿠시마산을 먹어서 도와주자는 이런 움직임에 휩쓸려 오염물을 수입하려는 움직임을 보이는 것은 말도 안 되는 바보 같은 짓"이라고 평가했습니다. 이번 프로그램은 1차적으로 후쿠시마 인근 8개 현의 수산물 수입 재개 움직임에 경종을 울리기 위해 만들어졌습니다. 소기의 목적을 달성할 수 있었다면 그저 감사할 따름입니다. YWCA가 뽑은 좋은 TV 프로그램상 평화 부문 상을 수상하는 영광을 안겨주신 심사위원 여러분께 감사의 말씀을 올립니다. 저에겐 과분한 상입니다. 더욱더 분발하라는 뜻으로 알고 앞으로도 국민의 눈높이에서 프로그램을 제작하는 초심을 유지하겠습니다. 감사합니다.

No.4

해적

제목	아덴만의 추억, 해적과의 전쟁
시기	2010년 2월~3월
장소	영국 런던, 아프리카 소말리아 해협, 아덴만
방송	시사기획 KBS10, 2010년 3월
수상	KBS 우수 프로그램상 우수상

소말리아 해적 산업[008]

소말리아 내전이 몇십 년째 지속되면서 소말리아 국내 경제는 완전 붕괴해 버렸다. 내전으로 초토화된 나라에 제조업, 건설업, 서비스업 따위가 제대로 돌아갈 리가 없다. 게다가 소말리아에서 경작이 가능한 지역은 1.6%에 불과하고, 나머지는 사실상 사막이라 농사를 제대로 지을 수 없다. 어업 역시 환경 오염과 무허가 혹은 부패한 정부 관료와 결탁한 다른 나라 어선들이 싹쓸이하는 바람에 수확량은 영 시원치 않다.

게다가 아프리카 특유의 높은 출산율로 인해 딸린 가족 수도 많다 보니 하루하루 풀칠하기도 버겁다. 해적질은 위험성이 크다. 하지만 다른 직업은 벌이가 시원찮고, 치안부터가 누구나 총기를 휴대할 정도로 엉망이라 총 맞아 죽을 확률이나 해적질하다 죽을 확률이나 비슷하다. 즉, 해적은 위험 부담이 높지만 일이 잘 풀리면 수천 달러에서 수백만 달러에 달하는 외화를 거머쥘 수 있다.

소말리아의 1인당 국민소득이 600달러로 이 수치도 평균치라는걸 감안하면, 말 그대로 일반인들이 만져보기 쉽지 않은 어마어마한 돈이다. 2008년 들어서 해적에 의한 납치가 급증하여 1월에서 9월까지 해적들이 납치로 벌어들인 돈이 3,000만 달러, 한화 300억 원에 달하는 지역 주요 산업이 되었다. 전폭적인 지원을 하던 푼틀란드에게 해상 노략질은 국가 기반 산업이 되었고, 그 반대급부로 인근 국가부터 소말리아까지 타격을 받고 있다.

---

008   소말리아 해적,
        https://namu.wiki/w/%EC%86%8C%EB%A7%90%EB%A6%AC%EC%95%84/%ED%95%
        B4%EC%A0%81

소설《보물섬》의 현대판 스토리…소말리아 해적을 찾아서

초등학교 시절 손에 땀을 쥐며 읽었던 소설《보물섬》은 영국 작가 로버트 루이스 스티븐슨이 1883년 쓴 모험소설이다. 그는 의붓아들인 오즈번이 허구로 그린 섬 그림을 본 것이 계기가 되어 이 소년소설을 쓰기 시작했다고 한다. 1881년부터 1882년까지《영 포크스Young Folks》잡지에 연재되었다. 처음에는 별로 인기가 없었는데 단행본으로 출판되면서 성인 독자들의 대호평을 얻어 출세작이 되었다. 줄거리도 흥미진진하다. 주인공 소년 짐 호킨스는 해적으로부터 보물섬의 지도를 얻어 지주 트레로니, 의사 라이브지와 함께 보물섬을 찾아간다. 그러나 타고 있는 배의 요리사가 알고 보니 해적 롱 존 실버였음이 드러나 모두에게 충격을 준다. 몇 번의 파란곡절 끝에 결국은 의로운 사람들이 보물을 찾아낸다는 이야기이다.

내가 해적 사건에 관심을 가지기 시작했던 이유는 2008년부터 해적 사건이 급증했기 때문이다. 내가 영국 유학 시절부터 즐겨 읽었던 〈로이즈리스트〉 신문에는 해적 관련 기사가 꾸준하게 올라왔다. 〈로이즈리스트〉[009]

---

[009] 로이즈리스트(Lloyd's List) 신문: 세계에서 가장 오래된 연속 발행 저널 중 하나로, 일찍이 1734년에 런던에서 주간 뉴스를 제공했다. 2013년 (최종 인쇄본인 60,850호가 발행되었을 때)까지 매일 발행되었고 현재는 디지털 형식으로 제공된다. 간단히 The List라고도 알려진 이 신문은 Lloyd's Coffee House의 소유주인 Edward Lloyd가 무역 선박에 대한 보험 적용 범위를 협상하기 위해 Lombard Street에 있는 그의 시설에서 정기적으로 만난 무역상 대리인과 보험 인수자를 위한 정보 제공 사업으로 시작되었다. 해운 뉴스 외에도 해상 보험, 해양 에너지, 물류, 시장 데이터, 연구, 글로벌 무역 및 법률을 포함하여 해운 산업과 관련된 정보, 분석 및 지식을 광범위하게 게재한다.

특종-민완기자 취재 수첩

신문은 당시 국회도서관에도 들어오지 않았다. 3면이 바다인 해상무역 국가 한국이 얼마나 바다에 무관심한지 알 수 있는 대목이다. 그래서 나는 〈로이즈리스트〉 종이 신문을 보기 위해 당시 서울 상암동에 있었던 (현재 부산시 영도구 마린 혁신도시로 공공기관 이전) KMI(한국해양수산개발원) 도서관에 자주 들렀다. 1주일에 한 번은 꼭 그곳을 방문해 〈로이즈리스트〉 신문을 읽고 방송 아이템을 찾아보기도 하던 중이었다. 그런데 신문을 읽다 보니 소말리아 인근 아덴만 해역이 최근 해적 사건의 주 무대이고 계절적으로는 1월에서 3월 사이에 집중된다는 정보를 얻게 되었다. 매년 1월에서 3월 사이 아덴만 해역에서는 바람이 많이 불지 않고 파도가 심하지 않아 작은 해적선이 큰 상선을 납치하기가 수월하기 때문이라는 정보도 알게 되었다. 그래서 나는 "어떻게 하면 소말리아 아덴만 해역에 직접 가볼 수 있을까?"라는 꿈을

아프리카의 뿔, 소말리아 아덴만 해역

꾸기 시작했다. 역시 꿈을 꾸어야 해결의 실마리를 잡을 수 있었다. 국방부의 문을 일단 두드려보자는 생각이 떠올랐다. 문은 두드려야 열린다는 성경 말씀도 있지 않은가?

국방부를 통해 해군본부로 무작정 찾아갔다. 일종의 프로그램 기획 의도를 잘 설명했다. 나는 이미 청해부대가 아덴만에 파견되어 국제 상선 호송단의 핵심 멤버로 활약 중임을 잘 알고 있었다.

해군본부에서 긍정적인 메시지가 날아들었다. 청해부대를 국내외에 홍보하기 위해 취재에 응하겠다는 것이었다. 처음에 나는 아마도 다른 언론사들도 같이 갈 것으로 짐작했다. 그런데 최종 결과는 KBS 시사기획 제작진 단독 취재였다. 행운이었다. 지금 다시 생각해봐도 왜 다른 언론사들은 그때 취재에 응하지 않았을까 의문이 여전히 든다.

사람이 한 치 앞을 내다보지 못한다는 말이 있다. 그때 취재를 안 하기로 한 언론사들은 불과 1년도 안 되어 후회가 막심했을 것이다. 우리나라 유조선이 소말리아 해적에 피랍되자 현장에 파견되어 활동 중인 청해부대의 현장 그림이 없어서 방송에 큰 어려움을 겪었을 것이다. 반대로 KBS 방송에는 현장에 있는 청해부대원들의 생생한 모습과 설명들이 방송되는 쾌거를 올릴 수 있었다. 나는 이미 현지 사정을 〈로이즈리스트〉 신문을 통해 구체적으로 알고 있었기에 단독 취재가 얼마나 큰 선물인지 그 중요성을 알고 있었다. 그리고 2010년 2월 바로 가자고 국방부를 졸랐다. 소말리아 아덴만 단독 취재 일정은 일사천리로 진행되었다.

특종-민완기자 취재 수첩

고위 외교관의 결정적 제보

아덴만 해역으로 출발하기 직전 뜻밖에 결정적 제보도 입수할 수 있었다. 국제해양기구의 수장으로 한국의 해양력을 국제무대에서 입증하신 A 외교관의 결정적 제보였다.

"소말리아 해적만 보면 큰 그림을 놓친다. 그들은 현장의 행동대원에 불과하다. 소말리아 해적 산업은 글로벌 네트워킹 산업이다. 납치할 배를 콕 집어서 누가 소말리아 해적들에게 알려주겠는가? 납치할 배가 그 시간에 그 넓은 바다에 언제 어떻게 올지를 소말리아 해적이 어떻게 알아낼 수 있는가? 그 배가 해상보험에 들었거나 선주사가 현금 보상 능력이 있어 몸값 협상에 잘 응할 수 있을지를 현장의 해적들은 알 수가 없다. 해적들이 인질들의 몸값을 누구를 통해 요구하고 받아내겠는가? 뒤에서 돕는 배후세력이 있는 것이다. 그 포인트를 잘 봐야 한다. 그럼 큰 그림이 보인다. 소말리아 해적을 움직이는 세력은 소말리아 내부에도 있지만 핵심 세력은 영국 런던을 비롯한 유럽 쪽에서 기생한다. 그걸 시청자들에게 잘 알려주면 좋겠다."

현장기자 시절 조폭들이 운영한다는 불법 '파친코' 오락실을 형사기동대와 급습해 이른바 '카메라 출동'한 일이 있었다. 오락실 문을 부수고 들어가서 형사기동대가 제일 먼저 하는 일이 영업 장부를 입수하는 것이었는데 그 대목이 오버랩 되었다. 영업 장부는 주로 업소 카운터나 사무실 안쪽 깊숙이 숨겨져 있다. 소말리아 해역에서는 해적 사건의 현장을 취재하거나 운이 좋으면 해적도 만날 수 있고. 영국 런던에서 기생하는 해적 사건 브로커들을 취재해야 한다는 생각이 들었다. 그 고위 외교관의 제보는 취재 설계도를 그리는 데 결정적인 도움을 주었다.

아덴만 청해부대 함정까지 이동한 48시간

서울에서 아덴만 청해부대 함정까지 가는 일정은 쉽지 않았다. 꼬박 이틀이 걸렸다. 우리 해군 함정은 대한민국 영토이니 서울에서 아덴만에 떠 있는 우리나라 영토까지 가는 일정이었던 셈이다. 인천공항을 출발해 두바이 공항을 거쳐 오만 무스카트 국제공항에 도착했다. 거기에서 한참을 기다린 뒤 오만 살랄라 항구가 있는 살랄라 지방 공항으로 환승. 꼬박 하루가 걸렸다. 그리고 살랄라 항구 인근 호텔에서 1박. 다음 날 살랄라 항만 CIQ를 통과하는 데 꼬박 하루가 걸렸다. 오만 공무원들은 아프간 종군 특파원 시절 악몽처럼 100달러의 통행세를 요구하지는 않았다. 아마도 동행했던 해군본부 장교들 덕분이었나 싶은 생각도 든다. 취재진은 민간인이었지만 해군 장교들은 공무 여권을 보여주니 그랬나 싶기도 했다. 항구를 나온 뒤 빌린 작은 선박을 타고 공해상에 정박 중인 우리 해군 함정으로 이동했다. 2월이면 조금은 쌀쌀할 만도 한데 오만의 날씨는 구름 한 점 없고 바람이 아예 불지 않는 날씨였다. 〈로이즈리스트〉 신문에서 읽은 그대로였다. 해적들이 준동하기에 안성맞춤인 기상 조건이었다. 역시 답은 현장에 있다는 믿음으로 우리 군함으로 다가갔다.

KBS 특파원 현장보고, 2010년 3월

충무공이순신함[010]에 드디어 승선하다

도선사(Pilot) 사다리를 꿍꿍 잡고 함정 위로 올라갔다. 도선사 사다리는

---

010 충무공이순신함: 한국형 구축함 사업인 KDX-II(Korea Destroyer Experiment-II) 사업으로 건
조된 첫 번째 구축함이자, 한국 최초의 4,000t급 구축함이다. 대우조선해양(주)이 순수 국내 기술
로 제작하여 2002년 5월 22일 진수하였다. 길이는 149.5m, 너비는 17.4m, 높이는 9.5m, 톤수는
4,200t, 최대속도는 30노트, 항속거리는 4,000해리(18노트)이다. 추진기관은 가스터빈 2대와 디
젤엔진 2대를 갖추었고, 320여 명이 승선할 수 있다. 함번은 DDH-975이며, 명칭은 임진왜란의 영
웅 충무공 이순신에서 따왔다. 한편, 장보고급 잠수함에도 이순신함(함번 SS-068)이 있는데, 이
는 무의공(武毅公) 이순신(李純信)의 이름을 딴 것이다. [네이버 지식백과] 충무공이순신함 [DDH
975, 忠武公李舜臣艦]

충무공이순신함 링스 헬기[011]를 타고 해적 추적, 2010년 2월

바다 위에서 다른 배로 갈아탈 때 반드시 잡고 올라타야 하는 과정이다. 파도가 심하지 않아서 다행이지 파도칠 때 도선사 사다리를 붙잡고 배에 올라타는 것은 생각만 해도 끔찍하다.

그런데 이게 웬 행운일까? 마침 타고 보니 함정명이 "충무공이순신함"이지 않은가? 이 무슨 가문의 영광인가? 그 순간 뭔가 좋은 일이 터질 것 같다는 예감이 들었다. 충무공이순신함은 잠수함을 잡는 함정인 구축함

011   링스 헬기: 영국 웨스틀랜드사가 제작한 군용헬리콥터로서 1971년 3월 첫 비행을 하였다. 해상형(슈퍼링스)과 육상형(배틀필드링스)이 있으며, 주로 지상 및 해상 공격과 대잠수함 작전을 수행한다. 빠른 속도 등 성능이 뛰어나 영국과 한국 등 10여 개 나라에 도입되었다. 〈출처〉 [네이버 지식백과] 링스 헬리콥터 [Lynx Helicopter] (두산백과 두피디아, 두산백과)

특종-민완기자 취재 수첩

(Destroyer)인데 2002년 진수되었고 본격적인 한국형 이지스함인 세종대왕함이 2007년에 진수하기 전까지만 해도 대한민국 해군의 대표적인 구축함이었다. 우리가 승선한 충무공이순신함에는 해군 병력만 있는 것이 아니었다. 사실상 육해공군은 물론 해병대 병력까지 다 배치되어 있었다. 그래서 부대명도 국군 청해부대이지 않은가? 우리는 일단 48시간을 날아서 오만 해역의

도선사 사다리 〈출처〉 한국도선사협회

대한민국 영토에 도착한 것만으로도 안도하며 긴장감을 풀 수 있었다.

아덴만 해역에서 만난 해적선 모선

현대판 해적은 과연 어떤 모습일까? 현장에서 포착되었던 다음의 사진 몇 장으로 설명을 대신한다. KBS 취재진이 2010년 2월 아덴만 해역에서 실제로 만난 해적선 모선이다. 어선처럼 위장되어 있다. 소말리아 국기가 아닌 오만 국기를 달고 있다. 선수(배 앞쪽)에 하얀색 소형 고속보트가 있다. 먹잇감인 상선이나 유조선을 탈취할 때 쓰인다.

옆쪽 모습을 보면 전형적인 어선의 형태를 띠고 있다. 배 중간에 파란색 통은 선수(배 앞쪽) 쪽의 고속보트에 쓰는 기름통이다. 어선이라고 하지만 너무 많은 수의 사람이 승선해 있는 모습이 어색하다. 얼핏 보아도 어선에 20여 명이 넘는 현지인들이 승선했다. 이들의 모습을 보면 오만이나 아랍지역 사람들이 아니라 아프리카 동북쪽 소말리아 사람들로 보인다. 하얀색 소형보트는 외신 자료화면에서 흔히 노출되었던 상선 피랍용 고속선이다. 특히 하얀색 고속보트 선미에 달린 고속보트 운전기를 보면 단순한 어선이 아님을 알수가 있다. 이들을 더 클로즈업해서 봤다. 이들이 바로 현대판 소말리아 해적의 실제 모습이다.

특종-민완기자 취재 수첩

현장을 지휘한 함장의 설명도 마찬가지였다.

충무공이순신함은 한국 상선대를 호송 중이었다. 함정에서 경고 방송했
고 우리나라 상선 근처에 얼씬거리지 못하도록 엄중 경고했다. 이들도 잘 안
다. 함정 잘못 건드리면 자신들의 목숨이 온전치 못하다는 것을. 함정이 상선
을 호송하는 동안 이들은 꼼짝달싹하지 않은 채 함정의 동태만 살폈다. 그물
을 친다거나 조업하는 시늉도 하지 못했다. 어차피 해적선 모선 안에는 어구
가 없으니 말이다. 해적 모선에는 기관총은 물론이고 대전차 로켓포까지 실
려 있는 경우가 많다. 그래서 현장에서는 순간 긴장감이 높아졌다. 해병대
M-60 기관총수와 UDT 대원들도 비상대기하면서 만일의 사태에 대비했다.

시사기획 KBS10 : 해적과의 전쟁, 2010년 3월

소말리아 해적 산업 뒤에 숨은 글로벌 이권 카르텔

그런데 사실 현장의 이런 행동대원(foot-soldier)들은 해적 산업을 움직이는 메인 플레이어가 아니다. 그래서 프로그램 기획 단계에서부터 그 뒤에 숨어 있는 조직을 폭로하는 것이 더 중요하다고 생각했다. 그래야 해적 산업의 실체를 잘 알려서 그 심각성을 알릴 수 있다. 런던으로 취재망을 가동했다. 우리나라 유조선 피랍사건 협상에도 관여했다고 알려진 인질 협상가의 소재를 파악해 바로 치고 들어갔다. 그는 무척 당황하는 모습이 역력했다. 그에게 전화하자 무슨 이유에서인지 자신이 곤경에 처할 수 있다는 말을 수차례 되풀이하면서 인터뷰를 피하려고 했다.

사실 해적 사건의 실체는 전체 그림을 누가 어떻게 움직이느냐를 잘 보면 알 수 있다. 즉 인질 몸값(ransom)으로 받아 챙긴 달러를 누가 어떻게 배분해서 가져가느냐를 보면 알 수 있다. UN 리포트를 조사했더니 놀라운 결과가 나왔다. 몸값의 가장 많은 부분이 (40%) 소말리아 전직 군벌들 호주머니로 들어간다는 사실이었다. 이 과정에 런던을 비롯한 유럽 곳곳에 거주하는 해적 인질 몸값(ransom) 협상 조직으로도 달러가 배분되는 구조이다. 이 구조를 파헤치고 알리고 사법 처리해야 해적 사건을 막을 수 있음을 알게 되었다.

특종-민완기자 취재 수첩

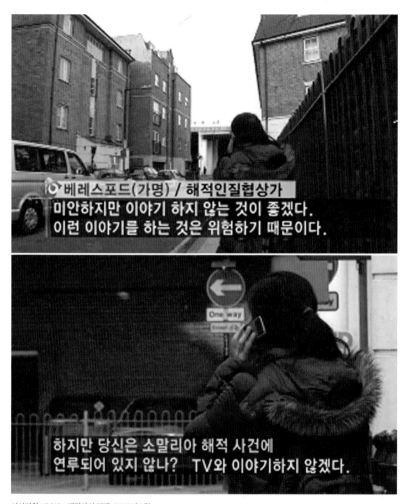

시사기획 KBS10 : 해적과의 전쟁, 2010년 3월

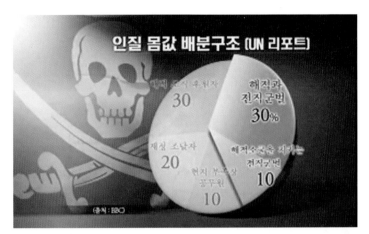

시사기획 KBS10 : 해적과의 전쟁, 2010년 3월

KBS 우수프로그램상 우수상 수상, 2010년 7월

특종-민완기자 취재 수첩

코로나 집단감염 청해부대
안전하게 돌아오라

걱정스런 소식이다. 해적 퇴치 작전을 벌이고 있는 우리나라 청해부대 함정에서 코로나 확진자가 나왔고 감염자가 계속 늘어나는 추세여서 승조원 전원을 군 수송기로 귀국시킨다는 소식이다. 청해부대. 아라비아 반도 인근 해역을 운항하는 우리나라 상선을 소말리아 해적으로부터 지켜내는 국군부대다.

2010년 1월이었다. 난 〈KBS 시사기획 창〉 "해적과의 전쟁" 편 제작을 위해 지금은 부산으로 공공기관 이전을 한 한국해양수산개발원(KMI) 서울 상암동 건물 도서관에서 자료조사를 하고 있었다. 내 시선을 확 끌어당긴 건 '해적(Piracy)' 범죄관련 도서였다. 딱 보는 순간 어릴 때 손에 땀을 쥐고 독파했던 영국 로버트 루이스 스티븐슨이 쓴 소설 《보물섬》이 생각났다. 주인공 짐 호킨스가 해적으로부터 보물 지도를 얻어 이를 들고 보물섬을 찾아 나선다는 얘기인데, 배의 요리사 존 실버가 해적으로 드러나는 반전을 거듭하고 결국 보물을 찾는 데 성공한다는 흥미진진한 이야기다.

현대판 해적은 어디에 있을까? 그 답을 찾는 데 시간은 얼마 걸리지 않았다. 대한민국 국군의 청해부대가 아프리카 소말리아 인근 해역에서 활동에 들어간 것이 2009년 3월. 나는 당시 국방부를 통해 해군 관계자와 접촉했고 다큐멘터리 제작을 위해 일사천리로 섭외작업을 끝냈다. 아라비아 반도의 기후는 2월에서 4월 사이가 바람이 불지 않아 해적들이 기승을 부린다는 전문가의 조언을 받은 터라 4

월 전엔 제작 및 방송을 해야 한다는 생각에서였다. 그리고 이 시기에 현지에 가야 해적 모선을 만날 수 있는 행운을 잡을 수 있기 때문이었다.

2010년 2월 중순, 드디어 한국을 출발해 10여 일의 여정을 시작했다. 인천공항-두바이-오만 무스카트공항(1박 후)-지역 항공기로 다시 오만 살랄라항으로 이어지는 48시간 만에 도착한 곳은 아라비아 반도 해상에 떠 있는 한국 땅이었다. 바로 청해부대 충무공이순신함.

KBS 취재진의 단독취재로 청해부대원의 선상생활은 물론 해적 퇴치 활동상을 취재 방송하는 것이 목적이었다. 청해부대에는 해군만 있는 게 아니었다. 해병대, 해군, UDT, 항공지원대 등 우리 국군의 첨단병력자원이 집합한 세계적인 부대였다. 이후 청해부대는 석해균 선장이 탔던 유조선을 소말리아 해적이 피랍하자 이를 해결하는 작전에서 그 실력을 유감없이 전 세계에 보여줬다. 미군도 이런 작전을 하다 사상자가 발생한 적이 있었는데 우리 청해부대는 한 명의 사망자 없이 성공적인 작전을 펼쳐 전 세계를 놀라게 했다.

그런데 취재 과정에서의 가장 큰 문제는 해적 모선을 만날 수 있느냐는 것이었다. 해적이 뭐 KBS 기자가 부른다고 오실까? 그래서 나에겐 간절한 그 運이 필요했다. 그런 간절함을 하늘도 알았을까? 항해 도중 운 좋게 해적 모선을 만날 수 있었고 검문 검색을 하고 퇴치하는 장면까지 촬영할 수 있었다. 링스헬기에 탑승해 아라비아 해역 상공을 돌며 항공촬영을 한 것도 생생했다. 이런 게 바로 "땡 잡았다."라고 하는 거다. 비싼 출장비 내고 현지에 갔는데 해적 모선을 못 만난다면 그런 불상사가 없다.

난 운이 좋았다. 기자는 "현장에서 한 건 하는 게 장땡이다." 현장을 떠난 기자는 기자가 아닌 것이다. 귀국 후 〈KBS시사기획 창〉 방송을 위해 1시간 분량의 다큐편집을 끝내고 방송을 무사히 마쳤다. 2010년 3월이었다. 그런데 방송이 나간 지 얼마 되지 않아 실제로 우리나라 유조선이 소말리아 해적에 피랍된 사건이 발생했다. 당시 내가 취재했던 충무공이순신함이 현장에 특파되어 사태해결에 나섰고 KBS 취재진은 KBS 단독촬영 영상을 거의 모든 KBS 프로그램에 잘 활용할 수 있었다. 가성비 '짱'인 취재였던 셈이다. 나는 당시 수많은 프로그램에 방송하러 불려다녔는데 KBS에 그리 많은 프로그램이 있었는지 그때 알았다.

청해부대원은 아주 비좁은 공간을 효율적으로 잘 쓰고 있었던 것으로 기억한다. 함정이라는 특수한 공간이라 공간 활용도를 높이기 위해 2층 침대를 쓰는 경우가 많다. 그래서 1층의 승조원은 2층 승조원 침대 밑에 컴퓨터 모니터를 붙여놓고 휴식 시간에 게임도 하고 영화도 보는 그런 장면도 볼 수 있었다. 얼마나 고생이 많은지 그 무덥고 습한 아라비아 반도 해역에서 우리 상선을 해적으로부터 지켜낸다고 고생들이 이만저만이 아니었다.

당시 취재를 도와줬던 그분들께 다시 한번 감사하다는 말씀을 드리고 싶다. 김명성 함장님을 비롯해 모든 청해부대원 여러분께 정말 감사했다. 그때 선물로 받은 함정 선수에서 찍은 기념사진이 남아 있다. 이번에 코로나 확진자가 나온 청해부대 함정은 문무대왕함이라고 한다. 승선한 장병과 가족들의 마음고생이 얼마나 클까? 하루속히 귀국해 코로나 치료도 받고 안전하게 고국의 품으로 돌아오길 바란다.

(2021년 7월 17일 페북 글)

No.5

탈옥

제목　무기수 신창원 탈옥 사건[012]
시기　1997년 1월
장소　부산 북부경찰서, 부산교도소
방송　KBS뉴스9

"이 기자! 신 뭐시기. 무기수 탈옥이란다. 빨리 가봐래이"

신창원 씨를 모르는 사람이 얼마나 있을까? 무기수 신창원 씨. 부산교도소를 탈옥해 전국을 휘저으며 가는 곳마다 수사기관 지휘부의 간담을 서늘

부산교도소 앞에서 스탠딩 마이크, 1997년 1월

---

012 신창원 탈옥 사건: 1997년 1월에 신창원이 탈옥을 저질렀다가 1999년 7월에 체포된 사건이다. 탈옥 후 907일 동안 잡히지 않았다가 1999년 7월 16일 한 시민의 제보로 체포되었다. 탈옥 전 강도살인 죄로 무기징역형을 선고받았고, 탈옥 후 절도, 주거침입 등등 여러 범죄를 범하며 도망 다니다가 다시 체포된 뒤 도주죄 등으로 징역 22년 6월이 추가되었다. 사실상 종신형이라고도 할 수 있다. 그의 탈옥과 도주가 워낙 충격적이었던지라 세기말 분위기와 겹쳐서 '신창원 신드롬'이라는 문화현상까지 일어나기도 했다. 〈출처〉 나무위키

하게 만들어버렸던 장본인. 신창원 씨 이름 석 자만 들으면 나는 25년 전인 1997년 1월 20일 월요일 새벽을 잊을 수 없다. 신창원 씨는 이날 새벽 부산 강서구 부산교도소에서 탈옥했다. 한국판 '쇼생크 탈옥 사건'의 시작이었다.

부산교도소가 있던 지역을 담당했던 나는 그날 새벽 부산 북부경찰서 (現 사상경찰서) 형사계장실에서 밤사이 발생한 사건을 취합하고 사건반장(시경 캡[013])에게 보고를 마치고 졸고 있었다. 여느 사회부 출입 기자들과 마찬가지로 항상 부족한 잠 탓에 틈만 나면 사건기자들 사이에 끼여 새우잠을 자던 시기였다. 사건기자들은 어디서나 새우잠 신세. 그때 갑자기 새로 받은 핸드폰(불과 한 달 전까지만 해도 삐삐를 차고 다녔다) 소리가 울렸다. 핸드폰 너머 들린 말은 딱 세 마디.

"이 기자~부산교도소 신 뭐시기. 무기수 탈옥이다. 빨리 가봐래이."

'시간 외 실비' 봉투 헌납이 가져온 특종의 행운

신창원 탈옥을 처음 보도한 특종 보도는 그냥 주어진 것이 아니었다. 그래서 그 이야기부터 먼저 해야 한다. 1997년 당시 KBS 사건기자들은 '시간

---

013   시경캡: 경찰청을 출입하는 기자들 중에서 각 언론사별로 최선임 기자를 가리키는 말. 산하 경찰
       서는 취재하는 2~3진 기자들 위에는 연차가 좀 쌓인 1진 기자들이 있는데 그중에서도 최선임이 주
       로 시경캡을 맡는다. 시경캡보다 나이가 많은 경찰 기자는 구조상 나오기 어렵다. 시경(市警) + 캡틴
       (Captain)을 합쳐 시경캡이란 단어가 탄생했다. 〈출처〉 나무위키

외 실비'라는 수당을 매달 10일 받았다. 직전 달에 야간근무나 새벽근무를 한 날짜대로 보상해주는 실비였다. 현찰로 지급이 되었는데 50원짜리 동전까지 넣어서 누런색 회사 편지 봉투를 전달받고 좋아했던 기억이 난다. 그런데 여기서 결정적인 갈림길이 나타났다. 시간 외 실비를 받아서 집으로 가져가면 낙종 기자가 되고 출입처로 가서 뿌리면 특종 기자가 된다는 말이 있었기 때문이다. 나는? 당연히 출입처로 가서 뿌리고 다녔다.

1996년 겨울 어느 날로 기억한다. 결혼하기 전이라 일이 늦게 끝나면 집에서 자는 것보다 출입처로 가서 경찰서 동향도 살피고 잠을 청하는 것이 더 편했던 시절이었다. 어차피 새벽 4시에 기상해 출입처인 경찰서는 몇군데 순찰을 돌아야 하기 때문이었다. 이를 일본어로 '사쓰마와리[014]'라고 부른다. 일종의 언론계 은어인데 이를 미디어 전문지 〈미디어오늘〉이 설명하기도 했다.

그날은 부산 구포시장의 유명한 족발집에서 족발을 특대 사이즈로 주문했다. 경찰서 상황실로 가져가야 할 선물이었다. 상황실에는 주로 족발이나 야식용 음식을 선물하고 경찰서 정문을 지키는 의경이나 전경들에겐 신라면 몇 박스를 선물했다. 그러면 그 효과는 이루 말할 수 없었다. 경찰서 내부의 비리나 추문 등이 거의 실시간으로 나에게 들어왔다. 이런 것이 사건기자의 영업방식이었다. 물론 27년 전 올드패션이지만. 어쨌든 상황실에

---

014 사쓰마와리: さつまわり [察回り] - '사쓰마와리'는 경찰 기자를 뜻하는 일본말. 한자로는 찰회(察廻)라고 씀. 말 그대로 경찰서를 순회한다는 뜻. 발음하기 어려워 기자들은 흔히 '사스마리'라고 부름. 〈출처〉 미디어오늘
http://www.mediatoday.co.kr/news/articleView.html?mod=news&act=articleView&idxno=21180

눌러앉아 족발을 먹으면서 밤새 전통(경찰서 무전통신)을 들으며 당직 경찰들과 노닥거리고 있으면 출입처에서 발생하는 화재사건, 변사사건 등등을 놓칠 이유가 없다. 보통 12시쯤 상황실로 들어가서 야식을 같이 먹고 새벽 3시쯤부터 잠시 몇 시간 새우잠을 붙였다가 새벽에 일어나 KBS 사건반장(시경캡)에게 사건 상황을 보고하는 그런 식이었다.

그날을 나는 생생하게 기억한다. 나와 같이 족발을 먹었던 상황실장(당시 경비계장)이 일어서면서 나에게 한 말 때문이었다.

"이 기자. 기자에게 밥 얻어먹으면 10년은 재수가 없다고 하는 말 알지? 내가 오늘 이 기자에게 야식을 얻어먹었으니 내가 반드시 이 기자에게 갚아줄 일이 생길 거야. 두고 봐."

사람은 말을 조심해야 한다. 자기가 뱉은 바대로 일이 흘러가는 경우가 지나고 보니 허다하기 때문이다. 이 사건은 내가 기자 생활 27년 동안 하면서 두고두고 새기게 된 결정적 계기였다. 실제로 신창원 탈옥 사건을 처음으로 나에게 제보해준 분이 바로 그날, 부산 북부경찰서의 상황실장이었기 때문이었다.

특종을 위해서라면 "일단 현장으로 튀고 보자"

그 제보 전화를 받고 둘러보니 다른 언론사 사건기자들은 모두 새우잠을 자고 있었다. 나는 이를 공유할까 잠시 생각하다가 특종 욕심에 안면몰

특종-민완기자 취재 수첩

수하고 튀기로 결심했다.

"에이 모르겠다. 일단 부산교도소로 튀자."

KBS 사건반장(시경캡)에게 보고했고 얼마 지나지 않아 KBS 아침뉴스에 큼지막한 하단 자막이 나가면서 드디어 신창원 탈옥 사건이 세상에 알려지게 되었다. 지금도 그날 내가 먼저 신창원 탈옥 사건을 알리고 부산교도소로 먼저 튀는 바람에 고생했을 동료 선후배 기자들께 송구하다는 마음이 많이 든다. 그래도 특종을 놓칠 수는 없었기에, 더구나 피 같은 나의 시간 외 실비 영업의 결과이기에.

몰려든 기자들에게 결국 대문 개방한 교도소

나 혼자 부산교도소에 도착하니 대문을 지키는 교도관으로 보이는 제복 입은 사람들이 지키고 있었다. 내가 대뜸 대들었다.

"아저씨, 여기 탈옥 사건 났다면서요? 문 좀 열어보세요."

돌아온 답은 이렇다.

"그런 일 없어요. 가세요. 여긴 민간인 못 들어와요."

그러기를 30여 분. 아이고 이걸 어쩌나? KBS 특종 보도가 나간 뒤 기자들이 몰려들기 시작했다. 새우잠을 자던 사건기자들이 수십여 명 몰려들어 "교도소장, 문 열어~"라고 외치자 결국 부산교도소 대문이 열렸다. 그리고 기자들이 취재할 수 있는 별도의 공간이 면회실 주변 사무실에 마련되었다. 그리고 그날부터 약 두 달가량을 밖에서 먹고 자며 신창원 탈옥 사건을 보도했다. 아마도 이때 KBS 입사 후 사건 취재를 가장 열심히 그리고 신나게 한 것 같다.

"기사거리 없으니 기자들도 거지 신세로군"
교도소 앞 구멍가게 할머니의 특종 제보

하루는 보고할 기사 아이템이 없어 시경캡에게 혼날 지경이 되었다. 기사 아이템을 찾다가 결국 배가 고파 부산교도소 바로 앞 구멍가게 할머니

담배 비즈니스용으로 추정되는 테니스공, 1997년 1월 부산교도소

특종-민완기자 취재 수첩

를 찾아갔다. 교도소 앞 구멍가게는 면회객들이 자투리 면회 시간을 맞추기 위해 잠시 대기하는 공간으로 어묵탕이나 삶은 계란, 컵라면 등을 팔던 곳이었다. 지금은 없어졌겠지만. 나는 할머니에게 하소연했다.

"할머니, 제가 오늘 거지 신세예요. 기사거리 있으면 하나 주이소."

그러자 그 할머니의 반응. 깔깔깔 웃으시며 말했다.

"기자들도 별거 없네. 방송 나와서 뭐 많이 아는 줄로 알았는데 알고 보니 완전 거지들이네."

그러고는 이렇게 말씀하시는 것이 아닌가?

"교도소 담벼락 가봐래이. 벽 근처에 테니스공이 많을끼다. 몇 개 주워 와봐."

난 순간 "교도소 근처에 테니스장이 많은가 보군? 테니스공이 뭐 이렇게 많이 굴러다니나?" 하고 의심스럽게 생각했다. 그러고는 출입 금지가 붙은 철조망을 뛰어넘어 교도소 담벼락으로 가서 테니스공을 찾기 시작했다. 할머니 말씀대로 여기저기 테니스공들이 굴러다녔다. 테니스공들의 특징은 사진에서 보는 바와 같이 예리한 커터칼 같은 것으로 자른 흔적이 있다는 점이었다. 테니스를 치다가 공이 터진 것이 아니라 칼로 자른 것으로 보이는 단면이 예리하게 갈라져 있었다. 이게 뭘까? 할머니의 친절한 해설이 이어졌다.

"거기에 담배 6갑 들어간데이. 필터 빼고 연초만. 약 30만 원 한다고 하데. 알아보소. 기자 양반~ 내 오늘 밥값 했데이. 자주 온나."

할머니의 해설을 들은 나는 바로 내 무르팍을 쳤다.

"아하~이게 바로 신창원 씨가 탈옥자금을 마련했다는 교도소 담배 비즈니스의 실체로군."

난 당시 신창원 씨 같은 무기수만이 교도소 안에서 이런 담배 비즈니스를 할 수 있다는 풍문을 들었던 터였다. 부산교도소에는 당시 전국에서 검거된 조직폭력배들이 많이 수감되어 있었고 이들 사이를 오고 가며 담배 장사를 할 수 있는 사람은 무기수들이라는 풍문을 들었던 터였다. 당시에는 정보 차단이 지금보다 더 심했던 시기여서 '신창원 담배거래' 보도는 일반인들에게는 신기한 뉴스 아이템이었다. 그래서 그날 바로 〈KBS뉴스9〉에 방송했던 기억이 난다. 교도소를 관리하는 법무부 교정국 입장에서는 상식이었겠지만 일반 시청자들에겐 신기하기만 한 뉴스 아이템이었다. 다행히 사건 당시 내가 나오는 뉴스 방송을 나의 아내가 빠짐없이 VHS 테잎으로 녹화했고 그 뒤에 디지털 파일로 모두 변환 저장돼 있어 그때 그 장면을 지금도 재미 삼아 볼 수 있다. 볼 때마다 웃음이 나온다.

"저럴 때가 있었구만. 테니스공 하나가 30만 원이라? 20여 년 전이니 지금은 담뱃값도 올라서 60여만 원 하려나?"

'시간 외 실비' 다 모았으면 진작에 강남 아파트 샀을까?

신창원…신창원…신창원…한국판 쇼생크 탈출 사건. 벌써 발생 25년이 됐다. 그런데 그때를 생각하면 지금도 엉뚱한 생각을 하게 된다. 그때 내가 '시간 외 실비'를 전부 모아서 저축했더라면 진작에 부산 해운대나 서울 강

　　　　　特종-민완기자 취재 수첩

남에 집 한 채를 살 수 있었을까? 그랬으면 나는 지금쯤 과연 행복할까? '시간 외 실비'로 경찰관 상황실장 그 형님에게 족발 대접을 안 했더라면 어떻게 되었을까? 결정적인 그 제보전화를 못 받고 난 분명히 신창원 탈옥 사건을 낙종했겠지? '시간 외 실비'로 순수하게 대접한 족발의 애정 때문에 신창원 탈옥 사건을 특종 보도를 할 수 있었고, 지금 이런 글도 남길 수 있는 것이겠지? '신창원 탈옥', '시간 외 실비', 특종을 갈망했던 20대 젊었던 민완기자. 이제 모두 25년 전 기억 저편의 추억들로만 남았다.

살인

제목 동반자살 부부의 부검장에서 밝혀진 진실

시기 1996년 2월

장소 부산 두구동 부검장

방송 KBS뉴스9

"생활고 비관 일가족 동반 자살사건."

이런 안타까운 사건의 타이틀을 볼 때마다 가슴이 철렁하고 손에 땀을 쥐는 경험을 수차례 한다. 나에겐 그럴만한 사연이 있다. 아래 〈한겨레신문〉 사건 기사를 보면서 나는 1996년 수습기자 때 벌어진 추억을 떠올렸다. "얼마나 살기가 힘들었으면 저렇게 했을까?"라는 안타까움이 들 수밖에 없는 사건 기사이다. 25년 전 아찔했던 수습기자 시절 이야기이다.

일가족 동반자살을 시도했다가 7살 아들을 잃은 부부가 살인 혐의로 구속됐다. 경남 김해중부경찰서는 30일 아들(7)을 살해한 혐의(살인)로 40대 부모를 구속했다. 이들은 지난 13일 밤 아들이 자는 자신의 집 작은방에 번개탄을 피워 아들을 일산화탄소 중독으로 숨지게 한 혐의를 받고 있다. 당시 이들 부부는 목숨을 끊으려고 아들과 함께 잠을 잤다. 하지만 전화 연락이 되지 않는 것을 이상하게 여긴 친척이 다음 날 오후 이들의 집을 찾아왔을 때, 아들은 이미 숨졌지만 부부는

동반자살 시도했다가 아들 목숨 잃은 부모 살인 혐의로 구속

최상원 기자 ＋구독

등록 2021-06-30 15:09
수정 2021-06-30 16:42

가

경남 김해중부경찰서.

〈출처〉 한겨레신문, 2021년 6월 30일

의식불명 상태로 살아있었다. 119 구급대에 의해 병원으로 옮겨진 부부는 이달 말 퇴원했다. 아들은 부검 결과 일산화탄소에 중독돼 사망한 것으로 확인됐다. 김해중부경찰서 관계자는 "부부는 '빚에 쪼들리는 등 경제적으로 너무 살기 어려워 함께 죽으려 했다'고 진술했다. 부부 모두 건강을 회복한 것이 확인됐기에 구속했다."고 말했다.

수습기자의 부검장 후기…검안의가 말한 그대로 모두 기록한다

1995년 KBS에 입사한 뒤 연고지가 있는 KBS 부산방송총국 사회부로 배치된 지 며칠이 지나지 않았던 것으로 기억한다. 그날은 1996년 2월 어느 날. 사건반장 선배가 "어이~ 수습. 오늘 부검장 한번 다녀와라. 검안의 말하는 걸 싹 다 적어와라."라면서 부산 지역 일간지 사회면 기사를 던져주었다. "생활고 비관 부부 동반자살"이란 타이틀이 붙은 1면 하단 기사였다. 당시엔 사회면 사건 기사가 잘 먹히던 시절이었다. 그래서 사회 유명 인사들의 살인사건이 나면 피해자의 사진을 제일 먼저 찾아와야 특종을 하던 시절이었다. 개인의 인권과 명예가 엄격하게 존중받는 지금과 비교하면 26년 전에는 사회 전반적으로 명예훼손 등 개인의 인권 보호라는 사회적 공감대가 상대적으로 소홀했던 시기로 짐작이 된다.

변사사건의 최종 목격자들

부검은 당일 오후 부산 두구동의 공동묘지 인근 부검장에서 있었다. 부검장에 도착하니 밖에서는 유족들이 오열하고 있었고 경찰 관계자와 검사시보들이 도착해 있었다. 건물 밖에 있는 큰 평상에는 소주 대병 한 병이 놓여 있었다.

"하이고~"

입에서 탄성이 나왔다. 유족들과 경찰들의 양해를 받고 부검장 취재를

특종-민완기자 취재 수첩

들어갈 수 있었다. 그 당시에는 언론사 기자라고 신분을 밝히면 부검장에 입회하는 것이 그다지 어렵지 않았다. 유족들의 반발만 없다면 경찰도 막지는 않았다. 아마도 이런 식의 부검장 취재는 개인정보 보호 조치가 강화된 지금은 불가능할 것이다.

먼저 고인이 된 남편의 시신이 부검대에 올려졌다. 검안의는 잠시 고인들을 위해 기도했고 엄숙한 분위기가 만들어졌다. 이후 검안의는 능수능란한 자세로 부검을 진행했다. 전국적으로 잘 알려진 유명한 검안의로 평가받으신 분이었다. 고된 직업 특성상 술을 많이 드시는지 몰라도 코가 완전 붉은색 딸기코였다. 격무에 시달린 탓이 아닐까 생각했다. 시신의 가슴과 복부를 개복하자 역한 냄새가 밀려왔다. 생전 처음 맡아보는 역한 냄새였다. 검안의는 아무렇지도 않은 듯이 검안을 진행했지만, 검사 시보들과 나는 너무 힘들었다. 그래서 나는 꾀를 내었다. 호주머니에 있던 담배 한 개피를 살짝 끄집어내 벽쪽으로 돌아선 다음 연초만을 조금 발라낸 뒤 코에 살짝 밀어 넣었다. 그랬더니 담배 연초 냄새만 나고 그 역한 냄새를 조금이나마 순화시킬 수 있었다. 그리고 검안의가 말하는 모든 사항을 받아 적을 수 있었다. 검사 시보들이 신기한 듯이 나를 쳐다봤다. 그리고 나에게 "부검장 자주 오시나 봐요?"라면서 물었다. "나, 오늘 당신처럼 처음이야."라고 말하고 싶었지만 부검장 안에서 그런 말을 할 수는 없었다.

먼저 남편의 시신은 외상으로는 본인의 오른쪽 목에 흉기로 그은 자상 한 군데. 장기 손상으로는 위가 새카맣게 타들어갔음을 검안의는 확인했다. 검안의 말이다.

"고인은 아마도 먼저 흉기로 본인의 목에 상처를 내어 자살을 시도하다 미수에 그치자 농약을 마시고 음독자살한 것으로 추정합니다."

두 번째로 고인이 된 부인의 시신이 부검대에 올려졌다. 검안의는 남편과는 달리 고인이 된 부인의 시신을 접촉하는 남성 부검 보조원의 행동에 각별한 주의를 당부했다. 아마도 유족들뿐 아니라 나를 포함해 검사 시보들까지 있어서 그랬던 것 같다. 부인의 시신은 외상적으로 딱 한군데 흔적이 있었다. 목 부위에 무엇인가에 강하게 졸렸던 흔적이 있어 보였다. 장기는 어느 곳도 이상한 점이 없어 보였다. 검안의 말씀.

"고인의 장기 손상은 전혀 없고 목 부위에 목 졸림 흔적이 있는 걸로 봐서 누군가에 의해 목 졸림을 당해 사망한 것으로 추정합니다."

살인사건의 재구성… 사자死者는 죽어서 말한다

즉 그 사건을 재구성한다면 "남편이 부인의 목을 졸라 먼저 숨지게 했고 남편은 이어 흉기로 자신의 목을 그어 자살을 시도하다 실패하자 농약을 마시고 음독자살한 것"으로 경찰은 설명했다.

난 그 말을 듣고 이런 생각이 가장 먼저 들었다.

"어이쿠 조간신문 기사 엉터리였군."

부검장 밖에서 경찰관 누군가가 하는 소리도 들렸다.

"이렇게 되면 남편은 죽어서도 개 구(狗) 자가 들어가는 범인(犯人)이 되는 거로군?"

듣는 순간 머리가 띵했다. 사건을 가해자와 피해자로 나누어서 접근하는 베테랑 형사답다는 생각을 했다. 그렇다면 이 사건은 "생활고 비관 부부 동반자살"이 아니라 "부인 살해한 남편, 잇따라 음독 자살"로 사건 타이틀을 바꿔야 할 판이었다. '생활고 비관'이란 설명은 아마도 그럴듯하게 편집자가 붙인 게 아닐까 생각됐다. 부부 시신 부검이 끝난 뒤 나는 화재 현장에서 질식사로 숨진 시신 한 구의 부검까지 지켜봤다. 불에 그을린 탓에 말로 표현할 수 없는 처참한 상태였다.

검안의가 설명한 말을 빼곡하게 적은 취재 수첩을 들고 부검장을 내려오는데 갑자기 어두워졌다. 해가 짧은 2월이었다. 경찰과 검사 시보들이 탄 차량은 벌써 빠져나갔다. 나는 혼자 아무도 없는 공동묘지를 거쳐 지하철역까지 한참을 걸어 내려왔다. 날씨마저 을씨년스러웠고 해는 막 져서 어둑해지는데 부검장의 주요 장면들이 연상돼 머리카락이 삐죽삐죽 서면서 음산한 기분이 들었다. 조금 전까지 변사사건 시신 3구의 부검 장면을 취재하던 수습기자가 망자들의 안식처인 공동묘지를 빠져나오는 길이란. 등에서 식은땀이 줄줄 흘렀다.

생활고 비관 부부 동반 자살사건
⇨ **부인 살해한 남편, 음독자살로 정정보도**

　　회사로 복귀해 기사를 작성했다. 선배들이 "어이~수습기자 한 건 했군? 잘했어~"라면서 칭찬해줬던 기억이 난다. 속설이었는지는 몰라도 부검장에 다녀온 날은 집에 들어가지 않는다면서 선배 기자들이 술을 엄청나게 먹었던 것으로 기억한다. 그날 밤은 결국 집으로 가지 못했다. 출입하던 부산 북부경찰서(現 사상경찰서) 상황실 옆 당직실에서 경찰관들 틈에 끼어 새우잠을 잤다. 쪽잠을 자기 전, 무엇인지는 몰라도 너무 서글퍼서 나와 결혼을 앞둔 예비신부인 지금의 아내에게 전화했다. 그리고 펑펑 울었던 기억이 난다. 이런 보기도 험한 사건을 앞으로 계속 목격해야 하는 사건기자가 된 현실에 대한 일종의 자괴감 같은 그런 심정이 아니었을까 싶다. 어르신들이 어릴 적부터 말씀하신 것이 있었다.

　　"앞으로 살면서 경찰서, 검찰청, 법원, 병원 응급실 같은 험한 곳엔 되도록 가까이 가지 말아라."

　　아이고 그런데 이걸 어쩌나. 이제 거친 현장의 사건기자가 되어 버렸는데 이 일을 어쩌나? 매일같이 그곳을 들락거리는데.

　　이제 입사 27년이 지난 나는 치열한 사건 현장을 훌쩍 떠나버렸다. 여전히 나는 지난 사건을 한 번씩 뒤돌아보며 의심해본다.

　　"생활고 비관, 부부 동반자살"이 아니라 "부인 살해한 남편, 잇따라 음독자살"로 바꾼 나의 기사는 과연 진실이었을까? 기자란 자들이 정제되지 않은 스피커로 헛소리를 쏟아내 가짜뉴스가 판을 치는 요즘 세상이다. 때로는 기레기(기자 쓰레기)라는 혹평을 듣기도 한다. 그래서 한번 더 팩트를 확인하고 체크하고 또 검증해 봐야 한다. 돌아가신 그분들은 사건의 신실을 살 알고 계실 것이다. 고인이 되셨지만 25년 전 사건 현장에서 만난 그분들의 명복을 다시 한번 더 빌어본다.

No.7

낙종

제목　사건반장의 무관심 때문에 날아가 버린 특종 제보

시기　1998년 12월

장소　부산 OO경찰서

방송　불방 후 낙종

기자란 특종을 찾아 어슬렁거리는 거친 들짐승 같아야 이름을 남기고 밥값을 한다. 보도자료를 줄곧 받아쓰는 기자는 온실 속에서 사육되는 필경사로 순치될 것이라는 믿음으로 경계하면서 지난 27년을 달려왔다. 하지만 뻔히 눈앞에 두고 보면서도 특종을 놓친 사례도 있었다. 1998년 12월 크리스마스를 앞둔 송년 시즌이었다. 연말이면 관공서들도 근무 기강이 해이해지기 나름. 이럴 때 뭔가 "땡잡는" 특종들이 터지곤 한다.

팩스로 날아든 특종 제보

그날은 1998년 12월 15일 새벽 4시쯤이었다. 출입하는 경찰서 정보과에 가니 문은 열려 있고 바닥에 뭔 팩스 종이 한 장이 떨어져 있었다. 호기심이 충만했던 열혈 사건기자였던 나는 그걸 우선 내 호주머니에 집어넣었다. 그런데 이상하게도 그날은 정보과를 지키고 있는 내근반 정보관들이 아무도 없었다.

"연말이라 정보관 형님들이 한잔하고 주무시나? 이상한데…."

대수롭지 않게 생각하고 기자실로 내려왔다. 당시 우리나라 모든 경찰서 정보과에는 내근반(정보 1계)과 외근반(정보 2계)이 있다. 외근반 정보관들이 당일 작성한 견문 보고서가 당일 밤까지 제출이 되고 나면 다음 날 새벽까지 그걸 모아서 통상 정보1계 내근반 정보관들이 정리해서 아침에 서장이나 경찰청장 등에게 직보할 내용 등을 정리했다. 당시엔 타자기로 타이핑을 쳐서 프린트된 견문 보고서를 작성했기 때문에 기자들과 사이가 좋은 내근반 정보관 일부는 견문 보고서를 살짝살짝 보여주기도 했다. 하지만 철칙은 있었다. 기자는 견문 보고서를 눈으로만 빨리 읽고 기억해야 했고, 나중에 알아서 메모해야 한다는 것. 절대 견문 보고서를 앞에 놓고 메모를 한다든지 하면 안 된다는 것. 그리고 가장 중요한 점은 새벽에 일찍 경찰서로 출근하는 부지런한 기자만 이런 행운을 잡을 수 있었다는 점이다.

새 존안 보고서를 경찰청으로 송부하라

"자~~그 팩스 종이가 뭘까? 뭐가 들었을까? 한번 볼까?"

나는 호기심에 호주머니에 집어넣었던 팩스 종이를 끄집어냈다. 그걸 보

특별 첩보송신 명령 (1998년 12월 15일)

내용: 부산 지역 일부 경찰서 정보과에 간밤에 지방경찰청에서 보낸 특별 첩보송신문 수신. 주 내용은 각 지역별 시민, 사회, 노동단체의 '단체와 개인별' 카드 사본을 내일까지 첩보편으로 지방경찰청으로 보낼 것.

부산 A 경찰서의 경우
첩보담당자 귀하! 금번 새롭게 작성된 OO노총 부산본부. 부산교통공단의 단체, 개인별 카드 사본을 12.3 첩보편으로 송부바랍니다.

부산 B 경찰서의 경우
첩보담당자 귀하! 금번 새롭게 작성된 지역별 시민 사회단체의 단체, 개인별 카드 사본을 12.3 첩보편으로 송부바랍니다. 지방경찰청

특종-민완기자 취재 수첩

는 순간 나는 깜짝 놀랐다. 당시 메모해둔 기록은 이와 같다.

이른바 존안 자료[015]로 불리는 요시찰 주의 인물 관리명단이 아닌가? 나는 세 가지 점을 주목했다. ① 당시 정권이 인권 대통령으로 불리는 김대중 정권으로 교체된 1998년이었다는 점. ② 특별첩보 송신명령에 나오는 표현인 "금번 새롭게 작성된 카드 사본"이란 표현이 있었던 점. ③ 바닥에 떨어진 (동그랗게 말려져 있어 그냥 쓰레기처럼 보였음) 그 팩스 종이를 나는 의도적으로 훔친 것은 아니었다는 점.

그리고 내 머리엔 아래와 같은 헤드라인이 스쳐갔다.

"인권 대통령으로 불리는 DJ정권도 민간인 사찰하나?"
"인권옹호 DJ정권, 민간인 사찰 새 존안보고서 수집중"

바로 사건반장에게 전화 보고를 했다. 그런데 문제는 사건반장의 반응이었다. "그런 거 뭐 어느 정권이나 다 하는 거 아냐?"라면서 별 대수롭지 않다는 투로 말했다. "9시 뉴스 리포트 발제 한번 해 볼까요?"라는 나의 제안에도 그 사건반장은 "별거 아니야. 다른 거 찾아봐."라면서 아이템을 이른바 '킬(kill)'시켰다. 나는 이건 아닌데 싶어서 나의 PC 메모장에 관련 내용을 아

---

015 존안 자료: 사정·공안기관 등이 공직 인사에 대비해 비치해 놓은 대외비 인사파일을 통칭한다. '없애지 않고 보관해둔다'는 사전적 의미만큼 대상 인물의 행적·근무평점·신상·업적·경험을 오랫동안 관찰, 정리해둔다.
https://www.joongang.co.kr/article/3600549

래와 같이 메모해두었다.

"지하철 협상 난항과 IMF 일주년을 맞아 부산 지역 시민사회노동단체
에 대한 경찰 정보망의 감시가 강화되는 분위기임. 특히 '금번에 새롭게 작
성된 OO 단체별, 개인별 카드를 보내라'는 내용으로 보아 경찰이 각종 시민
사회노동단체 조직과 개인에 대한 X-파일을 만들어 관리하고 있는 것으로
보여 확인 작업이 시급한 것으로 판단됨."

중앙 일간지 특종 "인권 대통령도 사찰하나?"

그리고 일주일이 채 지나지 않아 일이 제대로 터져버렸다. 중앙 일간지
모 신문 1면에 관련 기사가 대문짝만하게 보도된 것이었다. 헤드라인도 내
가 생각했던 것과 똑같았다.

"DJ정부도 민간인 사찰하나?"

그러면서 내가 수집했던 새 존안 자료의 형태와 내용 등이 상세하게 보
도되어 있었다. 한동안 그 보도로 시끄러웠던 것으로 기억한다. 그날 아침
그 신문 1면을 보던 순간을 나는 지금도 잊지 못한다.

"이거 내가 발굴해 보고한 사안인데."

억울하고 원통했다. 이를 보도를 한 중앙일간지 기자는 이후 기자상까
지 받았다는 소식도 들었다. 나의 보고를 묵살했던 사건반장은 몇 년 뒤 회

사를 갑자기 그만두었다. 기자 생활이 적성에 잘 맞지 않았는지 정년을 한참이나 남겨둔 40대 중반에 훌쩍 KBS를 떠나버렸다. 지금 생각해도 분하고 원통하다. 제대로 된 기자라면 특종을 찾아 어슬렁거리는 날짐승, 들짐승이 되어도 무방하다는 생각은 지금도 변함이 없기 때문이다. 어처구니없는 일을 뻔히 눈 뜨고도 당했던 1998년 연말 낙종 사건. 내 보고를 묵살했던 그 사건반장은 지금 어디서 무엇을 하고 있을까?

밀수

제목   세관 공무원 개입한 참깨 밀수사건[016]의 전말

시기   1998년 2월~3월

장소   부산경남본부세관, 부산항 2부두.

방송   KBS뉴스9

부지런한 기자에게는 언젠가 특종의 행운이 찾아온다. 자신의 출입처 문지방이 닳도록 종횡무진 뛰어다니다 보면 특종이 굴러들어올 수도 있다. 부산항을 관장하는 부산경남본부세관을 출입하던 1998년의 경우가 그러했다. 지금은 부산항 북항 개발사업으로 사라진 부산항 재래부두를 제집 드나들던 것처럼 왔다 갔다 하던 그때였다. 불과 몇 달 전에 IMF 경제위기가 터져 한화 가치가 폭락했고 달러 가치가 금싸라기가 되었던 시기여서 부산항 재래부두에는 평상시에 못 봤던 화물들이 들어오고 나가기를 반복했다. 그래서 나는 거의 매일 부두에 나가서 어떤 재래화물[017]들이 등장하는지를 신기하게 바라볼 때였다.

가령 우리나라 화폐가치가 급락하자 극동 러시아 상인들이 우리나라 중고차를 싹쓸이해서 여객과 화물을 한꺼번에 실을 수 있는 화객선[018]에 엄청나게 싣고 러시아로 가던 장면은 지금도 잊을 수 없다. 6·25 전쟁 때 흥남 철수선처럼 무슨 피난민 여객선처럼 보였다.

그러던 어느 날 부산항 2부두 초소의 한 남자가 지나가는 나를 잡고 다짜고짜 물었다.

---

016   참깨 밀수사건: 참깨 밀수는 거의 일본이나 중국을 통해 이뤄지고 있다. 참깨의 원산지 가격은 1990년 초 당시 톤당 120만 원 정도였는데 국내의 농수산물 유통공사의 입찰 공매가격이 7백만 원 수준으로 5-6배에 달해 참깨 밀수가 성행하게 되었다.
       https://n.news.naver.com/mnews/article/001/0003497699?sid=102

017   재래화물(General Cargo): 컨테이너 안에 적재된 화물이 아닌 일반 화물을 말한다. 주로 일반 화물선에 실려서 운송된다.

018   화객선(Cargo-Passenger Ship): 화물과 여객을 동시에 운반하는 선박을 말한다. 일부에서는 카페리선으로도 불린다.

지금도 누군지 모르는 부산항 2부두 제보자의 폭탄성 제보

"아저씨. KBS 기자 아저씨 맞지요? 어제 사복 입은 사람들이 소나타를 타고 와서 우리 초소의 청경들 몇 명 잡아갔는데요. 뉴스에도 안 나오고, 이거 납치된 거 아입니까? 한번 알아보소. 소문에는 세관원들이 돈 먹고 참깨 밀수사건에 개입했다고 하던데요."

딱 듣는 순간 뭔가 터졌다는 직감이 왔다. 지금 생각해 보면 "내가 그때 참 겁이 없어도 저렇게 없었을까?"라고 생각한다. 제보를 받았다 하면 바로 출동해야 직성이 풀리는 열혈 민완기자였기 때문이다. 30대 초반의 뜨거운 열혈 사건기자 그 자체였다. 나는 바로 보도국으로 전화해서 촬영기자 한 분을 보내달라고 요청했다. 지금은 정년퇴직하신 선배 촬영기자가 한 분 오셨는데 바로 카메라를 켜고 같이 세관장 방으로 치고 들어갔다. 몰카였다.

당시 세관장은 50대 초반의 이른바 잘 나가던 엘리트 관료 출신 세관장이었다. 내가 대뜸 "세관원들이 몇천만 원씩 뇌물 받고 참깨 밀수사건에 개입하다니 이거 이래서 되겠습니까? 세관장님?"이라고 공격적으로 질문했다. 물론 상상해서 대충 넘겨짚은 질문이었다. 그랬더니 의외의 반응이 나왔다. 뇌물을 받은 세관원들은 특정 지역 고등학교 동창들인데 그들이 누구였는지, 뇌물 액수까지 구체적으로 실토하는 것이 아닌가? 부산지검 이 모 검사실에서 수사하고 있다면서 제발 보도를 바로 하지 말아 달라고 부탁했다. 그런데 그럴 수는 없었다. 나에게 제보한 사람은 세관장이 아니라 부산항 2부두에서 오고 가다 만난 사람으로 지금도 누군지 모르는 관계자였는

특종-민완기자 취재 수첩

데 그 사람과의 신뢰를 깨트릴 수가 없었기 때문이다. 그분은 KBS를 믿고 KBS 기자인 나에게 제보한 것이지 내가 뭐 대단한 기자라서 한 것은 아니었기 때문이다. 특히 밀수를 막아야 할 세관원들이 조직적으로 밀수에 가담한 정황으로 보아 이 사건은 바로 들어가서 전국으로 알려야겠다는 생각뿐이었다.

세관 공무원 참깨 밀수사건에 개입 밝혀내

세관 공무원 참깨 밀수사건 개입
[KBS 부산방송총국의 보도] 1998년 2월 6일

시가 15억 원대의 중국산 참깨 밀수사건을 수사하고 있는 부산지방검찰청은 관련 공무원들을 대상으로 수사를 확대하고 있습니다. 검찰은 밀수책 47살 김OO 씨와 37살 하OO 씨, 부산항 제2부두 청경인 42살 목OO 씨와 46살 백OO 씨 등 4명을 구속한 데 이어 부산세관 조사반장 38살 박OO 씨와 재일교포 50살 이OO 씨의 관련 혐의를 잡고 구속영장을 신청했습니다. 검찰은 또 부두 검수직원 2명 등 4명의 신병을 확보해 조사하는 한편 달아난 부산세관 육상감시반 부반장인 39살 박OO 씨와 재일교포 자금총책인 46살 이OO 씨도 수배했습니다. 검찰에 따르면 밀수책 김 씨 등 2명은 부산세관의 감시, 검수 관련 직원들의 묵인 아래 지난 (1997년) 12월 18일 새벽 2시쯤 중국산 참깨 215톤 15억 원어치를 20 피트짜리 컨테이너 12개에 나눠 싣고 부산항 제2부두로 들어와 시중에 유출시킨 혐의입니다. 검찰은 밀수를 묵인해 주는 대가로 세관원 박OO 씨가 5천5백만 원을, 구속된 박OO 씨는 3천만 원을 받은 것으로 밝혀냈습니다.

이런 사건을 만나면 "참 별 일이 다 있네."라는 생각을 할 수밖에 없다. 사건 헤드라인이 번쩍 들어왔다. "고양이에게 생선 맡긴 꼴" 바로 이런 헤드라인이 딱 맞는 셈이다.

검찰발 엠바고[019]를 놓고 사회부장과 경제부장과의 한판 싸움

그런데 의외의 지점에서 문제가 폭발했다. 엠바고 문제였다. 나는 당시 경제부 소속 기자였는데 내가 취재해서 기사를 작성하던 중 사회부 소속의 법조 출입 기자가 참깨 밀수사건이 엠바고가 걸려 있다며 보도하면 안 된다고 막아선 것이었다. 결정적인 문제는 또 있었다. 검찰 출입 기자들은 세관원이 개입되어 있다는 사실을 몰랐고 단순히 검찰이 엠바고를 걸어놓아 보도를 유예하고 있던 사건인 점도 드러났다. 나의 직속 상관이었던 경제부장이 문제를 제기했다.

"뭔 소리야? 우리가 언제 검찰하고 보도유예 합의를 해줬어? 그리고 기자란 자들이 이번 참깨 밀수사건에 세관원이 개입되어 있다는 것도 모르고

---

019 엠바고: 저널리즘 영역에서 엠바고란 취재원과 합의를 통해 보도 시점을 조절하는 관행을 의미한다. 이러한 엠바고는 충분한 취재 시간을 확보해 언론 보도의 정확성과 심층성을 향상시켜 궁극적으로 언론 수용자의 권익을 보호하는 기능을 한다. 그런데 때로는 엠바고가 깨지기도 하고, 언론 통제의 성격이 강하다는 측면에서 엠바고가 불필요하다거나 국민의 알 권리를 침해한다는 시각이 제기되기도 한다. 엠바고(embargo)란 '보도 시점 유예' 또는 '시한부 보도 중지'라는 저널리즘 관행을 지칭한다.
〈출처〉 [네이버 지식백과] 엠바고 (미디어 윤리, 2013. 2. 25., 이재진)

일방적으로 엠바고 받아줘도 되는 거야?"

반면 경제부장과 동기였던 사회부장도 만만치 않았다.

"아니, 우리가 엠바고를 깨면 우리 출입 기자가 일정 기간 출입처 취재를 못하게 되는 불이익을 받을 게 뻔한데 그래도 엠바고를 깰 거예요?"

보도국 분위기는 뜨거웠다. 1998년 당시에는 사무실 안에서도 담배를 마구 피워대던 시절이었으니 재떨이만 안 날아갔을 뿐 폭발 직전까지 갔다. 한참을 지나 결론이 났다.

"방송해!"

지금은 퇴임하신 경제부장의 힘 있는 목소리였다. 나는 저장해둔 PC 원고를 다시 신나게 두들긴 다음 더빙을 해서 방송을 할 수 있었다.

부산경남본부세관에 몰아친 인사 태풍과 밀수감시 제도 변화

파문은 컸다. 1998년이면 김대중 정부가 IMF 경제위기 극복을 국정과제로 내세우고 새롭게 시작한 국민의 정부 원년이 아니었나? 사정기관이나 청와대가 이 사건을 어떻게 보고 있었을지가 눈에 선했다. 김대중 대통령이 취임하자마자 딱 걸려든 사건이기도 했다.

세관원이 개입한 참깨 밀수사건의 여파로 전국 최대 규모의 부산경남본부세관에 인사 태풍이 몰아쳤다. 그 여진은 관세청 산하 전국 세관으로 확산했다. 처음 해당 제보를 접했을 때 그 직감대로 참깨 밀수사건의 여파는

국제신문

THE KOOKJE DAILY NEWS 　제13788호 일간 ⑬　　1998년 3월 11일 수요일

부산세관 대규모 문책인사

"밀수·직원비리 구조적"…세관장 대기발령

관세청 국장급 전원 좌천·교체…기구도 대폭감축키로

관세청이 12일자로 서기관급 이상 간부들의 인사를 단행해 세관원의 잦단 밀수사건 업무 등으로 물의를 빚은 부산경남부세관에 대해 세관장을 대기발령 조치하는 등 사국장은 보직해제시키는 등 유례없는 문책성 인사를 단행, 전 세관 직원들이 경악하고있다.

관세청은 또 신임 부산경남본부세관장이 부임하는대로 일부 문제부서 직원들을 전원 보직 변경하고

가구를 감축 또는 폐해조치하는 등 대규모 후속인사를 단행할 것으로 알려져 부산경남부세관이 인사파동에 휩싸였다. 〈관계기사 2면〉

관세청은 이사과 부이사관 및 서기관급 간부 47명에 대한 인사를 하면서 10일 해당 세관에 통보했으나 부산경남본부세관과 같은 부분 세관인 대구 서울 대전 인천의 세관은 인사대상이 2, 3명에 그치고 광주본부세관은 인사대상자 1명도 있었던 반면 부산경남본부세관

은 세관장 및 국장전원(3명)과 산하의 10개 일선세관장을 6명이 무더기 교체된다.

게다가 與과黨의 세관장이 예외적으로 관세청에 대기발령됐으며 부이사관인 송부두 감시국장이 한 단계 낮은 서기관를 보직인 관세공무원교육원 원고과장에 전보됐다.

또 공무연수를 3개월밖에 남게두지않은 與관의 용당세관장이 포함 세관장으로 전출되는 등 인사대상자의 대부분이 한직으로 밀려났다.

세관 안에서는 부산경남본부세관에 대한 이번 인사를 놓고 "지난달 발생한 15억원대 휠펜밀수사건에서 조사반장을 한 세관직원 3명과

것으로 밝혀져 구속되는 등 직원들의 계속되는 비리에 대한 문책성 인사로 보고 있으며 관세청 관계자도 "인사배경은 밝힐 수 없으나 문책성은 부인하지 않았다고 말했다.

부산경남본부세관 관계자는 "이번 인사는 81년 全斗煥정권 이후 최대규모로 밀수사건의 세관원 연루를 고려증이 단순배기가 아닌 구조적 문제로 파악하고 있는 반증"이라고 말했다.

이와관련, 신임 朴廷植 부산경남본부세관장이 부임하는대로 내주중 後속금조치 인사가 단행될 예정인데 밀수원칙 세관원들의 주근무지역인 11개 초소를 폐쇄 또는 축소하는 등의 개편안이 추진될 것으로 알려져 세관원들이 긴장하고 있다.

빙파제 덮○
남천동 해안도로앞

1급실장

어마어마했다. 우선 부산경남본부세관장부터 경질되고 인사조치 당했다. 그리고 줄줄이 옷을 벗거나 경질 인사를 당했다. 안쓰러울 뿐이었다. 더 중요한 점은 부산항 개항 이래 처음으로 이동형 밀수감시체계가 전격 도입되어 버린 것이었다. 부두 앞 초소마다 당직을 정해서 고정적으로 밀수감시를 했던 세관원들이 그때부터 이동감시를 하는 체제로 변해 버린 것이었다. 밀수업자와 세관원 사이에 결탁을 예방하기 위한 조치로 설명이 되었다. 하지만 사실 인간적으로는 참 안타까운 제도 변화이기도 했다. 모든 세관 직원들이 밀수에 가담한 것도 아니었고 소수 몇 명의 인물들이 문제를 일으킨 것이었는데 그 후폭풍을 모든 세관 직원들이 책임지고 감당해야 했으니 일벌백계

　　　　　　　　　　　　　　　특종-민완기자 취재 수첩

의 후폭풍으로 많은 세관 직원들
이 힘들었을 것으로 짐작한다.

그 결과 출입처인 부산경남본
부세관을 출입하기가 거북스러울
정도로 사건은 확대했다. 20대 후
반의 젊은 '초짜' 기자가 관세청을
뒤흔드는 대특종을 터트렸으니
말이다. 당시 기자실이 3층에 있어
서 내가 기자실로 가기 위해 넓은
부산경남본부세관 1층을 지나갔
을 때마다 일부 세관 직원들이 수
군거렸다.

부산항 감시체계 강화, 부산일보 1998년 3월 31일

"저 기자가 참깨 밀수 그 기사 쓴 KBS 기자란다."

아마도 세관 고위직 간부 직원 일부는 나를 보고 "저런 고얀 놈"이라고
했을 수도 있다. 그래 맞다. 기자(記者)의 '者'란 뜻이 바로 '놈'이란 뜻이 아니
었나?

당시 언론계 선배들이 이런 말씀을 많이 하셨다.

"경찰은 범죄자를 잘 잡아 오고, 검사는 범죄자에 대해 영장 잘 치고, 판사
는 그 진위를 가려 영장 발부 잘하고 기자는 본 대로, 들은 대로, 취재한 대로
잘 알리면 되는 것 아닌가? 그것이 제대로 잘 돌아가는 세상 아니겠나?"

20대 후반의 열혈 사건기자 앞에 "이런 고얀 놈"이란 사소한 뒷담화 정도는 그래서 신경 쓰지 않았다.

"기자상 올리지 맙시다. 상도덕 위반이니까요"

통상적으로 이런 특종기사를 쓰게 되면 한국기자협회에 이달의 기자상이나 각종 언론 관련 기관에 기자상을 상신하는 것이 관례이다. 하지만 나는 반대했다. 부장과 선배 기자들이 기자상을 왜 상신하지 않느냐는 질책에 나는 이렇게 말했다.

"세관원이 개입했던 점을 법조 출입 기자들이 몰랐을 뿐, 어차피 원래 엠바고가 걸려 있었던 사건이잖아요? 만일 제가 상 욕심 때문에 이런 걸 기자상 상신하면 다른 언론사 기자들이 뭐라고 하겠어요? 상도덕 위반 아닐까요? 기자상 올리지 맙시다."

그리고 결국 기자상 상신을 하지 않았다. 과유불급이라고 하지 않는가? 지나친 욕심을 부리면 애써 지키고 있던 명예를 한꺼번에 잃어버려서 한 번에 망해버리는 상황을 겪을 수도 있음을 뜻하는 말이다. 이럴 때는 한발 물러서는 것이 슬기로운 기자 생활이라는 생각이 들었다. 내가 보도한 뉴스를 통해 우리 사회의 문제가 치유되고 제도 개선으로 이어진다면 그것으로 만족하면 된다. 그것이 바로 마이크 들고 방송기자 하는 짜릿한 그 맛 아니었나?

마약

제목 **아이들의 안전이 우선, 원어민 마약 강사를 잡아라**

시기 **2012년 3월**

장소 **교육과학기술부, 경기도 원어민 어학원**

방송 **KBS뉴스9**

아이들 안전 우선 VS 특정 어학원 명예훼손 회피

사건기자에 이어 중앙부처 정책부서인 교육과학기술부를 출입하던 2012년이었다. 모든 기자의 골칫거리이기도 하지만 "내가 보도한 기사가 송사에 휘말리면 어떻게 하나?"라는 문제는 수습기자이든 중견기자이든 매번 가장 예민하게 고민할 수밖에 없는 쟁점이다. 많은 기자들은 송사를 피해 가는 방법으로 보도하는 경우가 많다. 그런 방법이 때로는 지혜로운 처신이기도 하다. 계속 속보를 취재하는 기자의 입장이라면 더욱더 그러하다. 하지만 약자들이나 아이들의 안전 문제가 드러나면 어떻게 해야 할까? 마약을 소지하거나 대마를 피워대는 원어민 강사가 같은 교실에서 아이들을 가르쳤다는 사실을 알았을 경우 기자는 어떻게 해야 할까? 행여나 구속된 원어민 강사와 같이 범죄를 저지른 또 다른 원어민 강사가 지금도 마약에 취해 아이들을 가르치고 있다면 어떻게 해야 할까? 그 어학원을 학부모에게 우선 알리고 아이들과 강사를 분리해야 하지 않을까? 마약 원어민 강사 사건은 아래 보도로 시작되었다.

원어민 강사 관리 구멍

국내 유명 어학원의 원어민 강사가 대마를 피우고 마약을 소지한 혐의로 검찰에 구속됐습니다. 이 강사는 범죄 경력을 확인하지 않는 '재외동포 비자'로 입국한 것으로 밝혀져 원어민 강사 관리에 허점이 드러났습니다. 이영풍 기자가 취재했습니다.

특종-민완기자 취재 수첩

수도권에만 열 곳이 넘는 대형 지점을 갖고 있는 OO어학원입니다. 이 학원 원어민 강사였던 27살 J씨가 대마 흡입과 마약 소지 혐의로 검찰에 구속됐습니다.

＜녹취＞ 학부모: "(모르세요?) 몰라요. 반이 많기 때문에 원어민 선생님 많아요. (모르세요?) 모르는데…"

J씨가 미국 갱단에서 공급받은 마약은 판매용 코카인 55그램과 엑스터시 40정. 천여 명이 한꺼번에 투약할 수 있는 양입니다.

＜인터뷰＞ 김회종(서울중앙지검 강력부장): 외국 갱으로부터 마약류를 밀수해서 판매할 목적으로 마약을 소지한 혐의입니다.

특히 J씨는 범죄경력 확인서가 필요 없는 F-4 비자, 즉 재외동포 비자로 입국해, 약물 검사를 피할 수 있었습니다.

＜인터뷰＞ 장광회(경기 광주하남교육청 계장): 지난해 채용 당시는 학원법 개정

어학원 명칭 자막이 모자이크 처리된 뉴스

이전이라서 (약물검사) 서류들을 제출하지 않고 (채용) 허용이 됐던 상황입니다.

원어민 강사 관리 책임이 있는 OO학원 측은 강사 개인의 범죄로 학원은 법적 책임이 없다는 입장입니다.

<녹취> 학원 관계자: 저희가 그분이 여기에 근무했는지 모르고 설령 했다 해도 확인해 줄 수 없죠.

현재 국내 학원의 전체 원어민 강사는 만 5천 4백 명. 이 가운데 10%인 천5백 명은 약물검사 증명서를 포함한 범죄경력 확인서를 제출하지 않아도 되는 재외동포 F-4 비자 보유잡니다. 교육과학기술부는 비자 형태에 상관없이 수도권 유명 학원에 새로 취업하거나 계약을 갱신하는 원어민 강사에 대한 약물 검사 여부를 확인할 방침입니다. KBS NEWS 이영풍입니다.

대마 피우고 마약 소지한 원어민 강사로 드러난 F-4 비자 문제

원어민 강사 J씨가 미국 갱단에서 공급받은 마약은 판매용 코카인 55그램과 엑스터시 40정이었는데 천여 명이 한꺼번에 투약할 수 있는 양이었다. 그런데 그런 그가 마약 단속을 피할 수 있었던 수법은 간단했다. 재외교포, 즉 한국계 재외동포가 재외동포 비자인 F-4 비자를 소지하면 범죄 경력을 확인받지 않는 허점을 노린 것이었다. 마약 관련 범죄 경력이 있다고 하더라도 약물 검사 등 별다른 제지를 받지 않고 국내로 입국할 수 있다는 구조적 문제점이 있었던 것이었다. 이런 F-4 비자를 보유한 원어민 강사가 국내에만 1,500여 명이 넘는다고 하니 문제의 심각성이 크다고 볼 수 있었다.

어학원 명칭 공개 여부, 자문 변호사를 설득하다

여기에서 기자는 본질적인 문제에 봉착하게 된다. 원어민 J씨가 근무한 어학원을 공개해야 하느냐? 아니냐? 학부모와 아이들의 안전을 생각한다면 당연히 공개해야 한다고 생각할 것이다. 반면 관련 어학원과 원어민 강사 J씨와의 관련성 입증이 힘들다면, 또는 원어민 J씨의 개인적 일탈이었다면 특정 어학원 명칭을 공개하는 것이 부적절하다고 판단할 수 있다.

그럼 나는 어떻게 했을까? 당연히 아이들의 안전을 최우선에 두었다.
"까발리자. 어학원 이름을. 소송? 들어오면 뭐 한번 불려가지 뭐?"

이렇게 결정하고 기사를 최종 사인하는 담당 데스크[020]에게 자초지종을 설명했다. 그는 안 된다며 변호사에게 자문한 뒤 공개 여부를 결정하자고 역제안했다. KBS 보도국에는 9시 저녁 뉴스 방송 전에 방송원고의 적법성 여부를 문의할 수 있는 자문 변호사가 상주한다. 자문 변호사를 바로 찾아 갔다. 어학원 명칭이 특정된 원고를 공유했더니 변호사는 예상대로 공개하면 안 된다고 했다. 그래서 내가 문제를 제기했다.

"변호사 님의 아이가 이 어학원에 다닌다면 변호사 님은 어쩌시겠습니까?"

자문 변호사는 불편한 표정으로 웃으면서 "안되죠. 바로 공개하고 어학원에 책임을 물어야죠."라고 말했다. 나는 한 번 더 밀어붙였다.

"변호사 님. 혹시 그 어학원에 마약 하거나 대마를 피워대는 또 다른 원어민 강사가 지금도 아이들을 가르칠 수도 있잖아요?"

그랬더니 자문 변호사는 눈을 찔끔 감으며 OK 사인을 주었다. 다시 데스크에게 돌아가 자문 변호사와의 대화 내용을 공유했더니 이해가 잘 가지 않는다는 표정이었다. 자문 변호사가 OK 했으니 데스크도 명분을 확보한 셈이었다.

"어학원 너 잘 걸렸음. 9시 뉴스를 통해 전국에 잘 알려줄게."

나는 이런 심정으로 해당 어학원의 상호를 대문짝만하게 공개해 버렸다. 그 이후 벌어졌을 상황은 예상대로이다. 학부모들이 난리가 났다. 보도국 사무실로도 확인 전화가 오기도 했다. 꽤 규모가 큰 어학원이라 나는 소

---

020   데스크: 통상 취재기자가 기사를 쓰고 나면 방송용 원고를 최종 출고할 것인지를 결정하고 출고 사인을 넣는 역할을 하는 선임 기자를 말한다. KBS 보도본부의 경우 주로 팀장 또는 부장이 최종 데스크의 역할을 한다.

특종-민완기자 취재 수첩

송을 걸어올 것이라고 예상했다.

다음 날 어학원 측은 예상대로 KBS와 나를 상대로 소송을 제기했다. 언론중재위원회 조정[021]도 함께 걸었다. 그 이후 사건은 어떻게 되었을까? 당당했던 어학원 측이 일종의 '딜'을 걸어왔다. 방송 나간 뉴스가 인터넷에서 서비스되고 있는데 어학원 상호만을 오디오 묶음 처리하거나 해당 자막에 모자이크 처리를 해달라는 것이었다. 그러면 소송과 언론중재위 조정신청을 취하하겠다는 것이었다. 최선은 아니었으나 이해할 수 있는 조건이었다. 어차피 해당 어학원에 아이들을 보내고 있는 학부모들은 〈KBS뉴스9〉를 통해 마약 강사 사건을 다 알아버렸기 때문에 아이들을 탈출 또는 피신시켰을 것이라는 짐작이 들었다. 어차피 어학원 측은 자신들의 상호가 공개되어 동네방네 소문이 났으니 영업에 막대한 차질을 빚었을 것이다.

결과적으로 어학원 측이 사회적 책임을 다한다는 차원에서 그 손해를 감수한다고 하니 '고발 효과'도 적절했던 것으로 판단했다. 그래서 합의했다. 지금 인터넷에 공개된 관련 뉴스는 위 사진에서처럼 어학원의 상호를 나타내는 자막은 모자이크 처리가 되어 있고 내가 읽은 오디오에서도 어학원 명칭은 묵음 처리되어 서비스되고 있다. 지금도 그때를 생각하면 가끔 이런 생각을 한다.

"그 어학원의 아이들은 지금도 학교 잘 다니고 있을까? 지금쯤 대학생

---

021   언론중재위원회 조정: 언론중재위원회는 언론 보도 등에 따른 분쟁을 조정·중재하고 법익 침해 사항을 심의하기 위한 기구로 전국 18개 중재부에 중재위원 90명으로 이뤄져 있다. 반론보도, 정정보도 등의 결정이 언론중재위원회를 통해 이뤄진다.

이 되었거나 대학 졸업했을 텐데 말이야. 그 아이들은 소송 위험을 감수하고 마약 강사 뉴스를 보도했던 그때 그 기자 아저씨 이름을 기억할까? 당연히 기억 못하겠지? 애들아, 행복해."

특종-민완기자 취재 수첩

No.10

자백

제목 20년 만에 알게 된 성폭행 피의자 도주 사건의 실체

시기 1996년, 2015년

장소 부산 모 경찰서, 제주도

20년 만에 듣게 된 은폐 사건의 실체

2015년 나는 전국 시장·군수·구청장협의회[022]의 협찬으로 〈지방자치〉 특집 프로그램을 제작하고 있었다. 제주도를 찾아간 것은 제주특별자치도의 도정 성과를 알리고 제주자치경찰 제도의 장점 등을 취재하기 위해서였다. 원희룡 당시 제주특별자치도지사 인터뷰도 했다. 그런데 이곳에서 20여 년 전 부산에서 벌어진 사건의 진실을 알게 될 줄이야. 도지사 인터뷰를 끝낸 뒤 제주자치경찰 고위관계자를 인터뷰하기 위해 사무실에 들어선 순간 인터뷰이는 바로 나를 보더니 말했다.

"그럴 줄 알았어. 이 기자 이름이 특이하잖아? 나 누군지 모르겠어?"

순간 당황했지만 어디서 많이 본 듯한 눈에 익은 얼굴이었다.

"아, 맞네요. 거기 부산 00경찰서 강력반장님?"

우리는 20여 년 만에 상봉으로 반가워 어쩔 줄을 몰랐다. 사건기자로서 잔뼈가 굵은 나는 사건 현장을 뛰어다닐 때 고생하신 경찰관들의 표정과 얼굴을 선명하게 기억한다. 살인사건 현장에 빠지지 않고 출동한 순경 출신 모 총경 등 이름만 대면 경찰 조직 내부에서는 모르는 분이 없을 정도로 유명한 인물들이 많았다. 부산 00경찰서 강력반장도 그러한 경우였다. 제주가 고향인 그분은 이후 제주자치경찰 제도가 도입되면서 고향으로 금의환향해 고위직을 맡게 된 것이었다.

---

022   전국 시장·군수·구청장협의회: 전국 228개 시·군·구의 발전과 자치분권 확대, 지방 공동의 문제 해결과 지역의 의견을 대변하기 위해 대한민국 228명의 시장·군수·구청장들이 지난 1999년에 설립한 협의체.

"오늘 인터뷰 내일로 미루고 나하고 제주 식당으로 가서 회포나 풀자고?"

그분은 대뜸 20년 전 끈끈했던 분위기를 연출했다.

우리는 식당으로 옮겨 맛있는 제주산 음식을 먹으며 화기애애한 만찬 자리를 만들어갔다. 그런데 그분이 갑자기 나에게 고맙다는 말을 전했다.

"고마워. 이 기자. 그때 이 기자가 없었으면 나는 지금 이 자리에도 못 왔을 거야. 승진 누락이 되어서 아마도 벌써 경찰 조직에서 아웃되었을 거야."

"그게 무슨 소리예요? 형님이 다 잘하셔서 그런 것 아닙니까?"

나는 별것 아니란 식으로 대답했다.

"그게 아니야. 20년 전 그 사건 있지? 부산 완월동 성폭행 피의자 현장검증 사건? 현장검증 하다가 피의자가 도망갔잖아? 그 사건 기억나지?"

그러고는 20여 년 전 그 사건의 내막에 대해서 말하기 시작했다.

사건의 전말은 이러했다.

1996년 당시만 하더라도 불법 기업형 성매매 사업이 기승을 부렸던 부산 완월동[023]에서 성폭행 사건이 일어났다. 범인은 20대 초반의 남성이었다. 키가 작고 얼굴은 호리호리했으며 곱게 생겨서 어떻게 저런 인상착의를 가

---

023   완월동: 속칭 '완월동'. 우리나라에서 가장 오래된 성매매 집결지이다. 부산 서구 충무동과 초장
동 일대에 걸쳐 있는, 부산의 마지막 남은 홍등가로 정식 행정 지명이 아니라 지도에선 더 이상 찾
아볼 수 없는 이름이다. 일제강점기 시내 중심가에 있던 유곽을 외곽으로 이전하면서 '녹정'이라
는 이름으로 출발한 이곳은 해방 후 1947년 완월동으로 개명되었다. 1980년대 충무동 2가와 3가
로 다시 개명되었다.
https://www.busan.com/view/busan/view.php?code=2022120718143023342

진 남자가 성폭행을 저지를 수 있었을까 의문마저 들게 하는 인물이었다. 경찰관 일행이 그 피의자에게 수갑을 채우고 부산 완월동 사건 현장으로 현장검증[024]을 갔다가 문제의 그 사건이 발생했다. 당시 현장검증용 승용차에는 2~3명의 경찰관과 운전자로 의경 한 명이 동승했다고 한다. 뒷자리 중앙에는 성폭행 피의자가 앉았다.

문제는 사건 현장에 도착한 그때부터 벌어졌다. 동승한 경찰관들은 애초부터 현장검증에는 별 관심이 없었던 것으로 추정된다. 먼저 고참 경찰관이 "내가 오랜만에 여기 왔으니 완월동 순찰(?) 한 번 하고 올란다. 단디 지키고 있어래이."라면서 현장을 이탈했다. 시간이 한참 흘러도 그가 돌아오지 않자 그때부터 계급 순서대로 '완월동 현장 순찰'을 핑계로 현장에서 모두 이탈했다.

'완월동 현장 순찰'이라고 하면 벌써 눈치를 챘으리라 본다. 그 당시 완월동이 어떤 곳인지를 아는 사람은 짐작할 것이다. 남은 사람은 승용차 운전자 의경 한 명뿐. 의경도 경찰관들이 모두 어디로 순찰갔을지를 다 알고 전후 사정 모두 알 만큼 아는 나이였지만 알면서도 모른 척할 수밖에 없는 처지. 계급이 깡패라는 말도 있지 않은가? 그러다 결국 사고가 터졌다. '완월동 순찰'을 간 경찰관들이 기다려도 오지 않자 의경은 차를 세워놓고 바로 옆 구멍가게에 담배 한 갑을 사러 갔는데 그때 성폭행 피의자는 기다렸다는 듯이 수갑을 찬 채로 유유히 도주해 버린 것이었다.

---

024   현장검증: 법원이나 수사기관이 범죄 현장이나 기타 법원 외의 장소에서 실시하는 검증.

특종-민완기자 취재 수첩

형사계장의 간절한 호소에 넘어간 기자 직업정신

　사건 발생 12시간쯤이 지난 다음 날 새벽. 경찰서로 새벽 출근한 뒤에 시경캡에게 사건보고를 급하게 하던 사건기자들에게 경찰서 A 형사계장이 할 말이 있다며 면담을 요청했다. 물론 기자실 간사 역할을 했던 일간지 신문사 선배 기자가 다리를 놓았다.

　"저기 여러분들 바쁘신데 주목 좀 해주봐라. 형사계장님이 할 말이 있단다."

　그러자 형사계장은 의자에 풀썩 주저앉으며 "미안합니데이. 죽을 죄를 졌습니다."라면서 싹싹 빌기 시작하는 것이 아닌가? 당시 20대 후반과 30대 초반의 젊은 기자들보다 20년은 더 연장자였던 그가 그렇게 나오니 출입 기자들은 모두 당황하며 어쩔 줄 몰랐다. 그는 성폭행 피의자가 어제 완월동에서 도망갔다며 "오늘 오후 2시까지 무조건 잡아올테니까 12시 정오 뉴스에 보도하는 것과 석간신문에 보도하는 것을 한 번만 좀 봐주십시오."라며 선처를 호소했다. 얼마나 간절하게 호소했는지 젊은 출입 기자 모두가 어색할 지경이었다.

　그런데 수상한 점은 있었다. A 형사계장은 현장검증을 간 피의자가 어떻게 도망갔는지, 경찰이 왜 놓쳤는지 등에 대한 상세 설명은 나중에 피의자를 다시 체포한 뒤 설명하겠다고 했다. 지나고 보니 역시 노회한 노림수였다. 출입 기자들은 별도의 회의를 통해 보도 시점을 오후 2시 이후로 할 것을 자체 결의하고 엠바고를 걸었다. 그랬더니 형사과 강력반이 약속 시간보다 한 시간 더 빠른 당일 오후 1시쯤 도주했던 성폭행 사건 피의자를 체포해서 경찰서로 압송했고 출입 기자들은 이를 확인하고 기사를 전송했다. 그때 그 성폭행 사건의 피의자 얼굴을 보았던 기억이 난다.

이상이 이른바 기자들이 기억하는 '완월동 성폭행 피의자 도주 사건'의 전부였다. 물론 출입 기자들이 참여한 회의에서 반론도 있었다. 얼빠진 경찰이라면서 그냥 조져버리자는 엠바고 반대의견을 냈던 부산방송(KNN) 기자도 있었다. 하지만 평소 의리와 패기, 동생들 잘 챙기기로 유명했던 A 형사계장의 간절한 그 눈빛에 젊은 출입 기자들이 모두 녹아 넘어가 버린 것이었다.

돌아가신 고(故) A 형사계장님을 추모하며

A 형사계장은 내가 사건 현장을 떠난 뒤에도 몇 번 만나서 경찰서 돌아가는 이야기도 듣고 식사도 같이했던 기억이 난다. 그런데 20여 년이 지난 2015년에 제주도로 가서 사건의 실체를 들은 뒤 나는 곰곰이 생각해봤다. 1996년 부산 완월동 성폭행 피의자 도주 사건의 실체를 내가 그때 파악해서 보도했더라면 어떻게 되었을까? 아마도 최소 해당 경찰서장부터 옷을 벗었을 가능성이 크다. 성폭행 피의자를 그냥 놓친 것이 아니라 완월동 순찰(?)하다 현장을 이탈하는 바람에 놓친 것이니 법 위반은 2차로 따지더라도 '파렴치한 경찰'이라는 비난 여론이 빗발쳤을 것이다. 왜 당시 A 형사계장이 그리도 불쌍한 눈빛으로 우리에게 싹싹 빌다시피 하면서 좀 봐달라고 했는지를 20여 년이 지나서 알게 되었다. 그리고 당시 현장검증 사건 총괄이었던 강력반장이 20여 년이 지나 경찰 고위 간부로 승진해 고향으로 금

의환향한 것도 지나 보니 그 사건이 조용히 무마되었기 때문에 가능하지 않았을까?

이제는 경찰 조직을 퇴임해 버린 강력반장 출신 경찰 고위관계자. 그분이 음식점에서 나에게 한 말이 지금도 기억이 생생하다. 처음에는 무슨 말인지를 몰라서 조금은 생뚱맞기도 했지만.

"이 기자. 이 기자 덕분에 내가 총경 승진도 하고 다행히 이 자리에까지 온 것 아니겠어? 고마워. 이 기자. 많이 먹어."

웃음이 나왔다. 그리고 돌아가신 고(故) A 형사계장도 생각났다. 그분은 저 세상에서 1996년 그때 비공식 엠바고 요청을 받아 준 기자들에게 뭐라고 하실까?

"기자 여러분. 내 표정 연기 어땠노? 깜쪽 같지 않다나? 속았제? 고맙데이. 이 기자, 김 기자, 박 기자, 송 기자…."

이제는 거의 한 세대가 지나 버린 27년 전, 부산 완월동 성폭행 피의자 도주 사건. 사건의 실체도 모르고 속아 넘어가 버렸던 기자들과 표정 연기 '짱'의 A 형사계장님. 일부 기자들은 지금도 그 진실을 모른 채 자신이 지금 쓰는 기사가 이 세상의 모든 것인 양 자신하며 기사를 또 열심히 쓰고 있겠지? 고(故) A 형사계장님의 명복을 빌 뿐이다.

Maritime 海事 - 운명적인 만남, 나는 어쩌다가 바다로 갔나?

Shipping 海運 - 한국해양대학교 대학원 해운경영학과 바다 공부

UK 英國 - 영국 대사관의 예상 밖 호출, 외무성 쉐브닝 장학생으로

SOS 조난신호 - KBS는 왜 이영풍 기자를 도와주어야 하는가?

Cardiff - 잉글랜드 런던과 다른 웨일스 카디프

MSc 석사 - 카디프대학의 석사과정 바다 공부란?

Plagiarism 표절 - 석사과정은 표절 예방 공부

Cheating 조표 - 시험 부정행위 방지를 위한 영국 대학의 묘책

Final Test - 영어 지필고사의 스트레스

Service 예배 - 졸업 꿀팁, 그분을 만나야 했던 사연

도 전

민완기자 유학 수첩

No.1

Maritime 海事

제목 운명적인 만남, 나는 어쩌다가 바다로 갔나?

시기 1997년 10월 ~1998년 8월

장소 부산항, 부산 영도구 한국해양대학교

"니, 좀 알고 보도해라. 무식하기는. 바다 공부 좀 할래?"

부산에서 초중고를 졸업하고 대학까지 부산대학교 경제학과에 입학했지만 나는 바다와 별로 인연이 없었다. 집안에 해양 관련 사업을 하거나 직장을 가진 사람이 한 분도 없었기 때문이다. 내가 청소년기에 살던 집도 부산항이 훤히 보이는 부산 동구에 있었다. 아침마다 바다로 해가 뜨는 것을 볼 수 있었고 멀리 영도와 오륙도는 물론이고 부산항 북항의 컨테이너 터미널의 웅장한 대형 크레인이 돌아가는 소리도 들으면서 자랐지만, 바다와는 별 인연이 생기지 않았다. 초등학교 때로 기억하는데 태풍이 심하게 몰아칠 때면 집 유리창을 한참이나 붙잡고 버텼던 기억도 난다. 바다가 바로 옆에 있었지만, 바다와의 운명적인 만남은 생기지 않았던 것.

〈KBS뉴스9〉 수출만이 살길이다. 새해 첫 수출선 부산항 출항, 1998년 1월 1일 톱뉴스

도전-민완기자 유학 수첩

그런데 1997년 IMF 사태가 터졌을 때 당시 KBS 부산 보도국장 선배님이 나를 해운·항만·수산 출입처로 발령내 버린 것이 나와 바다와의 첫 인연을 만드는 결정적 계기로 작동하기 시작했다. 해당 출입처는 부산지방해양수산청, 국립수산과학원, 부산경남본부세관, 부산공동어시장, 한국컨테이너부두공단, 해양경찰서 등이었는데 바다와 연관이 있는 모든 곳이 취재의 대상이었다. 가령 자갈치시장도 나의 출입처가 될 수 있었고 한국해양대학교나 부경대학교(옛 국립수산대)도 중요한 취재 대상이 될 수 있었다. 바다와 별 인연이 없었던 나에게는 너무나도 방대한 영역의 출입처였다.

주로 취재 경험이 15년을 넘긴 중견기자들이 출입하던 곳이었지만 IMF라는 국가 경제위기 사태가 터지자 주니어기자에게도 문호가 개방된 것이었다.

그리고 방송을 통해 바다 뉴스를 보도하기 시작했다. 나는 1998년 1월 1일 〈KBS뉴스9〉 새해 첫 방송의 톱뉴스를 제작하는 영광도 맛보았다. 부산항 밖 해역에서 새해 첫 수출선을 배경으로 촬영하고 취재기자의 오디오와 비디오가 나오는 온 마이크 화면을 찍은 경험은 두고두고 잊지 못할 추억이 되었다.

그러기를 몇 달째인 1998년 8월. 고등학교 동기이자 한국해양대학교 박사과정에 있던 친구 A를 한국해양대학교에서 만나게 되었다. 그 친구는 일본 고베 상선대학으로 박사과정 유학을 준비하고 있었다. 그는 지금 부산모 대학교 교수로 해운물류 과목 등을 강의하고 있으며 이 분야에서는 손꼽히는 국제적 전문가이다. 그 친구가 대뜸 나에게 말했다.

"풍아. 니, 좀 알고 떠들어라. 기자들이 무식하기는 말이야. TEU[025]가 뭔지는 아냐? 부산해양대라는 학교는 없어. 한국해양대학교가 정확한 명칭이지. 공부 좀 안 할래? 바다 공부?"

그것이 시작이었고 바다와의 운명을 열어준 결정적 분수령이었다. 그 친구와는 지금도 사이좋게 지낸다. 그 친구는 나에게 한국해양대학교 대학원 해운경영학과에 입학해 본격적인 '바다 공부'를 하라고 권유했다. 지금도 그렇지만 한국해양대 대학원에는 해군 영관급 장교나 해운항만업체 CEO 등 많은 수의 바다 전문가들이 석박사 과정에 매진하고 있고 학교 측도 부산 영도구가 아닌 초량동에 다운타운 캠퍼스를 설치하는 등 해운항만 전문가들에게 폭넓게 문호를 개방하고 있다. 그래서 학부에서 바로 석사과정으로 진학하는 풀타임 학생들과도 서로 도움을 주고받는 윈윈(win-win) 효과도 내고 있다.

해운경영학과 석사, 당직 후 수업 가다 졸음운전 추돌사건

현업을 하면서 공부한다는 것은 만만치 않았다. 수업이 있는 날 하루 전날에는 보도국 당직근무를 했다. 다음 날 대휴로 하루 쉴 수 있어서 수업에 참석할 수 있었기 때문이다. 보도국 당직은 꼬박 밤새야 하는 힘든 작업이

---

025   TEU: 20ft(609.6cm)의 표준 컨테이너 크기를 나타내는 단위이다. 20ft 컨테이너 하나를 1TEU라고 하며, 40ft 컨테이너 하나는 2TEU로 계산한다. 전 세계적으로 컨테이너선의 적재능력이나 하역능력, 컨테이너 화물의 운송실적 등 컨테이너와 관련된 모든 통계의 기준으로 사용되고 있다.

고 밤 사이 불이 나거나 사건이 터지면 출동해야 하는 근무였다. 그러니 당직 다음 날 오전에는 엄청난 피로감이 몰려왔다.

　한번은 보도국 당직근무를 하고 차를 몰고 가다 부산 KBS 인근 황령산 터널에서 졸음운전을 했다. 차가 워낙 많이 밀렸기 때문이다. 오전 9시 당직 근무를 끝낸 뒤 10시 수업까지 가느라 정신이 없는데 컴컴한 터널 안에서 차량 정체가 일어나자 잠이 와서 순식간에 졸았던 것이었다. 당시 나는 액센트 소형 차량을 몰았는데 '쿵' 하는 소리에 놀라서 일어나보니 앞의 그랜저 승용차 뒤 범퍼를 추돌해 버렸다. 내 차의 보닛(엔진덮개)이 일부 찌그러졌고 앞 차량의 범퍼도 푹 들어갔다. 앞 차량 운전자에게 굽신거리며 죄송하다는 말씀을 드리면서 처리를 한 뒤 수업을 들으려고 허둥지둥 쫓아갔던 기억도 있다. 이런 좌충우돌을 일으키며 나의 바다 공부는 본격적으로 시작이 되었다.

No.2

Shipping 海運

제목 한국해양대학교 대학원 해운경영학과 바다 공부

시기 1999년 ~ 2004년

장소 부산 영도구 한국해양대학교

해운항만 경제학의 상큼한 맛을 보다

사회생활을 하면서 공부를 병행하는 것은 쉽지 않은 일이었다. 대단한 작심을 해야만 끝낼 수 있는 작업이다. 나도 마찬가지였다. 시간, 애정, 관심을 모두 집중해야 한다. 1999년에 입학했으니 내 나이로 30살에 한국해양대학교 대학원에 입학한 셈이었다. 공부는 정말 재미있었다. 관념적으로 아는 것과 달리 전문가들과 같이 공부하면서 듣고 나누며 실제적인 토론을 하는 것은 그 차원이 달랐다.

먼저 해운경제학 과목은 일반 경제학 과목과는 판이했다. 일반 경제학의 경우 경제학원론, 미시·거시경제학, 화폐금융경제학, 국제경제학, 산업정책론, 경제사, 노동경제학 등의 관념적인 이론 내용이 주를 이룬다.

반면 해운경제학은 이런 경제학 일반 이론을 바탕으로 전 세계 무역상황과 해운업계의 흐름을 한눈에 볼 수 있는 안목을 키워준다. 해운경제학을 공부할 때 선박의 구조와 특징, 항만의 현황 등에 대한 사전 정보를 잘 알고 있다면 강의 내용을 더 깊이 이해할 수 있었다. 해운항만업계가 워낙 특수 분야이다 보니 처음 접하는 용어들이 신기하기만 했다. VLCC[026], Panamax Class Carrier[027], Tramp ship[028], Berth[029], Classification Society[030], Port Authority[031] 등등.

대학원을 다니는 동안 너무나 많은 새 정보를 얻었고 공부가 신이 났다. 한국해양대학교 앞 횟집에서 해물탕을 먹고 밤을 새워 풀타임 대학원생들과 기말고사 공부를 같이 했던 것도 즐거웠다. 밤샘 공부에도 지치지 않았던 시절, 주경야독의 행복감이 넘쳐난 시기였다.

"이 기자, 영국 한번 가볼래요?"

지난 50여 년을 돌아보니 중요한 사건은 내가 예상치도 않게 벌어지는 경우가 많았다. 내가 영국으로 유학 가게 된 것도 그런 경우였다. 나는 원래 영국 유학을 가기 위해 한국해양대학교 석사과정에 입학한 것이 아니었다. 해운항만 분야 취재에 조금이라도 도움이 될까 싶어서 대학원에 진학한 것이었다. 그런데 시간이 지나면서 슬그머니 영국 유학이라는 문이 나에게 열렸다. 나의 석사과정 지도교수님은 최근 해양수산부 장관을 지내신 분이었다. 그 교수님께 항만경제학 수업을 열심히 들었다.

"이 기자, 영국에 좋은 대학이 있어요. 내가 박사과정 졸업한 대학인데 거기 한번 가서 공부해볼래요? 내가 추천서 써줄게요."

그분이 어느 날 이렇게 말씀하셨다. 귀가 솔깃했다.

"어떤 대학인가요?"

내가 묻자 그 교수님은 쉽게 설명해 주셨다.

"바다의 하버드대학이라고 생각하면 되겠지?"

---

026   VLCC: Very Large Crude Carrier 초대형 유조선

027   파나막스급 운반선: Panamax Canal Maximum의 준말. 태평양과 대서양을 잇는 파나마 운하를 통과할 수 있는 크기의 선박이다.

028   트램프 선박: 부정기선을 뜻한다. 화주와 선사 사이의 계약으로 운항 서비스가 이뤄진다. 정해진 항로에 정해진 스케줄 대로 운항하는 정기선사(Liner ship)와 대비된다.

029   항만에 배를 접안할 수 있는 선석을 말한다.

030   선급협회를 말한다. 선박검사를 해주고, 그 수수료 등을 징수하여 운영되는 단체다.

031   항만공사를 말한다. 국가의 항만운영권을 공기업인 항만공사로 이관하면서 생겨난 조직이다. 우리 나라에는 부산항만공사(BPA)를 비롯해, 인천항만공사, 광양항만공사, 울산항만공사 등이 있다.

마침 그 시기에 모 언론기관과 영국 외무성이 함께 국내 언론인을 대상으로 하는 해외연수 지원 프로그램을 공지했다. 뭔가 딱딱 맞아 들어가는 느낌이었다. 그래서 바로 해당 프로그램에 지원서를 제출했다.

No.3

UK 英國

제목   영국 대사관의 예상 밖 호출, 외무성 쉐브닝 장학생으로
시기   2001년
장소   서울 서소문동 영국 대사관

"1사 1인 지원이 원칙, 유감스럽지만 지원 불가능입니다."

문제는 내가 지원한 뒤 알게 되었다. 내가 지원한 해외연수 지원 프로그램이 어떤 성격의 프로그램인지 나는 애초부터 잘못 파악하고 있었다. 해당 방송사의 보도본부장 또는 신문사 편집국장의 추천을 받은 한 명만이 후보자로 지원할 수 있었다. 당연히 KBS에서는 본사의 기자가 보도본부장의 추천서를 받고 후보자로 등록을 한 상태였다. 이런 해외연수 프로그램에 지원해본 경험이 없었던 터라 나는 그것도 모르고 '묻지마 지원'부터 한 셈이었다. 채택될 턱이 없었다.

당시 나는 부산 KBS 보도국에서 근무 중인 관계로 서울 본사에 있는 보도본부장 등 높으신 분들과의 네트워크가 있을 리가 없었다. 지방에 근무하면 이런 점이 항상 불리하다. 결정권을 가진 인물 주변에 있어야 유리한 것은 인지상정. 방앗간 옆에 살아야 콩고물도 한 번씩 떨어지듯이. 그래도 나는 혹시나 지원서 내용이 좋으면 가능성이 있지 않을까 하는 심정으로 지원서를 제출했다. 해운항만 경제학 분야이면서 곧 한국에 처음으로 도입될 항만공사(Port Authority) 관련 주제로 논문을 쓰고 싶다는 내용으로 나는 구체적인 연구 계획서도 첨부했다. 영국의 주요 산업이 'Maritime UK'라고 통칭되는 해운금융, 항만산업이라 영국 대학과의 연관성도 높을 것이라 기대했다. 그러나 불행하게도 예상은 한치도 빗나가지 않았다.

"1사 1인 지원이 원칙이에요. 이영풍 씨는 대상이 안 됩니다. KBS에서는 이미 Y 기자가 보도본부장님의 추천서를 받아서 등록했기 때문에 이 기자님은 후보 자체가 안 되는 겁니다."

모 언론기관 관계자가 전화했다. 나는 그 전화를 받은 뒤 화가 났다. 기자협회보 등 신문에 공고된 내용 그 어디에도 해당 언론사의 본부장이나 편집국장 추천을 받아야 후보가 될 수 있다는 내용을 본 적이 없었기 때문이다. 화가 머리끝까지 났다. 나는 그날 저녁 부산 광안리 해수욕장 백사장에 혼자 앉아서 소주를 마시며 분을 삭이고 있었다. 안주는 새우깡. 주변 동료들에게 알릴 내용도 아니었고 아내 등 가족들에게 알리면 창피할 것 같았다. 속으로 화를 삼키며 혼자 분을 삭이고 있었다.

"이러니 지방에 있으면 정보도 없고 바보 등신이 되는 거야."

혼자 자책했다. 새우깡 안주에 쓴 소주가 연거푸 들어갔다.

"영국 대사관입니다. 대사관에 인터뷰 오실 수 있나요?"

다음 날 예상 밖의 반전 사태가 발생했다. 영국 대사관 관계자의 전화가 온 것이었다.

"영국 대사관인데요. 영국 외무성 쉐브닝 장학금 수혜자로 올해 X명의 T/O가 정해졌어요. 이번 모 언론기관(생활비 지원)과 영국 외무성(학비 면제)이 X명을 뽑는데 대사관 측이 X명을 추천했어요. 거기엔 이영풍 기자님 명단이 들어갔고요. 그런데 유독 이영풍 기자님만 후보 자격이 없다는 통보를 모 언론기관으로부터 받았어요."

이런 선발방식이 항상 문제였다. 연구 계획서를 놓고 치열한 점수 경쟁을 벌이는 것이 아니라 언론사별로 나눠 먹는 방식인 셈이었다. 그러니 해당 언론사 주요 책임자의 추천을 받지 못한 언론인은 아예 후보조차 불가능한 구조였다. 나는 그래서 "근데 왜 저에게 전화하셨어요?"라고 퉁명스럽게 물었다. 그 전날 광안리 해수욕장에서 분을 삭이며 마신 소주가 덜 깬 상태였기도 했다.

"예, 그래서 영국 대사관은 모 언론기관 추천으로 X-1명만 지원하기로 방침을 전했고요. 나머지 한 명의 학비를 지원할 후보로 이영풍 기자님을 선택했어요."

놀랐다. 왜 나였을까?

"이영풍 기자님이 제출한 연구 계획서가 영국의 해운항만 산업과 연관성이 높아서 대사관 관계자가 높은 점수를 주신 것 같아요. 그래서 지원해 주기로 한 거예요. 혹시 오늘 오후 서울 광화문에 있는 영국 대사관으로 인터뷰하러 올 수 있나요?"

나는 바로 차를 몰고 김해공항으로 서둘러 달렸다. 공항 가는 길 차 안에서 눈물이 줄줄 흘렀다. 영국 대사관에 도착한 뒤 간단한 인터뷰를 했다. 그리고 서약서를 쓰고 영국 외무성이 지원하는 쉐브닝[032] 장학생으로 선발되었다.

---

032   쉐브닝 장학금(Chevening Scholarship): 영국 외무성이 후원하는 영국 석사과정 장학금. 전 세계 160개 국가의 잠재적 리더들에게 제공한다. 최근까지 약 5만여 명이 넘는 학생들에게 지원되고 있다.

SOS ^{조난신호}

제목   KBS는 왜 이영풍 기자를 도와주어야 하는가?

시기   2002년 8월

장소   경기도 수원 KBS 인재개발원

"원장님, 좀 도와주세요. 생활비 좀 투자해 주세요."

영국 유학의 길이 살짝 열렸는데 문제는 첩첩산중이었다. 그 당시 약 3천5백만 원 규모였던 석사과정 학비를 영국 외무성이 후원해주는 행운을 잡았지만 영국 현지에 가서 쓸 생활비가 문제였다. 보도본부장 추천이 없는 상태로 지원했고 선발되었기 때문이었다. 만일 이대로 영국 유학행이 정해지면 휴직 처리가 되어 월급이 나오지 않았기 때문이다. 방법이 없을까? 일단 부딪혀 보기로 했다. 경기도 수원에 있던 KBS 인재개발원 원장님을 만나 자초지종을 설명하고 투자를 부탁해보기로 아이디어를 냈다.

"원장님 계신가요? 저 부산 보도국의 이영풍 기자인데요. 영국 외무성 쉐브닝 장학생으로 선발이 되었는데요. 생활비가 필요합니다. 좀 도와주세요."

그러자 부장이란 분이 말했다.

"원장님은 바쁘세요. 내일 10분 시간을 드릴 테니 와서 브리핑하세요. 내일 못하면 불가능해요."

당시 인재개발원장이 그리도 바쁘신 분이었나? 아니었을 것이다. 귀찮게 굴지 말라는 신호였을 것이다. 10분이라? 그래도 포기할 수는 없었다. 10분 동안 내가 할 얘기를 어떻게 효과적으로 전달할 것인가? 나는 바로 그날 밤 근무를 마친 뒤 퇴근하지 않고 9분 30초 분량의 원고를 썼다. '미니다큐'를 만들어서 비디오 테잎으로 녹화를 뜨고 인재개발원장 앞에서 틀어버리자는 깜짝 아이디어를 고안했다. 간절하게 꿈을 꾸고 고민하면 방법이 나온다. 문은 두드려야 열린다. 바로 실행했다. 원고를 읽는 작업인 더빙은 고등학교 후배이자 입사 동기 김 모 아나운서가 도와주었다. 그리고 초벌 편집은 1년 후배 촬영기자가 성심껏 도와주었다. 그 초벌 편집본을 들고 자정이 되어서야 외부 프로덕션사로 뛰어갈 수 있었다. 밤샘 편집이 이뤄졌다.

제목은 "KBS는 왜 이영풍을 도와주어야 하는가?"였다.

첫 장면을 보자면 먼저 부산항 배경 화면에 우렁찬 뱃고동 소리가 울렸다. 그리고 저 멀리서 배가 한 척 들어오는데 그 위에 내가 방송용 마이크를 들고 뭐라고 말했다. 그리고 화면 중앙에 큼지막한 자막이 나왔다.

"KBS는 왜 이영풍을 도와주어야 하는가?"

이것이 '미니 다큐'의 메인 타이틀 제목이었다. 지금 생각하면 조금은 유치했지만 겁나는 것이 없었다. 그러니 시도는 자유였다. 미주알고주알 그동안 내가 어떤 바다 뉴스를 취재했으며, 왜 해운항만 분야 공부를 하게 되었는지를 설명했다. 또 최근에는 영국 외무성 쉐브닝 장학생으로 선발되어 거금의 장학금을 확보했으니 KBS가 이영풍 기자에게 생활비를 투자할 만하다는 내용으로 구성이 되었다. 다소 낯 간지러운 '미니 다큐'였지만 생활비가 필요한 나로서는 도전할 수밖에 없는 마지막 몸부림이었다.

KTX가 뚫리기 전이었으니 꼬박 밤새고 새벽 기차를 타고 수원역으로 갔다. 그리고 정해진 시간에 맞춰 수원에 있는 KBS 인재개발원장실로 들어갔다. 원장님과 해당 부장님은 모두 기자 직종이어서 우호적일 것이라고 예상했다. 하지만 부장이란 선배 기자가 차가운 목소리로 말했다.

"원장님이 오늘 바쁘시니 딱 10분밖에 시간이 없어요. 짧게 얘기하세요."

"예, 그럴 줄 알고 제가 10분짜리 녹화 테잎을 가져왔어요. 제가 드릴 말씀이 화면과 함께 나와요. 자 그럼 보실까요?"

도전-민완기자 유학 수첩

나는 천연덕스럽게 대답했다.

사무실에는 비디오 테잎을 재생할 수 있는 VCR 일체형 텔레비전이 있어서 바로 테잎을 집어넣고 리모콘의 재생 버튼을 눌렀다. 그러자 우렁찬 뱃고동 소리가 나오면서 내 얼굴이 나오고 메인 타이틀 자막인 "KBS는 왜 이영풍을 도와주어야 하는가?"가 등장했다. 순간 인재개발원장과 부장 등 관계자들이 웃음을 터트리며 포복절도했다. 이를 본 인재개발원장님의 칭찬이 이어졌다.

"정말 대단한 후배님이네. 이런 거 처음 봤어. 대단해."

그런데 이게 먹혔을까? 결론부터 말하자면 '언감생심'이었다. 애초부터될 턱이 없었다. KBS란 조직이 그리 창의적인 조직이 아니라 관료주의 냄새가 펄펄 나는 조직이었던 모양이다. 장학금 몇천만 원을 스스로 만들어 왔는데도 칭찬은 못해 줄 망정 다른 방법으로 도와줄 의사는 전혀 없었다. 인재개발원장은 물론이고 부장이란 선배 기자는 본사 보도본부장을 찾아가무슨 확인서를 받아오면 고민해 보겠다고 했다. 심지어 나의 마음에 두고두고 잊지 못할 생채기를 내는 말도 했다.

"이런 외부 장학금은 누구나 다 받아올 수 있는 거예요. 이런 걸로 우리원장님 피곤하게 만들지 마세요."

그는 이후 KBS 부사장까지 승진했다.

그날은 2002년 8월 초의 어느 날. 무척 더웠다. 인재개발원을 나와서 정문까지 한참을 터벅터벅 걸었다. 그 길은 지금도 꽤 길다. 축구장 두 개를 지나야 한다. 밤샘 작업에 지친 몸을 이끌고, 생활비 지원이 불가능함을 확인한 좌절감에 절어서 터벅터벅 걸어서 나왔다. 8월 땡볕이 내 이마를 따갑게 때렸다. 머리가 핑 돌았다. 수원역에서 다시 기차를 타고 부산으로 내려왔다. 오기가 발동했다.

"이럴 수는 없는 거지. 포기란 없지."

나는 그날 맹세했다.

"앞으로 내가 KBS의 고위 간부가 되면 외부 장학금을 스스로 유치해 오는 후배들에게는 생활비를 투자해서라도 모두 유학 보내주겠다. 그런 것이 인재개발이고 인재육성 아닌가?"

나는 뒤돌아보지 않았다. 단호했다. 당시 전셋집에 살던 내가 집 사려고 모아오던 적금 몇천만 원이 있었다. 몽땅 찾았다. 그리고 휴직계를 내고 영국행 비행기표를 바로 끊었다.

No.5

Cardiff

민완기자 유학 수첩

제목   잉글랜드 런던과 다른 웨일스 카디프

시기   2002년 ~ 2003년

장소   영국 웨일스 카디프

영국의 서남쪽 웨일스 카디프로 달려라

비행기 티켓까지 마련하고 나니 이제 뭐 고민할 것도 없었다. 2002년 9월 초 KLM 비행기를 타고 훌쩍 떠났다. 부산-인천-암스테르담을 거쳐 영국 카디프에 도착했다. 영국과 한국의 시간 차이는 9시간. 인천공항을 오후 1시쯤 출발했는데 영국 땅에 내리니 저녁 6시쯤이었다. 한국시간으로는 새벽 3시쯤이지만. 잠이 쏟아졌지만 참았다. 다음 날 바로 학교 기숙사로 직행했다.

웨일스 카디프란 어떤 곳일까? 먼저 영국이란 나라의 구성을 봐야 한다. 미국 국기가 성조기(Stars and Stripes)라면 영국의 국기는 유니언잭(Union Jack)이다.

카디프 시청

도전-민완기자 유학 수첩

카디프 성 https://www.encirclephotos.com/image/south-gate-of-cardiff-castle-in-cardiff-wales/

　　영국 국기인 유니언잭은 잉글랜드와 스코틀랜드, 북아일랜드의 깃발을 조합해 만든 것으로 중세 십자군 원정부터 사용된 것으로 알려져 있다. 두 개의 직선이 가로 세로로 교차한 십자가(성 게오르기우스의 십자가)는 잉글랜드 국기, 흰색 X자로 되어 있는 성 안드레아의 십자가는 스코틀랜드 국기, 붉은색 X자로 되어 있는 성 파트리치오의 십자가는 북아일랜드 국기로, 세 국기가 합쳐진 것이다. 유니언잭은 1603년 스코틀랜드 국왕이 잉글랜드·아일랜드 왕위를 물려받고 제임스 1세로 즉위하면서 유래됐다. 이후 1707년 스코틀랜드가 잉글랜드에 병합되고 1801년 북아일랜드를 상징하는 디자인이 추가되며 현재의 유니언잭[033]이 됐다. 그런데 웨일스 깃발은 어디로 갔을까?

잉글랜드

영국 국기 유니언잭

스코틀랜드

웨일스 깃발

북아일랜드

　이걸 알면 영국 역사를 조금 깊이 아는 사람이 될 수 있다. 영국 연방을 구성하는 웨일스의 상징인 붉은 용 깃발의 경우, 13세기 말경에 이미 웨일스가 잉글랜드에 무력으로 강제 병합되었기 때문에 유니언잭이 만들어질 당시 잉글랜드와 웨일스는 하나의 국가로 인식되어 유니언잭에서 빠져 버린 것이다. 웨일스 주민들은 웨일스의 상징인 붉은 용이 추가되어야 한다며 유니언잭 디자인 변경을 요구하고 있지만 쉽지 않은 일이다.

　영국의 지도를 보면 생긴 모양이 한반도와 유사하다. 영국 인구가 7천 500만 명쯤이니 우리나라와도 비슷하다. 영국과 한국 지도를 겹쳐서 본다면

033　유니언잭
　　　https://terms.naver.com/entry.naver?docId=2180437&cid=43667&categoryId=43667

　　　　　　　　　　　　　　　　　　　　　　　도전-민완기자 유학 수첩

우리나라 경상도가 위치한 곳이 수도 런던을 중심으로 한 잉글랜드로 보인다. 스코틀랜드는 우리나라로 치자면 서울 이북의 북한지역으로 보면 쉽게 이해가 간다. 그렇다면 서남쪽에 있는 웨일스는? 우리나라 전라북도와 충청남도 태안, 서산 쯤에 위치한 것과 비슷하다. 런던을 중심으로 한 잉글랜드 주

카디프대학교 교명, 영어 버전(위) 웨일스어 버전(아래)

에는 주로 앵글로색슨족 계통의 잉글리쉬들이 많이 거주하지만 웨일스에는 켈트족 계통의 웨일스 주민들이 많이 거주한다. 얼굴만 봐도 알 수 있다. 켈트족 계통의 주민들은 우리나라 사람들처럼 광대뼈가 약간 튀어나왔다.

언어도 완전 다르다. BBC 방송에서는 웨일스 언어로 된 방송을 하는 시간이 있는데 무슨 말인지 도저히 알아들을 수 없다. 제주방언이나 경상, 전라방언처럼 조금은 알아 들을만한 수준이 아니라 영어와 웨일스어는 완전히 다른 언어이다. 하지만 현지에서는 대부분 영어를 공용어로 썼기 때문에 생활에는 전혀 지장이 없었다. 카디프는 웨일스 주의 수도인데 인구 35만 명 규모이다. 1955년 웨일스 수도로 지정되었고 유럽에서 가장 젊은 수도이다. 내셔널지오그래픽은 지난 2011년 카디프를 세계 10대 방문할 관광지 가운데 6위로 선정하기도 했다. 내가 경험한 카디프라는 도시는 깨끗하고 인구밀도가 낮고, 그래서 조용하다. 내가 만나본 카디프 주민들은 대도시 런던 사람들보다 훨씬 친절하고 순박하다. 정감이 넘친다. 그래서 항상 다시

가보고 싶은 고향처럼 느껴졌다.

나의 보금자리 - 로이 젠킨스 홀

나는 대학원 기숙사 3층에 내 보금자리를 차렸다. 3층이라 외부의 행인들 신경 쓸 필요도 없었고 밖이 잘 보여서 아주 좋았다. 기숙사 이름은 '로이 젠킨스 홀'이었다.

'로이 젠킨스'는 영국 유명 정치인의 이름이다. 그는 안타깝게도 내가 영국에 있었을 때 작고했다. 당시 우파 신문인 더타임스(The Times)와 좌파 신문인 가디언(Guardian) 등 좌·우파 신문에 실린 그에 대한 평가가 극단적이어서 놀랐다. 아마도 그가 광산노조 입김이 강한 웨일스 출신이라 70년 초 노동당으로 정치 입문했지만 이후 80년 초 사민당으로, 80년 후반에는 자유민주당으로 자리를 옮겼다가 90년 후반에는 토니 블레어 노동당 당수의

도전-민완기자 유학 수첩

측근 고문으로 활동했던 점이 좌·우파 양극단 논평가들에게는 좋은 논평거리가 된 것으로 이해했다. 그는 웨일스 남동부에서 태어났고 그의 아버지는 웨일스 광산노동자 연합 주요 간부 출신이었다. 1977년부터 1981년까지 유럽위원회의 위원장을 지냈다. 노동당, 사회민주당(SDP) 및 자유민주당의 국회의원(MP)으로 윌슨 정부 및 캘러헌 정부에서는 재무장관과 내무장관을 지낸 바 있었다.[034]

로이 젠킨스 (1920년~ 2003년)

034   로이 젠킨스: https://yoda.wiki/wiki/Roy_Jenkins

MSc 석사 ⁰³⁵

제목   카디프대학의 석사과정 바다 공부란?

시기   2002년 ~ 2003년

장소   영국 웨일스 카디프

카디프대학교 본관

카디프대학은 어떤 대학인가?

전 세계를 대표하는 영국의 옥스퍼드대학이나 케임브리지대학에 비하면
학교 순위에서는 다소 밀린다. 하지만 미국에 아이비리그 대학이 있다면 영국
에는 러셀 그룹[036] 대학이 있는데 카디프대학은 러셀 그룹 대학의 일원이다.

035   MSc : Master of Science 석사

036   러셀 그룹(Russell Group) : 1994년 영국 런던 러셀스퀘어(Russell Square)에 위치한 호텔 러셀
      (Hotel Russell)에서 17개의 대학 총장들이 자체적으로 모여 결성한 기관이다. 영국 대학교들의 협
      력 단체로서 소속 대학교들은 연구 기금을 공동 운영, 분배한다. 현재 러셀 그룹의 소속 대학은 총
      24개 대학으로 증가하였으며 이는 영국 내 총 150여 개의 종합 대학교 중 단 24개에 그치지만 영
      국 내 모든 연구기금과 계약자금의 2/3를 차지하고 있다. 러셀 그룹 소속의 24개 대학교 일원 가운
      데 18개 대학이 영국 연구 기금 순위 상위 20위 안에 포함된다.

Who are the members of the Russell Group?

Universities do occasionally join the list, with the most recent additions of the University of Sou
University of Warwick and the University of York becoming members in 2012. Here is a complete list of tl

University of Birmingham	London School of Economics & Political Scienc
University of Bristol	University of Manchester
University of Cambridge	Newcastle University
Cardiff University	University of Nottingham
Durham University	University of Oxford
University of Edinburgh	Queen Mary University of London
University of Exeter	Queen's University Belfast
University of Glasgow	University of Sheffield
Imperial College London	University of Southampton
King's College London	University College London
University of Leeds	University of Warwick
University of Liverpool	University of York

러셀 그룹에 소속된 영국의 24개 대학 소개

MSc in Marine Policy 과정은 어떤 과정이었나?

　MSc 과정을 풀어쓰면 Master of Science란 말이다. 굳이 풀이하자면 석사는 석사인데 과학석사란 말이 될 수 있다. MA도 있다. MA는 Master of Art이다. 주로 인문계 분야의 문학석사나 신문방송학 석사 등을 지칭할 때 쓰인다. 영국 대학의 Master(석사) 과정은 통상 2년제인 미국과 달리 긴 방학 없이 1년제로 운영된다. 짧은 Easter(부활절) 방학을 제외하면 별도의 방학은 사실상 없다. 9개월짜리 Diploma(준 석사) 과정도 있다. Diploma(디플로마) 과정의 경우 수업과목이 하나 적고 제출할 논문도 리포트 형식으로 짧게 제출하면 되었기 때문에 이른바 전 세계에서 온 웰빙족 학생들은 디플로마 과정을 많이 듣기도 했다. 당시 나는 돌아서면 과제물을 제출하고 시험 치고 하는 빡센 공부가 너무 힘들어서 "그냥 Diploma나 할 걸." 하고 후회를 많이 했다.

내가 입학하기 훨씬 전인 80~90년대에는 Maritime Department(해사대학)가 카디프대학 안에 독립적으로 따로 있었고 해운항만 분야를 공부하기 위해 전 세계에서 학생들이 몰려들기 시작했다. 그때부터 카디프대학의 Maritime Department는 '바다의 하버드대학'이라는 명성을 날렸다고 한다. 그 결과 Cardiff Family가 전 세계 해운항만 분야의 관계, 학계, 업계 등에서 왕성하게 활약하고 있다. 카디프 항만은 산업혁명 시기를 전후로 웨일스 지방의 석탄을 대규모로 실어 날랐던 역사가 있어 자연스럽게 해운, 항만 경제학에 대한 연구가 카디프대학을 중심으로 발전한 것으로 보인다. 해사 대학은 이후 MBA 등 경제·경영학과와 통합되어 비즈니스 스쿨로 다시 태어났다. 수업과목은 해운경제학, 국제해운정책, 항만정책, 전자상거래, 해운법, 해운물류 등이 주축이다. 과목들이 군더더기가 없고 깔끔했다. 바다를 주제로 최근의 이슈를 집중적으로 다뤘다. 나는 해운법과 해운물류를 제외한 해운경제학, 국제해운정책, 항만정책, 전자상거래 등 과목을 수강했다.

내가 속한 'MSc in Marine Policy' 과정에는 약 40명 남짓의 학생이 등록했다. 그리스, 한국, 중국, 러시아, 남아공, 라이베리아, 파나마, 홍콩, 싱가포르 등 해운업이 활발한 국가에서 온 학생들이 대부분이었다. 40명 기준으로 그리스와 중국 학생들이 가장 많았다. 그리스는 선주 국가이고 중국은 2002년 당시 무역업이 팽창하는 전 세계의 공장 국가였으니 해운업이 팽창해 많은 학생이 유학을 왔다.

수업방식은 어땠나?

인터내셔널 학생들로 붐비니 당연히 모든 수업은 영어로 진행했다. 그리스나 중국, 한국, 일본 출신 교수들이라도 예외 없이 영어로만 수업을 진행했다. 중국 출신 교수가 중국 학생들에게 수업 중에 중국말로 떠들다가 경고를 받은 적이 있었다. 학생들 가운데 한 명이 한국 학생이었는데 학교 당국에 신고했고 학교가 발칵 뒤집힌 적도 있었다. 풀타임(full-time) 과정이다 보니 수업 내용은 절대 만만치 않았다. 학생이 자유롭게 수업 시간에 교수에게 질문할 수 있었다. 그리고 추가 질문을 하게 되면 교수 연구실로 찾아가서 더 문답을 할 수 있었다.

한 과목당 수업 시간은 3시간이었다. 절대 에누리는 없었다. 담당 교수는 강의 시간을 정확하게 맞추어 수업했다. 학생이 발표하는 시간도 있었다. 나는 한국의 조선업을 발표했는데 반응이 좋았다. 조선 강국 한국을 널리 홍보할 수 있었다. 중국 학생들이 심각한 눈빛으로 나의 프레젠테이션을 들었다.

교과서가 있었을까? 없다. 주교재는 해운항만 저널과 신문이었다.

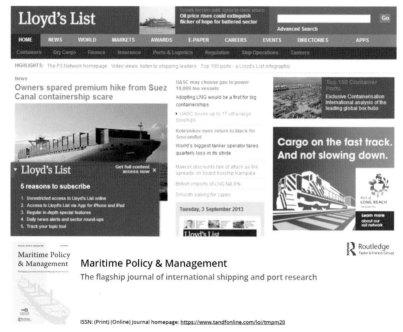

카디프대학교 해양정책 석사과정의 주요 교재

　　가령 해운신문, 항만저널 학회지, 로이즈리스트 등 해운항만 관련 신문이나 저널이 주교재이다. 가장 핵심 교재는 〈Maritime policy and management〉였다. 이 저널은 내용이 너무 좋아서 지금도 읽고 있다. 국제 해운항만 분야의 연구자들에게 이 저널은 바이블에 버금간다고 할 수 있다. 이외에 현지 담당 교수가 제공하는 프린트물이 있었는데 모두 주요 해운항만 관련 서적 내용을 종합한 것이었다.

과제물도 많았나?

돌아서면 과제물이 나왔다. 한국에서는 리포트라고 부르지만 영국에서는 '에세이'라고 부르는 과제물을 제출해야 했다. 에세이는 제출해야 하는 정해진 글자 수가 있었다. 주제는 담당 교수가 정해줬다. 당시 다이어리를 보니 매달 에세이를 몇 편씩 써내는 작업이 보통 작업이 아니었다. 담당 교수들은 '복붙'했거나 출처를 밝히지 않고 긁어오는 에세이를 가차 없이 찾아내 보복 테러를 가했다. 0점 처리하는 것. 창의적이지만 내용이 부실한 에세이는 짠 점수로 넘어가지만 남의 창작물을 일방적으로 베끼거나 '복붙'했다가는 바로 낙제할 각오를 해야 했다.

나중에 다시 설명하겠지만 영국 대학에서 Plagiarism(표절)[037]은 엄격한 수준에서 규제되는 '금기사항'이었다. 내가 책을 쓰거나 보고서를 쓸 때 인용을 철저하게 하는 습관은 영국에서 단련된 것이다.

---

037   Plagiarism(표절) : 다른 사람이 창작한 저작물의 일부 또는 전부를 도용하여 사용하여 자신의 창작물인 것처럼 발표하는 것을 말한다. 보통 학문이나 예술의 영역에서 출처를 충분히 밝히지 않고 다른 사람의 저작을 인용하거나 차용하는 행위를 가리키며, 기본적으로는 도덕적·윤리적 문제로 간주하는 경향이 짙다. [네이버 지식백과] 표절 [plagiarism, 剽竊] (두산백과 두피디아, 두산백과)

도전-민완기자 유학 수첩

성적 평가는 어떻게 했나?

성적은 에세이(리포트) 과제물 점수 + 영어 지필고사(Final Test) 점수 + 논문점수를 합산해 산출했다. 여기에서 가장 난관은 논문 집필 자격이 부여되는 영어 지필고사였다. 이를 통과하지 못하면 논문을 쓸 자격이 주어지지 않았다. 여기에서 많은 학생이 낙방했고 졸업 전에 학교에서 사라졌다.

졸업 현황부터 말하자면 '악' 소리가 났다. 내가 속했던 MSc in Marine Policy(해양정책 석사) 과정에 40명 남짓의 학생이 있었다. 몇 명이 졸업했을까? 약 12~13명 안팎으로 기억한다. 그럼 나머지 학생은 어쩌나? 10명 정도만 1차에서 패스했고 턱걸이 점수 1~2점 차이로 걸리는 바람에 운 좋은 학생 1명에서 3명은 재시험을 치고 구제되었을 것이다. 하지만 2/3 정도의 학생은 탈락했고 졸업을 못했다. 이역만리 영국까지 와서 비싼 파운드화를 펑펑 쓰고 빈손으로 떠나야 하는 비참한 꼴이 되어 버린 것이다. 최근 1,500원 하는 1파운드가 2002년 당시는 2천 원이었다.

그런데 전 세계에서 유학을 온 학생들을 어떤 공부 방식으로 깐깐하게 때려잡았던 것일까? 먼저 에세이 점수는 50점이 분수령이다. 49점부터는 과락(fail)이다. 51점에서 55점이면 평균 수준이다. 56점부터는 비교적 괜찮은 점수이다. 60점을 넘으면 A+ 최우수 학생이다. 대부분 학생은 51점부터 55점 사이에서 고전을 면치 못한다.

나는 두 가지의 서로 다른 경험을 했다. 먼저 점수가 너무 나오질 않아 교수를 찾아간 경우이다. 정통 잉글리시 액센트를 구사했던 가드너 교수가 가르친 해운경제학 과목이었다. 어려웠다. 가드너 교수는 해운학계에서는 널리 알려진 대가이다. 매번 52점 또는 53점을 받아 화가 나서 찾아가서 항의했다. 가드너 교수는 '너 올 줄 알았다'는 표정으로 나에게 충고의 말을 건넸다.

"너 동아시아에서 왔지? 일본, 한국, 중국에서 온 학생들이 이게 문제야. 주제를 너무 장황하게 잡은 뒤 에세이를 쓴단 말이야. 주제로 뭐 국제화시대의 어쩌구 저쩌구 블라블라? 명심해! 너는 석사과정 학생이야. 그런 거창한 주제를 가지고 에세이를 쓸 수 있는 사람은 나같이 해운항만 저널에 서문을 쓸 정도가 되어야 하는 거야. 까불지 말고 주제를 더 좁히고 하나의 각론만을 잡아서 더 좁게, 더 정밀하게 써 봐. 그래야 점수가 나온다."

나의 에세이 페이퍼는 그분이 빨간색 사인펜으로 난도질한 수정한 내용으로 너덜너덜한 채 다시 들고 나오기를 여러 차례 반복했다. 에누리는 1도 없었다. 하지만 나는 가드너 교수의 말씀이 전적으로 타당하다고 생각했다. 그분은 주교재였던 Maritime policy and Management 저널에 논문을 기고하셨던 분이라서 그분 앞에서는 대부분 학생이나 조교수들도 주눅이 들기 일쑤였고 그 카리스마에 꼼짝을 못했다. 좋은 약은 원래 입에 쓴 법이다.

두 번째는 점수를 잘 받은 경우이다. 항만경제학 과목이었고 담당 교수는 축구광이었던 베레스포드 교수였다. 그는 어떤 점을 강조할 때마다 그 앞에 반드시 'Bloody'란 표현을 썼고 학생들에게 큰 즐거움을 주었다. 그가 준 과제물은 전 세계 컨테이너 항만의 생산성에 대한 에세이를 써보라는 것

　　　　　　　　　　　　　도전-민완기자 유학 수첩

이었다. 나는 이미 가드너 교수의 강력한 충고에 충격을 받은 터라 주제를 좁히고 실제 취재하듯이 에세이를 썼다. 부산항 상하이항 홍콩항 싱가포르항 로테르담항 등 주요 항구의 컨테이너 터미널이 시간당 몇 개의 컨테이너를 처리하는지를 비교 취재했다. 취재방식은? 당시 한진해운에 근무하던 전문가 한 분을 잘 알고 있던 터라 전화 인터뷰를 통해 자료를 다 넘겨받았고 이를 에세이의 주 내용으로 잡았다. 아주 실증적인 에세이였다. 몇 점을 받았을까? 65점을 받았다. 최우수 에세이였다. 베레스포드 교수는 나의 에세이 내용을 자기 논문에 인용해도 되냐고 물었고 나는 좋다고 답했다.

가장 심각하고 큰 장애물은 Final Test라고 부르는 논문 집필 자격이 부여되는 시험인 영어 지필고사였다. 과목당 3시간 동안 쉬지 않고 써야 했다. 시험을 치고 난 뒤 엄청난 두통을 겪었다. 왜 그랬을까? 영어로 읽고 뇌에서는 한국말로 이해한다. 그리고 다시 그걸 영어로 기술한다. 이러니 뇌가 얼마나 고통스러웠을까? 시험만 치고 나면 왼쪽 뒤통수가 아파서 한동안 고개를 뒤로 젖히고 쉬어야 했다. 한국인 뿐 아니라 많은 수의 외국인 학생이 영어 지필고사에 실패하고 짐을 싸는 경우가 많았다.

현지 교민들로부터 전해 들은 이야기로는 1990년대 초 한국 학생 한 명이 영어 지필고사에 떨어져서 재시험을 치게 해달라고 학교 건물 옥상에서 시위를 벌였다고 한다. 카디프 지역신문에도 보도되었다고 하는데 어떻게 되었을까? 영국인들은 깐깐하기로 유명하지 않은가? 안 통한다. 에누리가 1도 없다. 그 학생은 바로 탈락 처리되고 한국으로 돌아갔다고 했다. 역시 그 학생은 의지의 한국인이었을까? 아니다. 공정경쟁에서 탈락한 셈이다.

No.7

Plagiarism 표절

제목 **석사과정은 표절 예방 공부**

시기 **2002년 ~ 2003년**

장소 **영국 웨일스 카디프**

표절하면 어떻게 될까?

깐깐한 영국 사회에서 표절행위는 곧 절도행위로 인식된다. 바로 도둑이 되는 것이다. 대학에서 표절행위는 지식 도둑놈, 사기꾼이 되는 지름길이다. 에세이 등 과제물을 제출했을 때 담당 교수가 어떻게 표절을 그리도 잘 찾아내는지 신기하기만 했다. 표절에 걸려 담당 교수에게 불려간 학생을 제법 봤다. 표절하다 걸리면 끝장이다. 0점 처리된다.

표절을 피하는 방법은 철저하게 인용해야 한다는 것이다. 다른 연구자의 연구 결과를 인용할 때는 철저하게 인용부호를 달아 인용해야 했다. 인용할 때는 이름, 연도, 저서 및 저널명, 인용한 구체적인 페이지 순으로[038] 철저하게 챙기면 큰 문제가 없었다. 어차피 석사과정이라는 것이 결국 박사과정을 위한 중간 과정인데 석사과정에서 반드시 배워야 하는 핵심이 표절 예방 교육이었다.

---

038   인용 예시: Goss,R.O,(1990) Port Policies, Cardiff University, pp.22-23

또 표절이야?
번역 좀 해줘요~

영국 유학시절 과제물을 제출하기 위해 도서관에서 밤샌 기억이 새롭다. 영국 대학의 석사과정은 미국과 달리 여름방학이 없는 1년 과정이기 때문에 돌아서기 무섭게 과제물을 제출해야 하는 부담이 있었다. 참 많은 저널과 원서들을 자의 반 타의 반 읽었다. 어느 날 도서관에서 영문 원서를 읽다가 희한한 걸 발견했다. "이거 어디서 많이 본 것 같은 구절인데?" 뭔가 눈에 많이 익는 구절이었다. 그런 구절은 몇 페이지에 걸쳐져 있었다. 그리고 몇 달 뒤에 그 이유를 알게 됐다. 이름만 대면 알 수 있는 서울 소재 모 대학 교수가 그걸 그대로 베껴 자신의 창작물인양 대학교 교재로 냈다는 걸 발견했다. 한참을 웃었던 기억이 난다.

영국 유학 전 나는 이미 그 교수님의 해운경제학 관련 한국어 교과서를 읽은 터라 표절을 알 수 있었다. 그게 약 20년 전. 그 당시에는 "해운경제학과 관련된 한국어판 교재는 거의 없었기 때문에 이런 일도 있구나." 라는 생각을 했다.

최근 해운 관련 전문가들을 만나 반가운 소식을 접했다. 한국어판 "해운경제학" 교과서가 나왔다는 것이다. 아이구야~~~. 영국 "마틴 스토포드" 교수의 Maritime Economics…와우 반갑다. 한글 번역판이 나온 건 2015년인데 내가 조금 늦게 알게 됐다. 그래도 반갑다. 바로 고향 부산의 영광도서를 통해 인터넷 구매했다. 며칠 전 이 책이 도착했는데 20년 전 공부했던 영문판과 나란히 책상 위에 놓고 사진을 찍어봤다. 추억의 책이다. 이 책은 영국 유학시절 읽지 않으면 졸업을 못할 정도의 바이블과 같은 책이다.

지금도 아쉬운 점은 마틴 스토포드 교수가 영국 카디프대학의 해양정책 석사과정에 수업을 하러 왔을 때 같이 사진을 찍지 못했던 걸 후회한다. 정말 아쉽다.

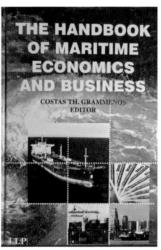

마틴 스토포드 교수는 전 세계 해운경제학의 대가이다. 실물경제와 이론경제를 겸비한 글로벌 전문가이다. 그의 Maritime Economics를 한국어판으로 번역한 분들은 4명의 교수님들이다. 양창호 국립 인천대 동북아물류대학원 교수님, 이충배 중앙대 국제물류학과 교수님, 이동현 평택대학교 무역물류학과 교수님, 신승식 전남대 물류교통학과 교수님. 감사합니다~.

사실 카디프대학을 졸업하면서 내가 마틴 스토포드 교수의 이 책을 번역해

보겠다는 생각을 했던 적이 있었다. 그게 2004년이었으나 KBS로 돌아와 바쁜 시간을 보내다보니 행동으로 옮기진 못했다. 위 네 분의 교수님들에게 정말 감사하다는 말씀을 올린다.

바다와 관련한 분야는 해운경제학, 항만정책, 국제물류운송론, 해양법, 해운금융 등이 있다. 이 분야의 공부를 원하는 학생이라면 이 책을 반드시 읽어야 한다. 바이블 같은 책이기 때문이다. 나도 다시 한번 이 책을 한국어판으로 읽고 또 읽어봐야겠다. 첨언할 것도 있다.

혹시나 위 네 분의 교수님이 이 글을 보신다면 사진에 올려드리는 이 책도 번역해주시면 감사하겠다. "The handbook of maritime economics and business" - Costas TH. Grammenos 교수의 책이다. 그는 영국 런던 City 대학의 교수를 역임하셨다. 아주 유익한 내용들도 가득하다. 한국해양대학교의 교수님이 쓰신 글도 있다. 국제 해운업계에서 한국은 무시하지 못할 주요 국가로 성장했다. 해운경제학 한국어판을 만나니 너무나도 반갑다. 이제 표절 같은 거 하지 말고 우리나라도 더 많은 해외원서를 바로바로 번역해서 읽는 나라가 되어야 한다.

마틴 스토포드 교수의 책은 1988년 초판이 나왔으니 거의 27년 만에 한국어판이 나왔다. 내가 번역을 희망하는 Costas TH. Grammenos 교수의 책도 초판이 내가 영국에서 공부할 때인 2002년 나왔으니 지금 번역한다면 또 20년 만에 번역이 되는 셈이다. 누군가 이 분야의 대가들이 나서서 해줬으면 한다.

도전-민완기자 유학 수첩

한국은 무역으로 먹고 사는 나라가 아닌가? 말라카 해협과 수에즈 운하로 통하는 해상운송로가 막히면 대한민국은 몇 달을 못 버티고 망할 운명의 나라다. 그런데도 바다에는 별 관심들이 없는 것 같다. 한반도에 사는 우리가 언제부터 칠레산 홍어를 먹었으며, 언제부터 베트남산 새우를 먹었으며 호주산 소고기를 이런 싼 가격으로 먹을 수 있었던가? 중동 원유를 구매해서 중화학 공업을 일으킨 게 불과 몇 년 전인가? 이게 다 해양 무역을 통한 경제발전의 결과인데 그 기본은 해운경제학을 보다 더 잘 이해하는 데 있다. 부디 해운경제학 한국어판을 많은 분이 읽고 영구 베스트셀러로 자리매김하길 기대한다.

(2021년 8월 15일 페북 글)

No.8

Cheating 不正 [039]

제목   시험 부정행위 방지를 위한 영국 대학의 표책

시기   2002년 – 2003년

장소   영국 웨일스 카디프

시험 5분 전 입실, 필기구 하나만 소지 가능

모든 시험장에는 긴장감이 흘렀다. Final Test라고 부르는 논문 집필 자격이 부여되는 영어 지필고사가 있는 날에는 모든 학생이 초긴장 상태에 빠졌다. 여기에서 낙방이면 에누리 없이 짐 싸서 바로 집으로 돌아가야 했다. 그래서 일부 학생은 부정행위를 해서라도 시험을 통과하려는 부정행위 욕구가 강해지고, 반면 대학 당국은 시험 부정행위를 방지하기 위해 나름의 노하우를 발휘했다.

먼저 수험장이 학교 건물 밖에도 많았다. 시청이나 관공서 등 학생들이 잘 모르는 곳도 수험장으로 활용되었다. 나도 카디프 시청 홀에서 한 과목을 쳤다. 시청 홀의 넓은 수험장에 여러 학과의 학생들이 같이 시험을 쳤다. 수험장에는 5분 전에 입실할 수 있었다. 수험장 안에는 책이나 노트가 든 가방을 들고 들어갈 수 있으나 시험을 칠 때는 모두 수험장 앞뒤로 소지품을 분리하고 시험을 쳤다. 필기구 하나 달랑 들고 그동안 공부했던 모든 내용을 3시간 동안 쏟아내야 하는 처절한 과정이었다. 그러니 3시간 동안 쓰고 나면 두통이 왔다.

바로 옆자리 수험생은 듣도 보도 못한 다른 학과 학생

수험장 옆자리에 나와 같은 수업을 듣는 학생이 전혀 보이지 않았다. 부정행위를 하고 싶어도 원천적으로 불가능한 시스템이었다. 내 옆자리 학생은 무슨 공대생이었는지 수학 공식을 쓰고 있었고 다른 학생 한 명은 전혀 다른 내용의 과목 노트를 시험 직전까지 보았다.

물론 시청 홀 같은 큰 수험장에는 같은 학과 학생이 오기도 했다. 동급생인 그리스 여학생이 시청 홀에서 같은 과목 시험을 친다고 와서 너무 반가웠는데 곧 이산가족이 되었다. 자리가 멀리 떨어져서 부정행위 담합은 고사하고 목소리도 잘 안 들릴 지경이었다. 모든 수험생에게 지정석이 있어서 같은 학과 학생들은 멀리 떨어져 앉도록 미리 수험장 위치도를 설계하는 것 같았다. 아예 부정행위를 할 수가 없도록 시스템이 완벽했다.

"공정경쟁은 이렇게 하는 거구나?"

시험 시작 전에는 노트를 한 권씩 받았다. A4 용지 크기의 20페이지, 40면 분량의 노트였다. 답안지 작성 노트였다. 표지에 수험생의 이름과 소속 학과를 써야 했다. 문제지는 학생 개개인 별로 맞춤형 질문지가 주어졌다. 공정한 경쟁은 부정행위를 차단하는 시스템이 완벽해야 그 결과를 존중받을 수 있다는 당연한 교훈을 수험장에서 깨달을 수 있었다.

No.9

Final Test

제목 **영어 지필고사의 스트레스**

시기 **2002년 ~ 2003년**

장소 **영국 웨일스 카디프**

영국 도착하자마자 바로 찾아간 대학 도서관

영국으로 가기 직전 추천서를 써준 지도 교수님이 하신 당부 말씀이 있었다.

"이 기자. 영국 가거든 바로 비즈니스 스쿨 도서관부터 찾아가세요. 거기에 가면 지난 10여 년 동안 출제된 영어 지필고사 기출 문제집이 있어요. 그것부터 복사해 놓고 공부해야 해요. 그 문제에 대한 답을 쓸 수 있는 수준이 되어야 영어 지필고사를 통과할 수 있어요."

그래서 가자마자 바로 도서관에서 이른바 '족보' 문제집을 모두 복사해서 기숙사로 왔다. 문제집을 보니 머리가 핑 돌 정도였다. 출제 의도를 파악할 수 없을 지경의 문제가 수두룩했는데 과목을 수강하면서 서서히 이 문제를 풀어갔다.

답안지 작성 요령을 모르면 바로 낙방

답안지 작성 요령도 반드시 숙지해야 했다. 그냥 교과서나 신문, 저널에 있는 내용을 그대로 옮겼다간 바로 낙방이다. 현지에 있는 한국인 교수님이 전해준 '답안지 작성 요령 꿀팁'으로 나는 이 난관을 헤쳐갈 수 있었다. 그 교수님이 알려주신 '꿀팁'을 20년 전 일기장에 적어 놓았다. 지금 다시 읽어봐도 너무나 감사하다. 그 교수님께 진정으로 감사의 말씀을 올리고 싶다.

도전-민완기자 유학 수첩

"첫째, 시험이란 내가 아는 지식을 출제자에게 기본적으로, 전체적으로 잘 보여주는 것임을 명심하라. 둘째, 답안지 작성자의 독립적인 사고 결과(independent thinking)를 보여주어야 한다. 셋째, 시험문제와 관련해 수업 시간에 강의받은 일반 이론(General theory)을 먼저 이론적 및 실증적 방법으로 서술한다. 넷째, 이와 관련한 결과와 문제점도 지적한다. 다섯째, 되도록 많은 사례와 예시를 추가한다. 여섯째, 실증적인 예시로 영국이 아닌 다른 나라의 사례도 추가해야 한다. 일곱째, 이를 토대로 자신의 주장을 마지막에 정당화한다."

말은 쉽게 들린다. 하지만 실전에서는 많은 한국 학생들이 이 점을 어려워했다. 나처럼 대입 학력고사[040] 세대의 경우 특히 문제가 심각했다. 80년대 후반 대학 시절 주교재를 통한 암기식 위주의 교육을 받은 세대로서는 전혀 차원이 다른 답안지 작성 요령이었다. 교과서 내용만 잘 정리해서 설명하는 식의 답안지 작성 방식은 통하지 않았다.

위 설명에서도 알 수 있는 것처럼, 더 많은 사례와 예시, 외국의 사례 등을 적시하려면 공부의 방법이 달라야 할 것이다. 즉 더 많은 신문과 저널을 읽고 이것을 자기 것으로 만들고 자신의 주장을 정당화해야 했다. 나도 답

---

040   학력고사: 대학 입학 학력고사라고 불리는 교육제도로 1982학년도 대학입시부터 1993학년도 대학입시까지 고등학교 졸업자를 대상으로 대학에서 공부할 수 있는 능력이 있는지 알아보기 위한 시험이다. 현재의 대학수학능력시험과 유사한 시험이었으므로, 학력고사는 사실상 대학 입학을 위한 시험이었다. 대학입학학력고사는 사지선다형 객관식 지식암기형 문제가 너무 많다는 비판으로 인해 1994학년도부터는 대학수학능력시험으로 변경되었다.

안지 마지막 부분에 로이즈리스트 신문을 읽고 최근 신문 내용을 일부 인용하면서 답안지를 작성했고 겨우 통과할 수 있었다.

도전-민완기자 유학 수첩

No.10

Service 예배

제목 졸업 꿀팁, 그분을 만나야 했던 사연

시기 2003년 6월 22일

장소 영국 웨일스 카디프 가발파[041] 교회

Gabalfa Baptist Church, Cardiff
Built in 1884. The church is located on the corner of North Road and Newfoundland Road.
On the left is the church hall.

"형님. 졸업할 수 있는 확실한 비법을 제가 알아요."

　나는 카디프대학에서 결정적인 행운아를 만났다. 수업 첫날 한국 학생
으로 보이는 청년이 한 명 있길래 인사를 했다. 서로 인사를 하고 알고 보니

041　가발파(Gabalfa): 카디프 북쪽의 지역 이름. 웨일스어인 Ceubalfa에서 유래되었으며 그 뜻은 보트
　　　의 장소라는 뜻이다. 이전에 타프강을 가로지르는 페리선박들이 정박했던 역사가 있다. 1880년대
　　　이후 개발되어 학교, 교회 예배당 건물 등이 지어졌다.
　　　https://en.wikipedia.org/wiki/Gabalfa

깜짝 놀랐다. 그는 내가 부산 동구에서 다녔던 부산의 초중고(동일초등, 서중, 금성고), 한국해양대학교 대학원 5년 후배 C였다. 어떻게 이런 일이 일어날 수 있을까? 우리는 영국 유학 기간 내내 같이 공부하고 밥도 같이 먹고 사이좋게 지냈다. 도서관에서 공부도 같이 열심히 했다. 카디프 유학 생활을 정리할 즈음 영어 지필고사 시험일이 다가오자 우리는 아주 예민해졌다. 시험을 통과해야 영국 유학 생활이 총정리될 수 있기 때문이었다. 시험에 낙방하면 한국에 있는 지인들에게 창피해서 어쩌나 걱정도 앞섰다. 그러던 어느 날이었다. 후배 C는 대뜸 말했다.

"형님, 이번에 영어 지필고사 꼭 통과해야죠? 근데 제가 그 비법을 알고 있어요. 알려 드릴까요?"

나는 귀가 솔깃해졌다.

"너 진짜야? 뭐 좋은 답안지나 예상 문제 족보라도 구했어?"

그런데 후배 C는 의외의 답을 내놓았다.

"형님, 그분께 기도하면 됩니다. 제가 확실히 보장할게요. 그분은 안 믿던 사람이 처음으로 하는 기도를 무조건 들어준다고 하거든요. 진짜거든요."

"우하하, 너 진짜 웃긴다."

나는 대충 웃어 넘겨 버렸다.

"야, 인마. 예상 문제 답안지 족보나 어디서 한번 구해봐."

카디프 가발파 침례교회 예배 및 결혼식 모습. https://gabalfa.co.uk/

"주님예, 졸업하게 시험 무사통과 좀 시키주이소. 제발~아멘"

그런데 희한한 일이 벌어지기 시작했다. 후배 C는 내 기숙사로 와서 음식을 먹을 때마다 나를 위해 식사기도를 하기 시작했다.

"주님예, 우리 형님 졸업 좀 시키주이소. 시험 좀 통과시켜 주이소. 이래마 빕니데이. 주님~~."

거친 부산 사투리로 정말 간절하게 기도하는 것이 아닌가? 나도 모르게 감동이 되기 시작했다. 몇 번 기도가 이어지자 나도 후배 C가 기도할 때는 머리를 숙이고 기도를 따라하기 시작했다.

지난 30여 년을 무신론자로 살았던 나로서는 있을 수 없는 초유의 사건

도전-민완기자 유학 수첩

이었다. 그런데 기도하고 나면 마음이 평안해지고 시험도 잘 칠 수 있을 것 같았다. 특히 후배 C가 말한 "안 믿는 사람이 그분께 처음으로 기도한 기도 제목은 무조건 그분이 들어준다."라는 말이 귀에 쏙 들어왔다. "말씀은 귀로 듣는 것이지 눈으로 보는 것이 아니다."라는 말도 있지 않은가? 그래서 나는 "영어 지필고사 통과하고 졸업만 무사히 하면 다음부턴 교회 안 나갈 거야. 알았지? 강요하지 마!"라고 후배 C에게 신신당부했다.

그리고 결국 후배를 따라 카디프의 교회로 출석했다. 그 교회는 카디프 가발파 침례교회였는데 1884년에 지어진 유서 깊은 교회였다. 나의 보금자리 기숙사였던 로이 젠킨스 기숙사에서 도보로 5분 거리에 있어서 가기도 편리했다.

"제가 엄청 찾아 봤어요. 미국인 목사님이 설교 하시고요. 영국 성공회 교회는 아니고요. 또 한국 사람들이 오지도 않아요. 그러니 형님한테 딱 맞아요."

C 후배는 나를 이른바 교회로 '꼬시는' 전도 작업을 잘도 벌였다.

2003년 6월 22일 주일. 드디어 후배 C의 손을 잡고 교회로 출석했다. 가발파 교회 교인들은 유일한 외국인 성도였던 우리에게 사탕과 초콜릿을 주면서 환대했다. 정말 감사한 일이었다. 우리는 2층 중간 자리에 앉아 예배를 드렸다. 지금도 그 순간을 생각하면 가슴이 떨린다. 영어 성경 말씀을 내가 알 턱이 없었다. 미국인 목사님이 설교하면 후배 C가 순차 통역을 통해 영어 성경을 가르쳐주며 말씀을 전해주었다. 그리고 찬송가도 따라부르고 기도도 했다. 기도 제목은 오로지 하나였다.

"하나님, 시험 좀 붙게 해주세요. 졸업논문 쓰게 해주세요. 영어 지필고사 낙방하면 저는 끝이에요. C가 그러는데 저처럼 안 믿는 불신자가 처음 기도하는 기도 제목을 꼭 들어주신다고 들었어요. 저의 간절한 민원 사항을 좀 해결해 주세요. 좀 도와주세요. 제발~ 아멘."

이 사건은 내 인생에 있어서 결정적인 사태였다. 2003년 6월 22일. 그리고 2023년 지금까지 20년 동안 하나님을 모시고 살고 있다. 부족하기 짝이 없다. 실수와 시행착오도 많다. 회개하고 조심하며 살기 위해 최대한 노력하고 있다. 뒤돌아보니 나를 교회로 전도했던 후배 C는 그분이 나에게 보내주신 전도 천사였던 것 같다. 그래서였을까? 나는 시험에 붙어서 무사히 졸업했고 하나님도 만나는 은혜까지 받았다.

항만공사 사장의
최적임자는 누구일까?

영국에서 해양정책을 공부할 때 가장 난해한 점 가운데 하나는 해양 관련 특수용어였다. 선박이 접안하는 선석을 'berth'라고 하는데 귀를 쫑긋 세우고 듣지 않으면 자칫 'bus'로 오판하기 십상이다. '선석'이 '버스'가 되는 불상사가 발생하는 것. 그 외에도 많다. VLCC(Very Large Crude Carrier 대형 유조선)이라든가. V를 '뷔'처럼 발음해야지 '삐'라고 발음했다간 낭패당한다. '삐'로 발음해야 하는 건 Bulk cargo(잡화화물)이다. 그 외에도 Liner shipping(정기화물-전 세계 항만을 정기적으로 기항하면서 화물운송) Ballast water(평형수) Classification society(선급협회-선박에 대한 안전검사 기관) 등등의 용어도 생소해서 이를 잘 모르고 덤볐다간 큰코 다친다.

한국에서 일반 경제, 경영학만을 공부하고 온 혈기왕성한 유학생들은 해운경제학 과목을 이수하면서 이런 해양 관련 특수용어를 섭렵하는데 한동안 애를 먹곤 한다. 특히 '선석'을 본 적도 없는 수도권 소재 대학 출신 유학생들은 학기 초반 아주 고생을 한다. 그 가운데 우리말로 항만공사(Port Authority: 항만을 운영하는 공기업)도 마찬가지다. 한국에 명실상부한 항만공사 제도가 도입된 것이 2000년대 초기였으니 2000년 초기 당시엔 항만공사(PA)라고 하면 항만이나 부두에 무슨 '건설공사'를 하는 것처럼 오독하기도 했다. 지금은 부산항과 인천항·평택항·광양항·울산항 등에 PA(항만공사) 제도가 도입돼 사장과 임원진을 뽑는다.

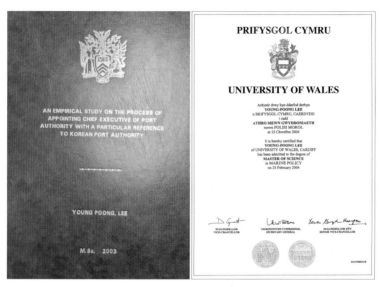

카디프 비즈니스 스쿨 졸업논문 표지 (左) 석사 졸업장 (右)

이제 한국에서도 PA(항만공사)는 자율적인 책임경영으로 보편화된 제도로 정착이 돼 항만공사라고 하면 대충 알아들으시는 분들도 많아졌다. 최근 항만공사 사장 선임을 놓고 해피아, 관피아 논란이 또 불거지는 모양이다. 부산일보와 국제신문 등 각종 언론매체 기사를 보니 2021년 7월로 다가온 부산항만공사 사장 선임과 관련해 해수부 출신들이 또 낙하산처럼 공수 투입되는 걸 반대하는 시민단체의 목소리가 커지고 있음을 전하고 있다.

그런데 이게 참 고민이 되는 지점이기도 하다. 해운항만 분야가 워낙 특수한 분야이다 보니 일반 기업 CEO에게 거대한 항만의 운영 권한을 실험적으로 맡겨본다는 것은 어불성설이다. 전 세계의 다양한 화물(그 중엔 핵연료 같은 심각한

국가보안 화물도 많다)을 처리하는 부산항이 소규모 벤처기업처럼 창의적으로 한번 돌려보자는 식으로 접근한다면 곤란하기 때문일 것이다.

문화일보 + 구독

"항만공사 사장 중앙정부과 유기적관계 필요"

입력 2003.12.03 오후 5:51

👍 공감 ○ 댓글   🔗 🔊

초대 부산 항만공사 사장 선출을 앞두고 있는 가운데 현직 기자가 항만공사 사장의 선정기준과 항만공사 역할 등에 대한 논문을 발표해 관심을 모으고 있다.

KBS부산총국 이영풍(33)기자는 최근 '부산 항만공사 사장 선임과 관련한 연구'라는 제목으로 해양전문연구기관인 영국 웨일스 카디프 비즈니스 스쿨에서 석사학위를 받았다.

나는 2003년 영국 카디프대학에서 '한국 항만공사 사장 선임과정에 대한 실증연구'라는 주제로 석사논문을 제출했다. 당시 항만공사 출범에 맞춘 주제라 시의성이 있어서인지 당시 나의 졸업논문은 문화일보에 보도되기도 했다.

결론은 3가지다. ① 항만공사 사장 선임 절차는 정치적인 바람을 타면 곤란하다. ② 항만공사 사장은 중앙정부와 유기적인 관계를 유지할 수 있어야 한다. 중앙정부로부터 재정적인 지원을 받아내고 전국적인 물류망 확보차원에서다. ③ 항만공사 사장은 해당 지역의 해운항만 업계 전반에 최적화된 공공재(public goods)를 제공할 수 있어야 한다.

이 논문은 해양수산부, 부산시, 한국선주협회, 한국해양수산개발원, 부산발전연구원, 한국해양대학교, 한진해운, 동부산 컨테이너 터미널 운영사 등 8군데의 해운항만 전문기관에 근무하시는 핵심간부 50여 명을 대상으로 직접 설문조사를 한 결과를 SPSS(사회과학용 통계 패키지) 프로그램을 활용해 분석한 결과다.

부산항만공사 사장으로 과연 어떤 인물이 가장 적합할까? 누가 되어야 부산항에 도움이 될까? 그리고 절대 놓치면 안 되는 포인트. 부산 등 해당 지역 시민들에게 가장 도움이 되는 인물은 누구일까? 해수부 고위공무원 출신? 아니면 관련학과 교수? 아니면 유명한 기업 CEO? 아니면 정치인 출신? 최근 부산항 북항 개발사업으로 부산항과 부산의 역사가 통째로 뒤바뀌는 시점이라는 평가가 많다. 따라서 차기 부산항만공사 사장은 낙하산이라면 '특수 낙하산'이면 더 좋을 것이고, 관련학과 교수라면 '특성화된 전문가'여야 할 것이고, 유명 기업 CEO라면 이름만 들어도 다 아는 인물이라면 더 좋을 것이고, 정치인 출신이라면 초대 해양수산부 장관처럼 정부의 전폭적인 지원과 협력을 이끌어 낼 수 있는 인물이면 더 좋지 않을까? 오는 7월 최종 어떤 인물로 낙점될지 흥미진진하다.

(2021년 6월 28일 페북 글)

승진 - 신사업기획부장, 뭐 하는 직책이야?

굴욕 - 취재하러 오셨어요? 사업 따러 왔어? 돌변한 대기업 임원

VR - 여의도에 가족 친화적인 VR 체험존을

급변 - 문재인 정권 교체, 양승동 KBS사장 취임 후 추락한 사업

혁신

민완기자 신사업 수첩

No.1

승진

제목 신사업기획부장, 뭐하는 직책이야?

시기 2016년 ~2018년

장소 서울 여의도 KBS

얼떨결에 떠맡은 신사업기획부장

KBS 보도본부 국제부 팀장으로 한창 재미나게 일하고 있었던 2016년 봄이었다. KBS 사장이 바뀌면서 내부에 사업만을 전담하는 본부가 신설되었다. 이름도 거창했던 미래사업본부. 수신료를 받아 운영되는 KBS가 스스로 사업을 일으켜 재원 마련에 나선다는 취지였는데 여러 가지 현행법적인 한계에도 불구하고 KBS 구성원 스스로 사업을 일으켜 수익 창출을 만들어 보겠다는 취지는 누가 봐도 공감할 수 있었다.

그런데 문제는 사람이었다. KBS 본사가 언제 제대로 된 사업을 해봤나? 미디어 기획 및 판매 관련 계열사나 채널 관련 계열사[042] 등은 있었지만 본

---

042   KBS 미디어(방송프로그램 공급/저작권 대리중개, 출판/방송통신기기 도소매/전자상거래/부동산

혁신-민완기자 신사업 수첩

사 내부에 사업 관련 자체 본부를 신설했다는 것만으로도 신선한 충격이었다. KBS 안팎에서 일부가 "KBS는 수익을 내면 안 되는 공영방송 아니냐?"라거나 "공영방송은 원래 수익 창출과는 거리를 두어야 하는 것."이라는 식의 무책임한 발언이 쏟아진 것과는 차별화된 현상으로 받아들여졌

K-Star VR 홍보물

다. 2016년 봄 어느 날 미래사업본부장이 직접 나에게 전화를 걸었다.

"이 팀장. 내하고 사업 좀 할래? 사람이 없어 적임자가. 이 팀장이 좀 맡아줘. 30분 뒤에 발령난다. 알았지?"

나는 그때 점심 식사 약속 장소로 가는 중이었는데 이게 무슨 소리인가 했다. 밥을 먹고 있는데 발령이 난 공문을 본 회사 내부의 지인들로부터 축하 메시지가 날아들었다. KBS 입사한 지 처음으로 얼떨결에 부장이 되었다. 본사 부장부터는 신문에 인사발령 내용이 공개되는지라 외부의 지인들도 신문을 보고 많이 축하해 주었다.

임대/소프트웨어 개발, 공급/인터넷방송), KBSN(드라마, 스포츠 방송 프로그램 공급, 제작)은 KBS의 계열사이다.

문제는 그때부터였다. 부장 직함이 신사업기획부장이란다. 신사업? 그리고 그것을 기획하는 부장. 신사업기획부장. 새로 제정된 사규와 부서장 권한을 명시한 조직 운영 지침을 보니 미래사업본부의 사업을 총괄하는 선임부서장으로 명시되어 있었다. 나는 순간 "아이고. 이거 자칫 잘못하면 큰일 나겠구나."라고 생각했다. 사업본부를 부랴부랴 신설하다 보니 일단 벌려놓고 보자는 식의 조직개편이 이뤄진 탓으로 생각했다. 부장으로 승진한 뒤 한동안 '먹잇감을 찾아 헤매는 한 마리 야생짐승'처럼 좌충우돌 돌격작전을 되풀이했다. 1995년 KBS에 입사한 뒤 만 20년 동안 개인 명의의 주식 계좌 하나 없었던 내가 무슨 사업부장이란 말인가? 기사 작성 및 프로그램 제작밖에 모르고 사업의 '사'자도 몰랐던 내가 말이다. 타계한 유명 정치인의 격언이 떠올랐다.

"정치는 말로 하는 허업(虛業)이고 경제는 돈으로 하는 실업(實業)이다."

엄밀히 따지자면 기자의 영역은 말로 하는 유사 정치의 영역이 아닐까? 그런 사회생활을 20년 넘게 해 온 내가 갑자기 돈으로 하는 실업의 영역인 경제사업을 하게 되다니? 온갖 걱정과 두려움이 몰려왔다.

"KBS는 방송사, 돌파구는 결국 콘텐츠 사업으로 가야지?"

부서원들과 날을 새며 고민했다. 신사업기획부로 지원한 발런티어 부서원들이라 실력이 아주 짱짱했다. 대단한 맨-파워 집단이었다. 우리가 어떤 신사업을 할 수 있을까? 결국 KBS가 무슨 일을 하는 회사인가로 결론은 좁

혁신-민완기자 신사업 수첩

혀졌다. 콘텐츠 생산기업 아닌가? KBS는 배를 만드는 회사도 아니요, 자동차를 만드는 기업도 아니요, 바이오·전자회사도 더더욱 아니다. 결국 콘텐츠 관련 신사업으로 가야만 뭔가 승산이 있지 않겠느냐로 총의가 모아졌다. 그런 와중에 가상현실 콘텐츠라는 VR산업에 뛰어들게 되었다. 아래 홍보사진들처럼 KBS의 자체 콘텐츠를 VR 콘텐츠로 융합해서 시청자에게 다가가는 VR 퓨전 콘텐츠를 만들어보는 실험이 시작되었다.

〈VR 전설의 고향〉
새벽 숲속의 한적한 우물가. 촛불을 들고 바위를 비추면 눈에서 피가 흐르는 아기 귀신을 만난다.
아기 귀신 인형을 정해진 시간 안에 조립해야만 그곳을 탈출할 수 있다.

〈VR 걸어서 세계 속으로〉
열기구를 타고 눈 덮인 산맥으로 이동해 자연의 대경관을 관람한다. 열기구 밑으로는 공룡들도 따라온다. 하늘에서 본 동물의 왕국이다.

〈VR 구르미 그린 달빛〉
드라마 구르미 그린 달빛을
모방한 VR 콘텐츠로서
주인공을 구하기 위해
자객들과 활과 칼로써
진검승부 게임 한판을
벌여야 한다.

〈VR 태양의 후예〉
드라마 태양의 후예에서
전투 장면만을 일부 활용한
VR 콘텐츠로서 직접 장난감
총을 들고 적군과 전투를
벌이는 게임이다.

〈VR 뮤직뱅크〉
아이돌이 직접 등장하는
뮤직뱅크 콘텐츠를 직접
활용한 VR 콘텐츠로서
유명 아이돌의 공연을 바로
자신의 눈앞에서 관람할 수
있다.

혁신-민완기자 신사업 수첩

No.2

굴욕

제목   취재하러 오셨어요? 사업 따러 왔어? 돌변한 대기업 임원

시기   2016년 ~2018년

장소   서울 모 대기업

경주 대지진 이후 긴급 추진했던 생존 배낭 사업

VR 콘텐츠 사업을 본격화하기 전에는 무슨 아이템이든지 뭐든 간에 사업 아이템 아이디어만 떠오르면 대기업 사업부서로 다리를 놓고 찾아갔다. 신사업기획부장 초창기에는 이곳저곳 쑤시고 돌아다니며 사업제안서를 던졌다. 대표적인 굴욕 사례를 하나 소개한다. 사업이 얼마나 어려웠는지를 다시 복기해볼 수 있다.

2016년 9월 경주 대지진이 일어났다. 우리나라도 더 이상 지진의 안전지대가 아니라며 여론은 호들갑을 떨었다. 그때 팀장 한 명이 '생존 배낭' 사업 아이디어를 냈다. 아래 사진처럼 일본에서는 생존 배낭을 거의 모든 국민이

준비하고 있으며 시장성도 꽤 있는 것으로 보고됐다. 바로 착수했다. 아래 일본 신문 광고처럼 생존 배낭이 19,800엔이라면 우리 돈 20만 원 정도에 팔 수 있는 것 아니냐며 일단 해보자며 달려들었다.

재난주관 방송사인 KBS는 생존 배낭을 좀 다르게 구성해 보자며 내용물을 구성해 보기도 했다.

생존 배낭 광고한 일본 신문, 2016년

　　　　　　　　　　혁신-민완기자 신사업 수첩

01. 세면도구	07. 터보 라이터	13. 파이어 스틱	19. 안전모	25. 파라코트
02. 수건 1장	08. 맥가이버칼 11P	14. 유성매직 2P	20. 침낭	26. 코팅장갑
03. 미니 라디오	09. AA건전지 2개	15. 미니양초 2P	21. 방수시트	27. 테이프
04. 비상용 구급함	10. AAA건전지 3개	16. 물티슈	22. 비상용 은박담요	
05. 손전등	11. 호루라기	17. 자바라물통 10L	23. 핫팩 5개	
06. 배낭 (약28L)	12. 나침판	18. 일회용 마스크	24. 일회용 우의	

생존 배낭의 예시, 2016년

특히 KBS 생존 배낭에는 건전지 없이 수동 충전으로 24시간, 365일 KBS1 라디오 재난방송을 청취할 수 있는 라디오 제품을 추가하자며 미국산 라디오까지 공급하기로 했다. 손잡이를 돌리면 수동으로 계속 충전할 수 있는 장점이 있다며 좋은 아이디어라고 자화자찬하기도 했다.

Eton사 FRX1 라디오

이후 사업 추진은 일사천리로 진행되었다. 당시 해군 3성 장군 출신이 책임자였던 국민안전처를 찾아 사업을 제안했고 우호적인 반응을 얻어 투자 MOU를 예정했다. 이제 생존 배낭을 국민안전처와 KBS가 조달하면 되는 것이었다. 그런데 이걸 어디서 팔 수 있을까? 우리나라에서 생활용품을 가장 잘 파는 대기업을 찾아가 보자는 아이디어가 반짝하고 떠올랐다. 경제부 출입 기자를 통해 그 대기업의 임원진을 소개받았다. 바로 찾아갔다.

복도에서 대기했던 대기업 임원진, 사업제안서 보자 돌변

그런데 이게 웬일일까? 나와 팀장 2명만 갔는데 그 대기업의 임원진은 복도에까지 나와서 기다리고 있는 것이 아닌가? 송구스러울 정도였다. 그런

혁신-민완기자 신사업 수첩

데 그 이유를 알기까지는 많은 시간이 걸리지 않았다. 그 대기업 임원진은 우리가 해당 기업의 약점을 제보받고 취재하러 오는 줄로 알고 있었다. 쉽게 말하자면 KBS가 '갑'이고 그 대기업은 '을'의 처지로 우려하고 우리를 조심스럽게 기다리고 있었던 셈이었다.

자리에 앉자마자 나는 사업제안서를 던졌다. 그러자 갑자기 상황은 돌변했다.

"이번에 경주 대지진 사건 있잖아요? 일본에서는 이런 생존 배낭이 불티나게 팔린다고 하는데요? 우리도 국민안전처와 MOU를 맺고 이 배낭을 팔아볼까 하는데요? 임원님 회사의 매장에서 팔면 아주 잘 팔릴 것 같은데요?"

그 임원은 당장 자세부터 달라졌다. 의자를 뒤로한 채 다리를 꼬고 앉더니 내가 제시한 제안서를 한번 쭉 훑어보기 시작했다.

을에서 갑의 위치로 돌변하는 순간이었다. 그리고 단칼에 잘라버렸다.

"이거 사업 안 됩니다. 우리가 대한민국에서 물건 하나는 제일 잘 팔죠. 이거 우리 매장에 들어오면 재고로 산더미처럼 쌓일 거예요. 부장님. 우리 국민은 강심장입니다. 북한이 핵을 터트려도 꿈쩍 안 해요. 국민이 불안감을 느끼면 가장 먼저 팔리는 게 라면과 생수인데요. 이번 경주 대지진 났을 때 전혀 변화가 없었어요. 이거 안 됩니다."

바로 '꽝'이었다. 너무 심하다는 나의 난처한 표정에도 아랑곳없었다. 나와 팀장은 그 사무실을 서둘러 빠져나올 수밖에 없었다. 두 가지를 절감했다.

첫째, 기자는 취재할 때 '갑'이라고 스스로 상상할 뿐 사업할 때는 철저하게 '을'의 자세로 임해야 한다는 것. 이 단순한 핵심을 회사 퇴직할 때까지도 모르거나 심지어 퇴직한 뒤에도 깨닫지 못하면 그건 바보라는 점. 둘째, 사업 아이템을 이상적으로만 제안하고 뜬구름 잡는 헛소리 하다가는 '개망신' 당하기 딱 좋다는 점. 얼굴이 화끈거려서 대기업 사무실을 빠져나올 때 얼마나 창피했는지 모른다.

"저 사람들 지적이 100% 지당할 거야. 사실 우리는 아이디어 차원이었지 이게 뭐 사업성이 있다는 걸 확신하지 못했잖아? 팀장! 기분도 '꿀꿀'한데 을지로 가서 얼음 냉면이나 한 그릇 먹고 속 차리자."

나와 팀장은 그날 대낮부터 을지로 냉면집으로 가서 냉면 먹고 속을 차릴 수밖에 없었다. 사업은 아무나 하는 것이 아니다. 장난이 아닌 것. 사업 초반 이런 식으로 창피를 당했던 경우가 여러 차례 이어졌다. 이름만 들으면 다 아는 초일류 기업의 문을 두드렸다가 창피만 당하고 돌아오기를 되풀이했다. 굴욕의 반복 훈련이었다. 그러기를 1년. 우리에게 반전의 기회가 찾아왔다. 국책사업에 도전한 것이었다. 돌파구가 보였다.

혁신-민완기자 신사업 수첩

No.3

VR

제목 여의도에 가족 친화적인 VR 체험존을

시기 2016년 ~2018년

장소 서울 여의도, 상암동, 제주도, 일본 도쿄, 오사카

가족이 손잡고 노는 VR 체험존 놀이터를 여의도 KBS에

VR 체험존 설치사업을 지원한다는 사업공고가 한국콘텐츠진흥원을 통해 공개되었다. 지원금액은 15억 원. 적당한 규모였다. 우리는 즉각 대책 TF를 만들고 사업에 뛰어들었다. 이건 좀 잘할 수 있겠다는 자신감이 들었다. KBS가 콘텐츠를 생산하는 기업이니 높은 점수를 받을 수 있을 것으로 기대했다. 수신료를 받는 KBS가 추구해야 할 VR 체험존은 "온 가족이 함께 손잡고 와서 즐겁게 놀 수 있는 놀이터로 가야 한다"라는 부서원들의 공감대가 형성되었다. 그럼 어디에 설치할 수 있을까? 서울 여의도 KBS 신관 바로 옆 누리동 건물 안에는 120평 규모의 낡은 창고가 있다. 여기를 후보지로 정하고 사업을 추진했다. 그 창고 밑 지하에는 전력실이 있어서 누전의 위험이 있었기 때문에 물을 쓰지 않고 전기로만 하는 사업인 VR 체험존이 안성맞춤이라고 판단했다.

사업을 하려면 종잣돈이 있어야 한다. 이른바 Seed Money. KBS가 종잣돈을 줄 형편이었는가? 전혀 아니었다. 돈도 안 주면서 신사업을 기획하라고 했다. 이것은 그래서 '맨땅에 헤딩'하는 작업이었다. 국책사업 수주 쪽으로 눈을 돌린 이유이기도 했다. 1년 동안의 기획작업, 파트너 선정작업 그리고 사업 수주 도전이라는 험난한 길을 달렸다.

혁신-민완기자 신사업 수첩

K-Star VR 체험존 내부

VR 체험존 사업 - 12억 규모 국책사업 수주 성공

　낭보가 날아들었다. 한국콘텐츠진흥원이 심사한 VR 체험존 사업에 선
정된 것이었다. 확보한 사업지원금은 12억 원. 사업지원금의 절반은 체험
존 설치 공사에 쓰였고 나머지 절반은 VR 전설의 고향 콘텐츠를 제작하는
데 쓸 수 있었다. 적절한 사업 파트너를 찾기 위해 서울 강남의 VR 제작사
를 좇아다녔다. 미국에서도 유명세를 날렸던 우리나라 VR 콘텐츠 1세대 최
고 전문가 S씨도 만날 수 있었다. S씨의 제작사와 VR 전설의 고향도 함께
MOU를 맺고 바로 제작했다. 이 과정에서 체험존 운영사까지 좋은 조건으
로 영입하는 쾌거를 이뤘다. 그리고 대망의 2018년 5월 2일 그랜드 오픈식
을 갖고 영업에 들어갈 수 있었다.

K-Star VR 체험존 개장식, 여의도 KBS 2018년 5월 2일

혁신-민완기자 신사업 수첩

K STAR VR 운영 현황

* 운영 실적 개요

	5월	6月	7月	8月	9月	10月	합계
매출(원)	3,360,000	7,479,000	17,251,000	28,429,000	19,945,000	25,973,400	102,437,400
관람객(명)	338	965	2,193	3,333	1,942	2,528	11,299

최대 월간 방문객 **3,300**여명, 월 평균 방문객 **1,800**여명 규모

(10월 기준 : 1일 평균 방문객 87명, 1인 객단가 10,344원)

2019년 연간 방문객 **5만명** 규모 달성 목표

개막식에는 막 교체된 문재인 정권의 도종환 문체부 장관도 참석해 자리를 빛냈다. 신사업기획부는 영업을 위해 네이버와 인터넷을 통한 광고 홍보에 열을 올렸다. 개장 이후 두 달만 지나면 여름방학이었기 때문에, 아이와 부모들이 많이 올 것으로 기대됐다. 예상은 적중했다. 무더운 여름 여의도를 찾은 아이들과 부모가 에어컨 바람 밑에서 시원하게 쉴 수 있는 놀이터는 그리 많지 않았다. KBS VR 체험존은 그런 시장 수요와 딱 맞아떨어진 사업 아이템이었다. 이미 수도권에서는 홍대입구역, 강남역, 인천 영종도 등에 대형 VR 체험존이 들어섰고 제주도에도 대형 VR 체험존이 개장해 인기를 끌고 있었다.

K STAR VR 운영 현황

• 방문객 현황 분석

10~20대 전체 방문객의 60% 점유 (남성 51.1%/여성 48.9%)

연령	10대 이하	10대	20대	30대	40대	50대	60대
	4.8%	34.6%	25.1%	15.9%	15.7%	0.7%	0.0%

KBS 방문 시 체험존 이용률 가장 높음(54%)

방문 경로	KBS 방문시	인터넷 오픈마켓	네이버 블로거 검색	기타
	54.2%	23.1%	12.5%	9.9%

가족과 현장체험학습이 85% 점유

방문객 그룹	가족	단체(현장체험학습)	연인	친구
	47.9%	36.5%	7.9%	7.0%

가족 및 단체 **현장 체험존**으로 자리매김

해외 관광객 및 한류 팬들의 유입과 국내 단체 관람 유입 반영 시 **방문객 증폭 기대**

온라인 구매 **35.2%**, 현장 구매 **64.8%**

우리는 이미 시장조사를 꼼꼼히 하고 KBS만의 특성을 살린 콘텐츠로 시장에 어필하려고 했었다. 관람객이 몰려들자 나는 즐거운 비명을 질렀다. 2018년 5월 오픈했을 때 338명이었던 관람객은 개장 석 달 만에 10배인 3천 명을 훌쩍 넘겼다. 매출도 1억 원을 돌파했다. 내부의 반대 여론 때문에 관람료를 평균 시중가 2만5천 원이 아닌 만5천 원 수준으로 저렴하게 잡은 탓에 매출액 증가세는 느림보였지만 매출이 발생한다는 점에서 큰 보람을 느꼈다.

방문객을 심층 분석해보니 우리 예상대로였다. 방문객의 절반은 가족이

혁신-민완기자 신사업 수첩

었고 36%는 기업체나 조직의
현장 체험학습이었다. 연령대
를 분석하니 10대와 20대가
60%를 차지했고 같이 온 부
모 세대인 40~50대가 나머지
를 차지했다. 방문 경로도 알
아보니 절반이 KBS 구경을 왔
다가 VR 체험존에 들어왔고

K-Star VR 안내 데스크

35%는 네이버 블로그나 인터넷 오픈마켓을 통해 티켓을 구입한 뒤 오는 경
우가 대부분이었다. 이를 통해 우리는 앞으로 중국인 등 외국인 단체 관광객
을 모집하면 관람객 숫자를 비약적으로 늘릴 수 있으리라는 꿈에 부풀었다.

　　나는 신이 났고 절로 어깨춤을 덩실덩실 출 지경이었다. 매일 VR 체험존
에 내려가서 오는 손님들을 맞이하고 감사하다고 인사를 드렸다. 회사 다니
는 것이 그렇게 재미날 수가 없었다. 방송을 통해 특종 보도의 짜릿한 손맛
을 느끼는 것과는 또 다른 신세계였다. KBS는 체험존 공간과 전기만을 공
급할 뿐 모두 국책사업 예산과 운영사 자금으로 콘텐츠를 개발하고 입장료
수익을 올리니 이건 뭐 "꿩 먹고 알 먹고, 도랑 치고 가재 잡고, 땅 짚고 헤
엄치기"라는 생각이 들었다.

소고기도 먹어 본 자가 잘 먹는다, 120억 규모 사업 추가 수주

한번 성공했더니 이제는 간이 커졌다. 또 다른 사업에 도전할 수 있는 길이 보였다. 산업자원통상부 국책사업에 도전했고 120억 원 규모의 사업을 수주하는 데 성공했다. 120억 원 가운데 15억 원을 KBS가 VR 체험존을 구축하는 데 쓸 수 있었다. 이번에는 서울이 아니라 부산 영도구에 있는 국립해양박물관 내부에 VR 체험존을 설치하는 사업으로 확대했다. 부산 영도구에 있는 해양혁신도시에 K-wave 한류 콘텐츠를 확산시켜 중국과 러시아, 일본의 관광객을 유치할 수 있는 교두보를 마련한다는 취지였다. 이 사업도 여의도에 설치한 K-Star VR 체험존과 거의 유사했다. KBS가 돈 한 푼 안 들이고 콘텐츠만 공급하면서 관람객 입장료 수익을 창출할 수 있는 사업모델이었다.

산업통상자원부 해양VR 콘텐츠 개발사업 개요, 2018년

혁신-민완기자 신사업 수첩

일본 도쿄와 오사카, 글로벌 VR 벤치마킹 시장조사

이를 위해 나는 일본 VR시장부터 조사에 나섰다. 도쿄와 오사카에 있는 거의 모든 VR 체험존을 샅샅이 찾아다니며 시장조사를 했다. 도쿄와 오사카 체험존에서는 VR 어트랙션을 직접 타보거나 게임을 체험해 본 다음 반응도 확인했다. 관람료가 얼마인지 꼼꼼하게 정리해 시장조사 보고서를 작성했다. 반응이 좋은 VR 어트랙션 기기를 한국으로 수입해서 활용할 방법은 없을지를 현지 관계자에게 바로 물어보고 MOU 체결 의사도 타진했다.

모든 것이 순조로웠고 한번 길을 내니 두려움이 없어졌다. 사업수완이 늘어나 이 사업 저 사업까지 손을 댈 자신감도 생겼다. "정치는 말로 하는 허업이고 경제는 돈으로 하는 실업"이라는 유명 정치인의 발언을 따라 했던 민완기자가 "이제 어엿한 사업가 폼을 좀 잡는구나."라는 자만감도 생기기 시작했다.

행복했던 그 시간은 그러나 얼마 가지 않았다. 일장춘몽은 딱 거기까지였다. KBS 내부에서 이상한 기류가 흐르기 시작했다. 박근혜 대통령 탄핵 이후 문재인 정권이 들어서고 전임 사장이 쫓겨나면서 이른바 '적폐청산' 광풍이 불기 시작했다. 그리고 양승동 사장으로 KBS의 리더십이 전환되면서 예상하지 못했던 일들이 벌어지기 시작했다.

오사카 VR 체험존 시장조사, 2018년

VR 낚시 체험, 일본 도쿄 2018년

도쿄 타워 VR 체험존 관람료, 2018년

혁신-민완기자 신사업 수첩

No.4

급변

민완기자 신사업 수첩

제목   문재인 정권 교체, 양승동 KBS 사장 취임 후 추락한 사업

시기   2018년

장소   서울 여의도

K-Star VR 체험존 폐업

사전 낌새는 있었다. 2018년 5월 2일 K-Star VR 체험존 개막식을 준비하면서 이미 감지했다. 임기를 7개월 남긴 전임 사장[043]이 쫓겨나고 신임 양승동 사장이 들어오면서 나도 부장 자리에서 일반 평직원으로 수직 교체 발령됐다. 전혀 문제없다고 생각했다. 부장이든 평직원이든 K-Star VR 체험존만 앞으로 계속 운영할 수 있으면 어떠냐? 회사생활이 재미있겠다고 생각했다. 하지만 그것은 오산이었다.

'적폐청산 광풍'이 몰아쳤던 지난 몇 년을 돌아보니 "내가 적폐여서 그랬을까? 사업 적폐로 낙인이 찍혀서 부장에서 물러나야 했나?"라는 자괴감이 들었다.

개인적이고 주관적인 감정과 판단을 뒤로하고 결과적인 팩트만 적시하는 것이 온당할 것 같다. 양승동 사장 취임 1년쯤 K-Star VR 체험존은 문을 닫았다. 매장폐업! 당시 사업 파트너였던 운영사는 VR 체험존 사업을 지속하기를 원했다. 하지만 양승동 사장 체제에서는 아마도 VR 사업은 탄핵당한 박근혜 대통령의 '창조경제'[044] 그림자가 어른거렸던 '적폐 사업'으로 인

---

043   고대영 前 KBS 사장: 고대영 前 KBS 사장의 해임이 위법했다는 2심 법원 판단이 2023년 2월 9일 나왔다. 서울고등법원 행정3부(부장판사 함상훈, 권순열, 표현덕)는 고 前 사장이 대통령을 상대로 낸 해임 처분 취소소송 항소심에서 "피고가 2018년 1월 23일 원고에 대하여 한 해임 처분을 취소한다"고 판결했다. 〈출처〉 미디어스 (http://www.mediaus.co.kr)

044   창조경제: 2008년에 취임한 제17대 대통령 이명박은 대선 당시 747 공약을 내세웠는데, 이 계획은 지나치게 세세한 내용이 담겨있던 나머지 목표 도달 실패에 대한 책임론과 공약 이행 실패 등의 논란에 휩싸였다. 이를 반면교사로 삼은 것인지 2012년 제18대 대통령 선거 후보들은 세세한 수치가 없는 모호한 형

          혁신-민완기자 신사업 수첩

식되었던 모양이다. 국책사업 지원금과 운영사 투자금까지 합쳐 약 30억 원
이 넘는 외부 자본이 투자된 VR 체험존 실험과 도전은 그렇게 막을 내렸다.
체험존 철거공사가 시작될 때 나는 억장이 무너졌다. 매장폐업을 결정했으
면 더 참신한 사업 아이템으로 대체할 줄 알았다. 하지만 아니었다. 철거공
사를 한 뒤 기존의 에어컨 호스나 설치물이 삐죽삐죽 튀어나온 상태 그대
로 몇 개월을 방치했다. 나는 그때 직감했다.

"아~양승동 사장이 KBS를 완전히 말아먹겠구나. 끝났다. 끝났어. 사업
이고 뭐고 이제 종 쳤다."

산업자원통상부 사업 전격 철수, 미래사업본부 폐지

그리고 얼마 지나지 않아 어처구니없는 소식도 접했다. 나는 이미 보도본
부로 소환되어 내 의사와 상관없는 부서로 발령이 난 상태였다. 산업자원통
상부 120억 원 사업의 공동 파트너로 참여한 대학, 공공기관 관계자들이 나
에게 전화했다. 신사업기획부장 시절 사업을 수주할 때 내가 사업 책임자로
등록되어 있었기 때문이다.

"이 부장님. KBS가 갑자기 사업에서 철수하겠다고 일방적으로 선언하고
가버렸어요. KBS가 초기부터 우리 사업 파트너 모두에게 사업 제안을 했고

태의 경제정책(특히 경제민주화)을 내놓았는데, 당시 새누리당의 대통령 선거 후보였던 박근혜 후보가
내세운 활성화 방안 중 일부를 창조경제라고 말한다. 〈출처〉 나무위키

수주에 성공해 지금까지 왔잖아요? 그리고 이건 5개년 사업이란 말이에요. 그런데 2년 차도 안 되어서 사업 철수를 일방적으로 선언해버리면 저희는 어쩌란 말씀이에요?"

내가 해줄 수 있는 말은 하나도 없었다. KBS가 왜 그런 결정을 내렸는지에 대한 정보도 없었다. 내가 더 이상 신사업기획부장도 아니고 결정권자도 아닌 이상. 하지만 KBS를 믿고 사업에 공동 파트너로 참여했던 공공기관과 대학, 연구소 입장에서 한번 생각해 보자. KBS라는 언론기관을 어떻게 생각했을까? 이해할 수 없었다. KBS가 핵심이 되어 수주한 120억 원 규모의 사업도 그렇게 공중으로 훨훨 날아가 버리고 말았다. 여의도의 K-Star VR 체험존이나 부산의 해양 VR 체험존 사업을 지속했다면 최근 새롭게 주목받기 시작한 "메타버스045 사업의 오프라인 실험장으로도 유용하게 활용할 수 있었을 텐데"라는 아쉬움이 너무 크다.

최종 닥쳐온 것은 설상가상이었다. 미래사업본부가 전격 폐지되고 신사업기획부도 결국 사라져 버렸다. KBS 본사가 새로운 사업에 도전하고, 직접 사업을 일으켜 재정확충을 하면서 수익 창출에 도전한다는 원대한 꿈과 비전은 그렇게 물거품이 되어 버렸다.

045　메타버스: '가상', '초월' 등을 뜻하는 영어 단어 '메타'(Meta)와 우주를 뜻하는 '유니버스(Universe)의 합성어로, 현실세계와 같은 사회·경제·문화 활동이 이뤄지는 3차원의 가상세계를 가리킨다. 메타버스는 가상현실(VR, 컴퓨터로 만들어 놓은 가상의 세계에서 사람이 실제와 같은 체험을 할 수 있도록 하는 최첨단 기술)보다 한 단계 더 진화한 개념으로, 아바타를 활용해 단지 게임이나 가상현실을 즐기는 데 그치지 않고 실제 현실과 같은 사회·문화적 활동을 할 수 있다는 특징이 있다. 메타버스는 1992년 미국 SF작가 닐 스티븐슨(Neal Stephenson)이 소설 《스노 크래시(Snow Crash)》에 언급하면서 처음 등장한 개념이다. 특히 메타버스는 초고속·초연결·초저지연의 5G 상용화와 2020년 전 세계를 강타한 코로나19 팬데믹 상황에서 확산하기 시작했다. 즉, 5G 상용화와 함께 가상현실(VR)·증강현실(AR)·혼합현실(MR) 등을 구현할 수 있는 기술이 발전했고, 코로나19 사태로 비대면·온라인 추세가 확산하면서 메타버스가 주목받고 있다. [네이버 지식백과]

저항

민완기자 액션 수첩

No.1

반동

제목	문재인 정권과 양승동 사장
시기	2021년 7월 7일
장소	서울 여의도 KBS노동조합
대담	미래한국

KBS 양승동 체제를 정면 비판하다

부장이 되면서 자동 가입이 유보되었던 노동조합에 나는 다시 가입했다. KBS 양승동 체제와 맞서 싸우기로 결심했기 때문이다. 아래는 〈미래한국〉과의 인터뷰 내용이다. KBS 양승동 체제의 문제점은 무엇인지를 공개 비판했다. 그리고 전망은 어떠할지? KBS의 미래는 어떻게 가야 하는지를 조망했다.

 이영풍 KBS노동조합 정책공정방송실장 "KBS 양승동 체제 공영방송에 흑역사 썼다"

"KBS 양승동 체제 공영방송에 흑역사 썼다"

수신료 인상 총력전을 펼치고 있는 KBS가 최근 숙의 토론 방식으로 진행한 공론조사

에서 국민참여단 79.9%가 수신료 인상에 찬성한다는 결과가 나왔다고 밝혔다. 그러나 여론은 싸늘하다. 수신료 폐지도 모자랄 판에 인상은 말도 안 된다는 것. 오는 하반기 현 KBS 이사회 이사들의 임기가 만료되고 연말에는 신임 사장 선출을 앞두고 있는 가운데 〈미래한국〉은 이영풍 KBS

저항-민완기자 액션 수첩

노동조합 정책공정방송실장을 만나 KBS 현안에 관한 이야기를 들었다.

양승동 KBS 사장 해임안이 얼마 전 이사회에서 부결됐습니다. 양 사장 체제에서 '검언유착' 오보가 있었고, 여러 프로그램을 통해 편파 보도 논란도 크고 무엇보다 적폐청산으로 불리는 KBS 내 편 가르기를 양 사장이 주도한 것으로 알려졌는데요, 큰 표차로 해임안이 부결됐습니다. 어떻게 보셨습니까?

해임안이 진작에 나왔어도 할 말이 없을 지경이죠. 양승동 사장 체제는 KBS를 망치는 끝판왕의 정수를 보여주고 있어요. 막장 경영, 보도 참사, 리그 인사의 전형을 만들었다는 평가가 나오죠. 사실 양승동 체제가 시작될 때 국내 정치판과 유사했어요. 자기들끼리만 정의로운 정권이 등장하면 마치 모든 문제가 한 방에 해결될 것처럼 떠들었잖아요? KBS도 마찬가지였어요. 자기들끼리 보기에 정의로운 사장이 KBS를 장악하면 모든 문제가 한꺼번에 해결되고 천국행 KBS가 열릴 줄 알았지요. 그런데 시간이 지날수록 경영은 어려워졌죠? 많은 지표가 말해주잖아요. 보도는 또 어땠나요? '검언유착 의혹보도사건', '오늘밤 김제동' 편파방송 사건은 기본이고 최근 서울, 부산시장 선거보도도 보세요. 하얀색 페라가모 구두는 어디 갔으며 삑바지는 어디로 사라졌나요? 생태탕은 또 어땠나요? 정도가 심해도 너무 심하니 야당 정치권이 보도 관련자들을 고발한 것 아니겠어요? 해도 해도 너무했던 것이죠. 그런데 왜 정의로운 사장님이 오셨는데 이 지경에 이르렀을까요? 자기들만의 회전문식 리그 인사가 문제죠. 거의 대부분의 간부급 요직에 민주노총 산하 KBS 본부노조 출신들로 채웠으니 내부 견제나 감시, 경쟁 같은 시스템이 작동하기 어려운 구조가 돼 버린 거죠. 특히 보도라인 주요 간부들을 보세요. KBS가 언제부터 특정 지역 향우회가 됐나요? 그래서 모두들 우려스럽게 바라보는 거예요. 여권 추천 이사들에게는 별 기대도 안 했으니 해임안 부결은 당연히 예상했던 것이라 별로 놀랍지도 않아요. 여권 추천 이사들은 최소한의 중립성과 KBS 사장 권력에 대한 감시기능을 해야 할 텐데 이게 제대로 작동하지도 않는 것 같아요. 참 큰일이에요.

겉으로 그럴싸한 '정치적 후견주의'에 담긴 꼼수

양승동 사장 해임안 부결은 결국 KBS 지배구조에서 오는 근원적인 모순에서 비롯된 게 아닌가 싶은데요, 정부 여당 추천 이사가 7명이고 야당 추천이 4인으로 구성되어 있는 KBS 이사회 자체가 불공정하게 느껴집니다. 정부 여당 입김을 받는 이사들이 전횡할 수 있는 구조로 오랫동안 여야 정치권이나 언론계에서도 이 지배구조를 바꿔야 한다는 주장을 해왔죠. 하지만 여러 관련 단체 생각이 조금씩 다른 것으로 압니다. 언론노조 KBS 본부와 KBS 노동조합 의견은 구체적으로 어떻게 다른 겁니까?

민주노총 산하 KBS 본부노조의 외견적 주장은 그럴 듯해 보입니다. 정치적 후견주의를 배제하자는 것인데 이것을 반대하는 사람이 누가 있겠어요? 그런데 속살을 살짝 들춰 들여다보면 완전히 다른 얘기를 하고 있음을 알게 돼요. 방통위가 국민추천위원회를 구성해 이사도 뽑고 사장도 선발하자는 얘기죠. 그런데 여기서 두 가지 문제가 발생합니다. 방통위는 사실상

행정부의 하부조직인 셈인데 행정부 산하기관이 공영방송 이사나 사장을 뽑는 국민추천위원회를 구성하겠다는 것 자체가 삼권분립을 부정하는 거죠. 대한민국 자유민주주의에 대한 이해가 천박한 겁니다. 특히 여기서 국민은 누구를 말하는 것인가요? 프랑스대혁명 시절의 '파리 코뮌'이 연상되는군요. 그 결론은 모두가 자폭한 '키요틴'이었잖아요? 너무 위험한 독재적 발상이라는 겁니다. KBS 기자였고 전 부사장인 정필모 의원이 이 법안 발의를 주도하는 것을 보니 참 부끄러울 뿐이에요. KBS 노동조합은 여기에 반대합니다. 만일 전 국민이 대통령 선거하듯 공영방송 사장 선출을 위한 국민투표를 한다면야 한번 찬성해 볼 수 있겠죠. 그런데 정필모 의원 법안대로 방통위가 구성하는 국민추천위원회를 만들겠다는 발상은 자기 사람을 그럴듯하게 포장해 공영방송 이사와 사장으로 낙하산 투하하겠다는 심산이죠. 반대합니다. 그럼 대안은 뭘까요? KBS 노동조합은 지난 10여 년 동안 보수와 진보정권이 교차 집권하는 데도 아랑곳하지 않고 줄기차게 주장했어요. 특별다수제가 돼야 한다고 말이죠. KBS 사장 뽑는다고 국민투표를 할 수는 없는 것 아닌가요? 기회비용이 너무 들어갈 테니 말이죠. 그럼 국민의 대의기관인 국회의 의회주의 시스템을 효율적으로 차용하면 되잖아요? 그게 지금 여야 7:4 추천구조 아닌가요? 기존의 제도나 시스템은 하루아침에 만들어진 게 아니에요. 긴 시간 동안 입장이 다른 상대방이 토론하고 협상해 만들어 놓은 역사적 유산이에요. 그런 점에서 이를 마구 무시하고 완전히 새로운 것을 해보겠다는 식의 말장난을 해서는 안 돼요. 그리고 여기에 특별다수제를 가미하면 완벽하지는 않지만 공영방송 사장의 정치적 독립 달성에 조금은 다가갈 수 있지 않을까요? 사실 문재인 정권 들어서기 직전까지 민주노총 산하 언론노조와 KBS 본부노조는 당시 야당의 박홍근 의원 법안대로 특별다수제를 찬성했습니다. 그런데 왜 문재인 정권이 집권하자 입 싹 닦고 다른 말을 하나요? 그래서 신뢰성과 진정성에 의문이 생긴 거죠. KBS 노동조합은 특별다수제에다 분권형 이사 선출을 가미한 지배구조 개선 투쟁도 하고 있어요. 이사들이 너무 수도권 거주자 편향적이에요. 비수도권 지역에 거주하거나 생활하는 분들이 이사로 온 적이 거의 없어요. KBS는 모든 국민으로부터 수신료를 받는 공영방송이고 국민의 방송인데 그럼 해당 지역에 거주하거나 생활하는 분들이 이사로 많이 진출하면 좋겠어요. 그래야 공영방송의 전 국민 대표성이 강화되죠. 저희의 투쟁에 화답하듯 최근 국회 과방위 소속 황보승희(부산 중영도) 의원이 KBS와 EBS 등 공영방송 이사선출 과정에서 지역 안배를 하는 이사 선임 구조가 필요하다는 데 공감하고 관련 법안을 발의하겠다고 밝힌 바 있어 저희는 기대하고 있습니다.

얼마 전 언론노조가 한국사회여론연구소에 의뢰한 여론조사에서 국민 10명 중 8~9명은 현재 공영방송 3사(KBS·MBC·EBS) 이사 및 사장 선출 방식이 부적절하며 시민 참여가 보장돼야 한다는 의견을 보였다고 발표했더군요. 문재인 정부에서 익히 경험했듯 '시민 참여'에 숨은 꼼수가 있는 것 같은데요. 순수하게 믿어도 됩니까?

　　방금 말씀드린 대로 국민팔이, 시민팔이로 시청자들의 눈을 속이려는 작업이죠. 그런 여론조사가 어딨어요? 무작위로 전화해보세요. 전화 받는 거의 모든 사람들은 그렇게 대답하겠죠? 오히려 수신료 내는데 내 손으로 공영방송 사장 안 뽑겠다는 응답을 하는 사람이 이상한 사람이겠죠. 그런데 그 국민이나 시민을 누가 어떻게 선정하느냐는 거예요. 방통위? 중립성이 보장될까요? 그래서 국민팔이해서 공영방송 KBS를 영구장악하겠다는 오해를 사는 겁니다. KBS 내부에서도 '국민추천위'에 대해 시큰둥한 반응이 나와요. 사내 코비스(KOBIS) 게시판 여론을 보면 알죠. 직원들의 호응도가 아주 낮게 나와요. 말은 안 하지만 10여 년 이상 KBS 다닌 사람들은 다 알죠. 또 말장난 치는구나. 뭐 이런…

강규형 전 KBS 이사가 2심에서도 해임 부당 판결을 받았습니다. 문 대통령이 불복해 대법원에 상고를 했더군요. '강규형 사태'를 처음부터 끝까지 가까이서 지켜보셨을 텐데요.

투쟁의 역사적 승리죠. 원래 강규형 이사를 몰아낸 것은 박근혜 정권 당시 여권 추천 이사들 창피 주고 외압을 넣어 쫓아낸 다음 여야 추천 이사의 구도를 집권 문재인 정권에 유리하게 만들어 주려는 거였잖아요? 애견동호회 공금유용 등을 주장해서 민주노총 산하 KBS 본부노조가 강규형 이사의 자택과 직장인 대학으로 찾아가 괴롭혔던 사진들과 동영상이 유튜브에 돌아다녀요. 그것을 보면 60년대 중국 문화대혁명 시절 홍위병이 저러지 않았을까 생각이 듭니다. 앞서 말씀드렸지만 우리 사회가 유지하는 기존의 법률과 의사결정 시스템은 오랜 기간 동안 정치적 입장이 서로 다른 상대방들끼리 머리를 맞대고 토론하고 협상하는 지난한 과정을 거쳐서 만들어 놓은 거예요. 그것을 한방에 엎어버리고 완전히 새판을 짜자고 달려들면 스탈린 시대 소비에트 소련이나 마오쩌둥 시절 문화대혁명과 다를 게 없습니다. 그래서 남은 게 뭡니까? 정의로운 사장님의 막장 경영, 보도 참사, 리그 인사 아닌가요? 이제 지난 4년간의 광란의 행보를 뒤돌아보고 반성하고 책임 져야 해요. 그런 의미에서 강규형 전 이사의 승소 소식으로 그래도 아직까지 사법 정의가 조금은 살아 있구나라는 생각을 합니다.

수신료 문제, '응징' 차원에서 바라보면 곤란

KBS 수신료 인상 문제도 큰 관심거리입니다. 얼마 전 KBS가 시민 80%가 수신료 3830원 인상에 찬성한다는 공론조사 결과를 발표했는데요, 시중 국민 여론과 완전히 정반대였습니다. 도대체 어떻게 된 겁니까? 관심이 덜한 틈을 타 기습적으로 수신료를 올리려는 것 아닌가요? KBS 본부노조는 사측과 함께 찬성 입장일 테지만 KBS 노동조합 입장은 뭔지 궁금합니다.

공영방송 수신료에 대한 오해부터 말씀드리겠습니다. 방송을 잘못하거나 자신의 정치적 입장과 다른 소리를 낸다고 해서 공영방송 수신료 시스템을 폭파시킨다거나 해체해 버리겠다는 여론은 우리나라 공영방송 시스템에 그리 도움이 되지 않는 것 같아요. 정치인들이 부패하고 썩었다고 정치판을 갈아엎자고 하면 속은 순간 후련하겠죠. 하지만 그 이후 정치 '회의주의'가 횡행하게 되고 그 빈틈을 좌우 극단주의 전체주의 세력이 밀고 들어왔던 것을 인류는 이미 스탈린과 히틀러 등을 통해서 체험했잖아요? 수신료를 공

저항-민완기자 액션 수첩

영방송을 응징하는 도구로 생각하는 것은 그런 위험성을 내포한다고 볼 수 있어요. 지금 전 세계 공영방송의 수신료 수준을 한번 보세요. 영국 BBC,

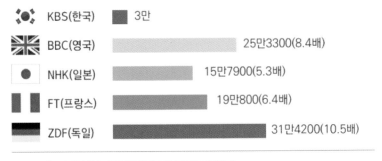

주요국 공영방송 연간 수신료(단위=원)

KBS(한국)		3만
BBC(영국)		25만3300(8.4배)
NHK(일본)		15만7900(5.3배)
FT(프랑스)		19만800(6.4배)
ZDF(독일)		31만4200(10.5배)

※ 괄호 안은 KBS 대비. 자료 = 방송통신위원회(2014년 기준, 원화 환산)

일본 NHK 등은 1년에 25만 원에서 30만 원 가량의 수신료를 징수해요.

우리나라와 비교해 볼 때 엄청난 차이가 나죠? 이런 수준의 수신료를 징수하게 만드는 시스템을 향후 구축할 필요가 있어요. 그런데 문제는 우리나라에 공영방송을 자처하는 언론사가 너무 넘쳐난다는 거예요. TBS의 김어준 방송도 그런 것이겠죠. 그래도 이것은 아니죠. 1국가 1공영언론이 장기적인 관점에서 맞다고 봅니다. 공영언론사는 사주가 없고 국민이 주인인데 이런 언론사를 너도나도 하겠다는 것은 사실 특정세력을 앞세워 공영언론을 장악하겠다는 속셈이 큰 게 아닐까요? 그것을 막아야 해요. 수신료를 마치 공영방송을 응징하겠다는 수단으로만 본다면 보다 본질적인 문제를 풀기가 어려워질 거예요.

국민들은 KBS 본부노조와 KBS 노동조합의 차이를 잘 모릅니다. KBS 양대 노조가
어떻게 성격이 다른지, 어떤 차이가 있는지 설명해 주시죠.

KBS 본부노조의 경우 목소리가 커서 그런지 상대적으로 잘 알려져 있
지만 KBS 노동조합 활동에 대해서는 시민들이 잘 모르고 있습니다. KBS
본부노조는 민주노총 산하 언론노조라는 산별노조에 가입돼 있어요. 조합
원은 2,500여 명이고요. KBS 노동조합은 산별에 가입돼 있지 않은 기업별
노조예요. 조합원은 1,200여 명이고요. KBS 본부노조는 자신들의 산별노
조인 언론노조의 강령에도 나오다시피 노동자 세력의 정치세력화를 도모하
고 국제 언론노동자들의 단결을 주장하는 조직이라고 보면 될 거예요. KBS
노동조합은 순수 기업별 노조라 정치적인 성향을 그렇게 강하게 드러내지
는 않아요. 다양한 스펙트럼의 조합원들이 혼재하는 것 같아요. 하지만 지
금 확실한 것은 KBS 노동조합은 양승동 체제에 대해 강력하게 반대하고 있
다는 것이고요. 민주노총 산하 KBS 본부노조는 자신들이 지지한 양승동
체제에 대해서 적극적으로 비판하지 않는 것 같습니다. 노동조합은 기본적
으로 사측의 권력 남용에 대해 감시 견제하는 역할을 맡는 게 숙명과 같은
것인데 양승동 체제 하의 민주노총 산하 KBS 본부노조가 그런 소금의 역
할을 제대로 했는지는 세간의 평가가 이미 나와 있다고 봐야지요.

오는 하반기에 KBS 이사회를 새로 구성하게 되고 양 사장 임기도 12월로 끝납니다. 내년
대선, 지방선거와 맞물려 굉장히 중요한 인사가 될 텐데요. 공정한 관리를 위해 어떤 인
물이 선임되어야 할지 개인 의견이나 KBS 노동조합 차원에서 입장이 있을 것 같습니다.

KBS 이사의 기본 책무는 KBS 사장 권력에 대한 적절한 감시와 견제라고 봐야죠. 그렇다면 여권이나 야권 추천 이사 할 것 없이 중립적으로 사장 권력을 비판하고 잘못을 지적해야 하겠죠. 정도의 차이는 있을 수 있겠지만 여권 추천 이사부터 자신들을 추천한 정권의 눈치를 보지 말고 국민 눈높이에 맞춰 사장 권력의 횡포와 실정에 대해서는 가차 없이 지적하고 비판해야 해요. 야권 추천 이사들은 말할 필요도 없죠.

다매체 다채널 시대에 공룡 몸집과 같은 KBS는 더 이상 필요하지 않다는 의견이 점점 늘고 있습니다. 그리고 그 속에서 공영방송이란 것도 불필요하다는 목소리가 커지고 있고요. KBS에 몸담고 있는 입장에서 'KBS를 없애야 한다'는 시각은 어떻게 보시는지요, 또 KBS 미래를 전망하신다면요?

앞서 말씀드린 대로 공영방송 시스템은 그동안 정치적 이해관계가 다른 상대진영의 지난한 토론과 협상의 역사 산물이에요. 그래서 함부로 급진적으로 논의해서는 안 될 것 같아요. 양승동 사장 체제가 지난 3년여 동안 편파방송을 하고 막장 경영을 한다고 해서 그 화풀이로 공영방송 KBS를 아예 없애버리자고 한다면 이것은 빈대 몇 마리 잡으려고 초가삼간 다 태우는 격이 아닐까요? 저는 개인적으로 다매체 다채널 시대가 심화되고 넷플릭스가 새로운 콘텐츠 시장에서 우위를 차지하는 시대가 열려도 공영방송의 역할과 책무는 존중받아야 한다고 봐요. 다매체 다채널, 넷플릭스 매체는 자본의 영향력을 상당히 받게 되는 시스템이잖아요? 국민의 수신료로 운영되는 공영방송 KBS는 그래서 완전히 다른 길을 가야 해요. 그래야 살

아닙습니다. 이런 점에서 양승동 사장은 공영방송의 긴 역사 속에서 부정적인 흑역사를 썼다는 지적을 두고두고 받을 겁니다. 양승동 식으로 했다가는 국민들이 더 이상 공영방송 KBS를 그냥 두지 않을 것이라는 뼈아픈 교훈을 우리는 지금 목격하고 있는 것이죠. KBS가 죽는 길은 정권을 위한 자발적 부역방송입니다. 반면 KBS가 살 길은 국민을 위한 봉사와 헌신의 방송을 하면 될 것이라고 봐요. KBS 임직원 모두가 국민을 주인공으로 모시는 봉사와 헌신의 방송. 그게 살 길인 거죠.

저항-민완기자 액션 수첩

No.2

쟁투

제목   KBS 공영노조 부위원장…쟁투의 시작

시기   2020년 12월 13일

장소   서울 여의도 KBS 공영노조

대담   미래한국

쟁투의 서막, 황상무 〈KBS뉴스9〉 앵커를 떠나보내며

신사업기획부장을 끝내고 나는 부장급 직원이 많이 가입하는 KBS 공영노조에도 가입했다. 내부 투쟁은 정말 힘들다. 그래서 나는 노동법상 보호받는 합법 조직인 노동조합이라는 울타리가 필요했다. 아래는 공영노조 부위원장으로 활동하면서 〈미래한국〉과 인터뷰한 내용이다.

HOME > 미래인터뷰 > 인터뷰

[인터뷰] 이영풍 KBS공영노조 부위원장 "황상무 앵커를 떠나게 한 공영방송 KBS가 부끄럽다"

박주연 미래한국 기자 | 승인 2020.12.11 09:05 | 댓글 1

"황상무 앵커를 떠나게 한 공영방송 KBS가 부끄럽다"

문재인 정부 내내 편향 시비가 끊이지 않던 KBS가 최근 수신료 인상 여론에 귀를 바짝 세운 모습이다. 지난 추석 연휴 방송돼 큰 성공과 화제를 낳았던 '나훈아 쇼'도 수신료 인상을 위한 근거로 동원됐다.

양승동 사장은 10월 국회 과학기술정보방송통신위원회 국정감사에 출석해 "국민에게 위로와 용기를 주는 제2, 제3의 나훈아 쇼를 만들겠다. 대하사극도 부활하고, 고품질 한류 콘텐츠를 계속 만들겠다"고 했다. 최근 종영 방침이 결정된 '저널리즘 토

저항-민완기자 액션 수첩

크쇼 J(시즌 2)'도 수신료 인상 추진을 앞둔 사전작업이라는 해석이 분분하다. 이런 가운데 간판 앵커로 활약했던 황상무 앵커는 "KBS가 적대정치에 편승해선 안 된다"며 사표를 던지고 떠났다. 정권 내내 적폐청산 논리에 따라 내부 갈등으로 시끄러웠던 KBS. 대한민국 대표 공영방송은 지금 어디로 표류하는 것일까? 〈미래한국〉은 최근 화제가 된《공감으로 집권하라》는 책을 펴낸 이영풍 KBS 공영노조 부위원장과 만나 이야기를 들었다.

일단 황상무 앵커에 관해 여쭐게요. 〈KBS뉴스9〉 간판이었던 황 앵커가 사직하면서 남긴 "공영방송이 한쪽 진영에 서면 안 된다"는 메시지가 잔잔한 화제가 됐었습니다. 황 앵커와 특히 가까운 사이였던 것으로 알고 있는데요. 곁에서 본 황 앵커의 사직 경위는 뭔가요?

사직한 황상무 앵커는 저를 비롯한 KBS의 많은 선후배들과 막역한 관계를 유지한 훌륭한 언론인이었죠. 아쉬워요. 저런 인재를 KBS가 붙들지 못하다니 말이죠. 제가 시사토크 팀장을 할 때 앵커로 같이 일한 적이 있어요. 뉴스의 핵심을 잘 짚어내고 정리해서 알기 쉽게 쏙쏙 풀어주는 달란트가 대단했어요. 아마도 〈KBS뉴스9〉 역대 앵커 중 세 손가락 안에 든다는 소리 들으면 섭섭해 하실 방송인일 거예요. 왜 떠났을까요? 마지막 떠나는 날 제게 그러더군요. "절이 싫으면 중이 떠나야지. 그리고 그동안 마시던 우물에 침을 뱉는 건 아니다. 잘 있어"라고 하시더니 훌쩍 떠났어요. 중은 그대로였는데 절이 돌변한 거죠. 사실 뭐 방송이라는 게 이제 뉴미디어, 유튜브 방송 시대에 특별한 존재인가요? 주인인 시청자들에게 좋은 정보 잘 전달하고 힘 있는 권력기관을 잘 견제하고 가끔씩 국민들에게 즐거움을 주면 그보다 더 좋은 게 어디 있겠어요? 국민들의 희로애락을 함께 해야 할 국민의 방송 KBS라는 절이 갑자기 문재인 권력의 나팔수로 전락했다는 비판을 받으면서 KBS라는 절이 스스로 제 품격을 추락시켰던 거죠. 최소한의 금도라는 게 있잖아요? 넘어서는 안 되는 뭐 그런 불문율. 그게 양승동 KBS 체제에서는 다 무너져 내린 거죠. 그걸 양승동 체제의 주요 실세들은 개혁이나 혁신이라고 떠들어대는 모양인데 제 귀에는 헛소리처럼 들려요. 특히 양승동 체제 실세들의 특성이라고 한다면 국민들의 희로애락(喜怒哀樂) 가운데 분노할 '노(怒)' 이데올로기에만 집중하는 거 같아요. 그래서 방송이라는 국민 모두의 공기(公器)를 가지고 보복의 프로파간다, 증오의 선전선동을 하는 것 같아요. 그것은 국민의 방송이 아니지요. 문재인 정권의 앵무새, 하수인, 대리인에 불과한 거죠. 그러니 국민들이 불만을 터뜨리는 겁니다. 분노의 이데올로기를 특정 정치세력의 편에 서서 프로파간다 하는 순간 그것은 공영방송이 아니라 특정정당 선전위원회 방송매체인 거죠. KBS인으로서 그런 짓을 어떻게 할 수 있나요? 그래서 훌륭한 중이 절을 떠난 거죠. 전 그렇게 봐요.

실제 여론조사상으로 보면 국민들이 KBS의 편향된 보도에 대한 불만이 많은 것으로 나타나고 있습니다. 구성원으로서 본 KBS의 상황은 어떤가요?

편향된 보도라는 것은 대부분 정치뉴스에서 많이 벌어지겠죠? KBS 보도본부나 제작본부에서 만들어지는 시사, 뉴스 프로그램은 현재 특정 정치세력 편향성이 심각하다고 봐요. 편향성은 특정 지역 편향성과 민주노총 편향성을 지적할 수 있어요. 첫 번째로 보도본부를 보자면 뉴스 프로그램을 생산하는 제작 책임자들부터 특정 지역 출신들이 장악한 것으로 보여요. 역대 KBS 사장 체제 하에서 보도본부 주요 간부들의 출신 지역은 비교적 적절하게 지역 안배를 했어요. 지난 고대영 사장 체제에서도 보도본부 빅5라고 할 수 있는 보도본부장, 보도국장, 시사제작국장, 주간단의 출신 지역을 보면 호남, 충청, 영남 등으로 골고루 분포돼 있었어요. 이게 양승동 체제에 들어와 다 무너졌어요. 지금 KBS 보도본부의 주요 실세 간부들은 거의 다 특정 지역 출신들이에요. 보도본부장과 통합뉴스룸국장(보도국장) 시사제작국장, 정치부장 등이 전부 특정 지역 출신입니다. 이것은 특정 지역 폄하발언이 아니에요. KBS 보도본부가 향우회 하느냐는 비판을 받을 수 있는 빌미를 스스로 제공했다는 지적인 것이죠. 그래서 지금 KBS의 정치뉴스가 더불어민주당 편향적인 경향성을 보인다고 비판하면 뭐라고 답할 건가요? 무소의 뿔처럼 그냥 계속 달릴 건가요? 참으로 답답해요.

두 번째로 특이한 점은 사내 민주노총 노조인 KBS 본부노조 출신이 아니면 주요 간부로 발탁되기 힘들다는 거예요. 황상무 앵커는 소속 노조가 없는 무노조원이었죠. 특정 노조 출신이 아니면 KBS의 주요 프로그램을 생산하는 라인에 배치되기 어려워진 게 지금 KBS의 현실이에요. 특정 지역 편향성과 민주노총 편향성이 결합되면 어떤 결과가 나올까요? 결과는 뻔하잖아요. 그래서 KBS의 미래가 지금 암울하다는 거예요. 특정 지역 편향성과 민주노총 편향성이라는 중병에 걸려 있는 게 지금 KBS의 민낯이라고 봐요.

특정 지역 인사편중·민주노총 편향성에 시달리는 KBS

KBS의 왜곡 보도 사례도 많았지만 특히 최근의 이른바 검언유착 오보는 심각했습니다. KBS조차 바로 다음 날인가 사과방송을 했죠. 그런데 보도 관련자들 징계는 굉장히 가볍게 났더군요. KBS가 적폐청산한다고 만든 기구 '진실과미래위원회'에서 과거 보도를 이유로 중징계를 내린 것에 비해 형평이 맞지 않는다는 생각이 듭니다. 다른 부분에서도 이런 식으로 형평이 맞지 않은 사례가 많습니까?

KBS 인사규정 제55조는 명령불복종이나 근무태만, 지휘감독 소홀에 대한 규정이에요. 그런데 지난번 '진실과미래위원회'라고 있었잖아요? 우리는 '진미위'로 쓰고 '보복위원회'로 읽는다고 말해요. 그 진미위가 8명의 기자들에게 똑같은 인사규정 55조를 적용해 징계를 내렸는데요, 최고 정직 6월에서 감봉까지 중징계를 내렸어요. 반면 이번 '검언유착 의혹사건' 당사자들에게는 솜방망이 처벌을 내렸죠. 견책과 감봉 1월이 전부예요. 너무 했죠. 특히 검언유착 의혹사건 보도는 방심위에서 행정제재 조치까지 받아 벌점 1점까지 받았어요. 방송사 인허가에 영향을 줄 수 있는 중대 결정이었는데도 말이죠. 그래서 이것은 사실 NHK나 BBC 같았으면 사장이나 회장이 국민들에게 사죄하고 사퇴했어야 할 주요 사안이에요. 문재인 정권의 내로남불이 KBS에도 그대로 투영되고 있어요. 부끄러운 줄 몰라요. 책임질 줄 몰라요. '국민 너희들은 떠들어라. 양승동 체제는 간다' 뭐 이런 거 파렴치 수준이 도를 넘은 거죠. 그러니 국민들이 좋아하겠어요? 솜방망이 징계를 할 게 아니라 양승동 사장 본인이 국민 앞에 사죄하고 사장직을 사퇴했어야

저항-민완기자 액션 수첩

할 사안이라고 봐요.

그런데 많은 국민들은 KBS 내부에 복수노조가 활동하고 있는 것을 잘 몰라요. 어떤 노조들이 있고, 인원이나 어떤 성격을 지녔는지 등 특징에 대해 소개해 주시죠.

KBS의 전체 조합원은 약 4,800명 된다고 보면 되어요. 조합이 생긴 순서대로 우리는 1, 2, 3노조로 불러요. 1노조는 현재 KBS 노동조합인데요 기업별 노조이고 조합원은 1,300여 명 수준이에요. 2노조는 민주노총 산하 언론노조에 소속된 KBS 본부노조인데 최근 조합원 3,000명을 달성했다고 주장하는데 확인한 바는 아니에요. 그리고 3노조는 KBS 공영노동조합으로 약 100명 정도입니다. 1노조와 3노조는 각각 기업별 노조로 보면 되어요. 2노조는 산별노조인 민주노총 언론노조의 지침을 하달 받는 체제이니 완전 다르죠. 외부에서는 1노조는 중도우파, 3노조는 강경우파, 2노조는 강경좌파 노조라고 평가를 하던데 사안마다 약간씩은 다르긴 하지만 큰 흐름은 그게 맞는 거 같고요. 2노조가 민주노총 소속으로 돼 있는 점을 특별히 예의주시해서 보면 이해가 잘 될 거예요.

언론노조는 정치활동 역량을 강화하고, 민주노총과 모든 진보정치세력과 연대한다는 강령과 규약을 가진 사실상의 정치노조 아닌가요? 국민 전체가 세금처럼 수신료를 납부하는데 공영방송에 이런 노조가 존재한다는 것 자체를 이해 못하는 국민들이 많습니다. 이 점은 어떻게 생각하십니까?

맞아요. 민주노총 산하 언론노조에 소속된 KBS 본부노조가 문제예요. 언론노조의 경우 강령이 모두 5개가 있어요. 그런데 4번과 5번을 잘 살펴볼 필요가 있어요. 4번은 노동자 정치세력화를 기치로 비민주적 법, 사회제도의 개혁과 인간의 존엄성을 보장, 자유, 평등 실현의 한 길에 힘차게 나선다고 규정하죠. 아주 주관적이고 편향적인 거죠. 우리나라에 노동자만 있나요? 그럼 농민은요? 자영업자는요? 영세업체 사장님들은 어쩌나요? 그러니 KBS 본부노조가 지향하는 국민이라는 것은 일반 대중이 경험적으로 알고 있는 국민이 아닌 거죠. 강령 5번도 문제죠. 5번은 전 세계 노동자가 모두 하나라는 인식 아래 국제연대운동을 실천하고 전쟁을 반대하며 항구적 세계평화실현을 위해 노력한다는 것인데요. 이런 거 어디서 많이 본 거 아닌가요? 아마도 국제사회주의 선언이나 공산당 선언에 등장할 것 같은 국제사회주의자 강령과 비슷하잖아요? 전 세계 노동자들이여 단결하라? 이런 것은 100여 년 전 국제사회주의자 강령인데 말이죠. 특히 이런 특정 정치세력 편향적인 노동조합에 가입된 기자나 PD는 뭐냐 이 말이에요. 국민들이 주는 수신료로 운영하는 KBS의 기자나 PD, 아나운서들은 직업윤리 의식이 달라야 한다고 봐요. 그런데 이들 상당수가 지금 민주노총 산하 언론노조에 소속돼 있잖아요. 여기서 모든 비극이 시작되는 거예요. 전 이것은 헌법이나 방송법상 문제가 된다고 봐요. 언젠가 이게 법률적인 판단이 내려질 때가 올 겁니다. 이건 매달 꼬박꼬박 2,500원의 수신료를 내는 국민들에 대한 모욕이고 사기 치는 것 아닐까요?

공영방송 사장을 국민들이 뽑겠다는 취지로 최근 여권에서 방송법 개정안을 내놨죠.

저항-민완기자 액션 수첩

방통위가 국민위원회 위원 100명을 위촉해 KBS 이사를 선임하고 이사들이 특별다수제로 사장을 임명 제청한다는 내용이 골자인데요, KBS 부사장 출신 정필모 의원이 발의했습니다. 이 법안을 두고 여권에서는 공영방송에 대한 정치 외풍을 차단하는 모델이라고 주장하는데 일각에서는 오히려 그 반대로 정치 영향을 강화한 법안이라고 주장합니다.

정필모라는 사람이 KBS 기자 출신이었다는 게 부끄러울 지경이에요. 정필모 의원은 대한민국 자유민주주의 체제를 지탱하는 삼권분립이란 말도 모르나요? 알면서도 밀어붙이는 건가요? 행정부 산하의 방통위가 구성하는 국민위원회에서 위촉한다는 100명의 정치적 스펙트럼을 어떻게 예상하시나요? 뻔한 거 아니에요? 자기들 사람 다 채워 이제 합법적으로 자기 편드는 KBS 사장 앉히겠다는 발상 아닌가요? 언론은 입법, 행정, 사법부 밖의 제4부라는 존재로 독립성을 인정받잖아요? 그런데 그것을 내팽개치고 행정부 산하 방통위가 구성하는 무슨 국민위원회가 추천하는 인물을 KBS 사장으로 앉혀요? 그럼 KBS 사장은 행정부 수장인 대통령의 일방적인 지시를 받아도 아무런 문제가 없겠지요? 이것은 KBS가 공영방송이 아니라 1973년 한국방송공사 출범 이전의 공보처 산하 서울 남산방송국격인 국영방송으로 돌아가자는 거죠. 그래서 정필모 의원의 발상이 전형적인 사회주의적이고 공산주의적인 언론관 아니냐는 의혹이 제기되는 거죠. 공산주의나 사회주의 국가에 무슨 언론이 있어요? 모두 공산당의 지시를 받는 선전매체에 불과할 뿐이죠. 중국의 CCTV, 인민일보, 환구시보를 우리가 언론이라고 하나요? 그것은 어디까지나 공산당 선전매체일 뿐이죠. 언론의 자유가 없는 나라에서 언론기관이란 없는 거죠. 정필모 의원은 과연 이런 나라로 가자는 거예요? 정말 어처구니가 없는 법안을 발의한 거죠. 그거 통과되면 대한민국 언론자유는 심대한 훼손을 받는 중대 기로에 서는 겁니다. 그래서 야바위 법안이란 비판을 받는 거죠.

수신료 인상의 전제, '권력으로부터의 방송독립'

아무래도 KBS의 최대 현안이라면 수신료 인상 문제라고 볼 수 있을 것 같은데요. 이 문제가 결국 보도의 공정성 문제와도 직결돼 있는데 압도적인 의석수를 갖고 있는 여권이 강행 처리할 가능성이 있지만 여론의 반발도 만만치 않을 것 같은데 이건 어떻게 전망하시나요?

전 One nation, One Public Broadcasting 시스템이 맞다고 봐요. 한국에는 너도나도 전부 공영언론사 하겠다고 난립니다. 이것은 아니죠. 우리보다 인구가 많은 일본에 공영언론사는 NHK, 영국은 BBC, 독일 ZDF, ARD, 프랑스 FT, 미국 PBS, 호주 ABC 뭐 이런 라인업 아닌가요? 그런데 국토도 좁고 인구도 적은 한국에 무슨 공영언론사가 이리도 많나요? 서울교통방송사까지 시립 공영언론사라고 하면서 김어준 씨 앞세워 온갖 편향적인 프로그램을 방송하잖아요. 이젠 솔직해져야죠. 대한민국에는 공영언론사 하나만 남깁시다. 이게 공영방송시장 구조개편의 핵심이에요. 이게 전제된다면 저는 수신료를 대폭 올릴 필요가 있다고 봐요. 광고 없이 국민들의 수신료

저항-민완기자 액션 수첩

로만 운영되는 방송사죠. 현재 정치권이 순순히 KBS 수신료를 올릴까요? 전 부정적이에요. 우파 집권 시절에는 좌파 정당인 민주당이 반대했고 이젠 정반대 현상이 벌어지잖아요? 전 그래서 대한민국 공영방송사 시장을 구조적으로 전면 개편하고 권력으로부터의 방송독립이 전제되어야 수신료 인상도 정상적으로 논의될 수 있다고 봐요.

같은 맥락에서 이 문제도 논의가 필요할 것 같습니다. 전통적 미디어 플랫폼이 퇴조하는 뉴미디어 시대에 공영방송이 과연 필요한가라는 회의적 시각이 있거든요. 특히 KBS가 역할을 하지 못할 때마다 민영화나 언론에 대한 국가 지원을 끊어야 한다는 주장 차원의 신 언론 통폐합론도 제기되는 등 이런 류의 주장이 힘을 받곤 합니다.

KBS를 민영화하면 대한민국의 언론자유가 더 잘 지켜질까요? 전 개인적으로 KBS를 국민들에게 힐링을 주고 국민들과 공감하는 'Ideology Free 방송사'로 만드는 것이 우선 과제라고 생각해요. 뭐 사상적인 그린벨트라고 할까요? 어느 편에도 서지 않는 그런 공영방송이 필요해요. 국민들이 최근 윤석열 검찰총장에 열광하잖아요? 왜 그럴까요? 윤석열은 법대로 하잖아요. 그러니 국민들이 칭찬하는 거죠. 그런데 소위 문재인 정권세력들은 윤석열이 적폐청산을 할 때는 잘 한다 칭찬하더니 그 칼이 자기들을 겨누니 추미애 법무장관을 앞세워 윤석열이 정치한다는 소리를 하며 몰아내려 합니다. 이래서는 안 되는 거죠. 법 집행자는 법대로 하는 거예요. 공영방송사도 마찬가지 아닐까요? 국민들 목소리를 최대한 반영하고 권력에 대한 비판의 목소리를 내는 게 숙명이잖아요. 그것을 던져버리고 지금 양승동 KBS처럼 계속 하다가는 많은 국민들이 KBS 민영화하라고 할 것 같아요. 그때는 어쩔 것인가요? 그 지점에서 양승동 체제는 KBS 민영화라는 여론의 반발을 불러일으키고 있다고 봐요. 자살골이죠.

말씀이 나왔으니 양승동 사장 체제에 대한 평가도 해주시죠.

그래서 양승동 체제에 대한 국민적 심판은 이미 끝났어요. 경영참사, 편향방송은 물론 국민들을 우롱하는 방송을 하잖아요. 국민의 이름으로 심판해요. 당장 해고감이에요.

최근 《공감으로 집권하라》는 책을 내셨더군요. 마치 조국 전 장관과 오연호 오마이뉴스 사장이 함께 낸 《진보집권플랜》이 연상됩니다. 어떤 내용을 담고 있는지 소개해주시죠.

어느 나라나 좌우 특정 정치세력이 독주하면 국민들이 불행해집니다. 극우 나치 같은 민족사회주의 세력이나 극좌 스탈린의 국제사회주의 세력이 대표적인 거죠. 그 결과는 구 소련, 중국 공산당, 북한 공산당, 나치 치하의 독일에서 경험한 대로 전체주의 국가로 가게 됩니다. 언론자유나 개인의 자유가 존중되지 않는 답답한 사회 말이죠. 전 문재인 정권이 지난 총선 때 180석 규모로 거대 여당 세력이 되면서 이제 그길로 접어들었다고 봤어요. 입법, 행정, 사법부에다 언론권력까지 공조하면 그 나라는 전체주의 독재국가로 가는 거죠. 그런데 그것을 예방해줄 수 있는 유일한 의회 내 대안세력인 우파정당 현 국민의힘 하는 것 보세요. 그래서 평범한 시민의 입장에서 《공감으로 집권하라》는 책을 쓰게 된 거예요. 국민들의 눈높이에서 공감하는 노력을 하고 제대로 여당과 대통령 권력을 견제하고 나라를 불행하게 만들지 말아달라는 무명 언론인의 목소리예요.

이 책은 우파 정당인들은 물론 좌파 정당인들에게도 똑같이 호소하는 여론이에요. 새는 좌우 양 날개로 날아야 잘 날 수 있어요. 한쪽 날개 부러지면 바로 추락해 숨이 끊어지죠. 지금 우리나라가 그 지경인 거 같아요.

No.3

고발

제목 검언유착 청부 보도 사건의 내부 고발자

시기 2020년 8월 5일

장소 서울 중앙지방검찰청

[서울=뉴스핌] 윤창빈 기자 = 이영풍 KBS 공영노동조합 부위원장(가운데)이 5일 오전 서울 서초구 서울중앙지방검찰청 앞에서 'KBS 검언유착 사건'과 관련한 고발장 접수에 앞서 발언하고 있다. KBS 검언유착 의혹사건 진상조사위원회는 "진상조사위 목적은 KBS 보도의 '검언유착' 및 '권언유착' 의혹 사건의 실체적 진실 규명 및 공개"라며 검찰 고발과 함께 KBS 이사회의 양승동 KBS 사장 해임 결의안을 요구하겠다고 밝혔다.

2020.08.05 pangbin@newspim.com

내부 고발자로, 검언유착 청부방송 사건은 결국 어떻게 되었나?

　　권력의 누군가가 KBS 취재진을 상대로 청부 보도하도록 유도했다면 정상적인 언론인은 어떻게 대응해야 하는가? 권력의 누군가가 자신들에게 비판적인 반대 세력을 응징하고 악마화하기 위해 있지도 않은 사실을 가공해 이를 공영방송 취재진에게 전달하는 수법으로 공영방송을 사유화하고 조종했다면 어떻게 될까? 이는 방송법 제4조 2항(방송편성의 자유와 독립)을 침해한 것이므로 사법 처리 대상이 될 수 있다.

이미 박근혜 정부 시절 세월호 사건 관련 해경 비판 보도를 자제해 달라는 전화를 KBS 보도국장에게 직접 걸었던 이정현 前 청와대 홍보수석에 대한 판결이 이를 잘 대변한다. 2018년 12월 서울중앙지방법원은 이 前 수석이 방송편성에 관해 규제·간섭할 수 없는 방송법 제4조 제2항을 위반했다면서 징역 1년 집행유예 2년을 선고했다. 방송법 위반으로 유죄가 인정된 최초의 사례였다. 2심에선 벌금 1,000만 원으로 감형되었으나 유죄가 유지됐고, 2020년 1월 대법원이 벌금 1,000만 원을 확정했다.[046] 더구나 2021년 8월 31일 '세월호 보도개입'에 따른 방송법 위반으로 유죄를 선고받았던 이정현 박근혜 정부 청와대 홍보수석이 관련법 조항 자체가 위헌이라며 헌법소원을 냈지만 받아들여지지 않았다. 헌법재판소는 이날 재판관 전원일치 의견으로 해당 법률이 합헌이라고 결정했다.

양승동 KBS 체제에서 발생한 검언유착 청부 방송 사건도 본질적으로 이와 별반 다르지 않았다. 사안의 심각성 면에서 우리나라 언론사에서 큰 오점으로 남을 만한 사건이었다. 나는 당시 KBS 공영노조 부위원장 자격으로 KBS 노동조합 허성권 부위원장과 함께 서울중앙지검에 공동고발자로 나섰다. KBS 내부 문제를 외부의 사법기관으로 들고 나가 심판받자고 하는 것은 언론인 스스로 언론의 자유를 위축시킬 수 있다는 부담이 있었던 것도 사실이다. 하지만 아무리 느슨한 기준을 적용한다고 했을지라도 사안의

---

046   헌재 "이정현 靑 홍보수석 세월호 방송 간섭" 방송법 합헌,
       http://www.mediatoday.co.kr/news/articleView.html?idxno=215272

심각성에 비추어 봤을 때 이건 아니라고 생각했다. 그래서 행동했다. 2020년 8월 검찰 고발. 이후 이 사건은 2023년 1월 관련자들에 대한 수사기관의 사법 대응이 시작되면서 그 실체가 드러났다. 고발한 지 2년 6개월 만이었다.

뉴스의 이면, 팩트 너머의 진실

미디어오늘

미디어   사회   정치   경제   IT   문화   국제   오피니언   미오TV   전체기사

🏠 홈   사회

KBS '검언유착 오보' 신성식 검사장·기자 기소

👤 김도연 기자   🕐 입력 2023.01.05 12:00   💬 댓글 18

한동훈 장관 명예훼손 혐의로 불구속 기소
신성식, 허위 정보 KBS 기자들에 제공 혐의
KBS 기자, 확인 절차 없이 허위 보도한 혐의

검찰이 5일 KBS '검언유착 오보' 사건 관련 신성식(57) 법무연수원 연구위원(검사장)과 KBS 기자 A씨(49)를 명예훼손 혐의로 각각 불구속 기소했다. 서울남부지검 형사6부(부장검사 이준동)에 따르면, 2020년 7월 당시 서울중앙지검 간부였던 신 검사장은 한동훈 법무부 장관이 연루된 '채널A 기자의 강요미수 사건'에 관한 허위 정보를 KBS 기자들에게 전달한 혐의를 받는다. 불구속 기소된 KBS 기자 A씨의 경우 신 검사장 발언 신빙성을

의심할 만한 사정이 다수 있었는데도 사실 확인을 거치지 않고 사실관계를 더 왜곡해 단정적으로 허위 보도한 혐의다.

검찰은 "수사 과정에서 확보한 다양한 물적 증거를 통해 이 사건 보도 경위 및 취재 과정 등을 규명했다"며 "언론 보도 책임과 한계에 관한 판례·법리 등에 대해 면밀한 검토를 진행해 허위 보도 원인을 제공한 신 검사장과 보도 과정을 주도한 A씨 혐의를 확인해 기소했다"고 했다. 검찰은 A씨 혐의에 관해 "A씨는 기자로서 약 2주 이상 관련 취재를 진행하던 상황에서, 신성식 검사 발언에 배치되는 취재 자료와 발언의 신빙성을 의심할 만한 여러 정황이 있었는데도 반론권 보장 등 사실 확인에 필요한 절차를 제대로 거치지 않고 이동재 기자가 구속된 직후 검찰수사심의위원회 개최를 앞두고 허위 사실을 그대로 기사화했다"고 설명했다.

검찰은 "A씨는 사건 관련 녹취록(한동훈 검사장-이동재 기자의 대화 녹취록)을 직접 확보하거나 그 내용을 확인한 사실이 없는데도 마치 KBS 취재를 통해 확인한 것처럼 단정적으로 보도했다"며 "신성식이 녹취록상 대화라고 언급하지 않은 신성식의 총선 관련 발언마저도 한동훈과 이동재 사이 대화 내용인 것처럼 사실관계를 왜곡해 허위 보도를 했다"고 밝혔다. 검찰은 "A씨의 보도 과정에서의 관여 정도, 역할 및 지위, 허위성 인식 정도 등을 종합적으로 고려할 때 형사 처벌이 불가피하다고 판단했다"고 밝혔다.

검찰은 보도에 관여한 나머지 KBS 기자들에 대해서는 각각 기소유예 처분을, KBS 간부들에 대해선 보도·편집 과정에 관여한 바가 없어 불기소 처분을 내렸다. KBS 검언유착 오보는 2020년 7월 18일자 〈KBS뉴스9〉 리포트 〈"유시민-총선 관련 대화가 '스모킹 건'"…수사 부정적이던 윤석열도 타격〉을 말하는 것이다. 이날은 한동훈 당시 검사장과 공모하여 취재원을 압박했다는 '검언유착' 의혹을 받던 이동재 전 채널A 기자가 강요미수 혐의로 구속된 다음 날이다.

KBS 보도는 두 사람의 검언유착 의혹이 사실임을 입증하는 성격의 보도였다. KBS

는 이 보도 5개월여 전인 2020년 2월 13일 당시 한 검사장과 이 전 기자가 부산고검에서 만나 나눈 대화 녹취록 내용을 취재했다면서 "이동재 전 채널A 기자와 한동훈 검사장이 (2020년) 4월 총선을 앞두고 유시민 노무현재단 이사장의 신라젠 주가 조작 연루 의혹을 제기하자고 공모했다는 정황이 확인됐다"고 단정해 보도했다.

KBS는 한 검사장이 "유 이사장은 정계 은퇴를 했다", "수사더라도 정치적 부담이 크지 않다"는 말을 했다고 보도했다. KBS는 또 "총선을 앞두고 보도 시점에 대한 이야기도 오간 것으로 확인됐다"고 단정했다. 그러나 이 전 기자가 공개한 한 검사장과의 '부산고검 집무실 녹취록' 전문에는 KBS 보도 내용은 없었다. 검찰에 따르면 이 전 기자의 당시 변호인은 KBS 취재진 문의에 "녹취록에 관련 대화는 없다. 무리 안 하는 게 좋다. 나중에 전체 내용이 공개되면 민망해질 수 있다"는 취지로 말했다.

KBS는 보도 다음 날인 2020년 7월 19일 "다양한 취재원들을 상대로 한 취재를 종합해 당시 상황을 재구성했지만 기사 일부에서 정확히 확인되지 않은 사실이 단정적으로 표현된 점 사과드린다"고 밝혔다. 논란을 부른 보도도 삭제했다. 한 장관은 명예훼손 등 혐의로 KBS 기자 및 보도 관계자들과 허위 정보를 KBS에 제공한 수사기관 관계자들을 서울남부지검에 고소했다. KBS 기자들을 상대로 5억 원 규모의 손해배상청구소송도 제기했다.

이후 언론 보도를 통해 '검언유착 오보' 제보자와 KBS 기자 사이 녹취록이 공개되는 등 논란이 거셌다. 녹취록에 따르면, 신 검사장은 KBS 기자에게 "이동재-한동훈 녹취록 보면 한동훈이 그런 말을 해. '한번 취재해 봐. 적극 돕겠다.' 이게 뒷부분에 나와. 부산 가서 얘기한 거"라거나 "또 3말 4초로 보도 시점을 조율한 대목도 있어. 한동훈하고 이동재가. 왜 조율하겠어? 선거에 영향을 미치려는 의도가 너무 명백하잖아"라고 하는 등 허위 정보를 전달했다.

이와 같은 허위 정보를 바탕으로 KBS가 "이 전 기자는 총선에서 야당이 승리하면 윤석열 총장에게 힘이 실린다는 등의 유시민 이사장 관련 취재 필요성을 언급했고, 한 검사장은 돕겠다는 의미의 말과 함께 독려성 언급도 했다", "총선을 앞두고 보도 시점에 대한 이야기도 오간 것으로 확인됐다"고 보도했다는 혐의를 샀다.

현재 서울남부지법에서 한 장관이 KBS 검언유착 오보를 이유로 기자 등 KBS 보도 관계자 8명을 상대로 제기한 5억 원 규모의 손해배상청구 소송이 진행 중이다. KBS 기자들 측은 재판에서 "보도 내용은 허위 사실이 아니다. 최선을 다해 사실 확인 후 보도했기 때문에 주의 의무 위반도 없다"고 말한 바 있다. 양승동 전 KBS 사장은 2020년 국회 국정감사에서 "채널A 기자는 정말 취재윤리 위반"이라면서도 자사 오보 논란에는 "취재윤리 위반이라기보다는 데스킹 과정에서의 실수"라고 주장했다.

〈출처〉 미디어오늘
http://www.mediatoday.co.kr/news/articleView.html?idxno=307793

저항-민완기자 액션 수첩

No.4

인연

민완기자 액션 수첩

제목　허성권 KBS 노동조합 위원장과의 연대투쟁

시기　2018년 ~2023년

장소　KBS 노동조합

투쟁 동지로서의 인연…허성권 후배 기자와의 만남

세상사는 인연으로 시작하고 또 다른 인연으로 이어지는 모양이다. 그 인연이 악연이 아니라 두고두고 회고할 수 있는 좋은 만남으로 남는다면 얼마나 좋을까? 아마도 이 세상을 떠나는 그 순간까지도 그 아름다운 인연이 계속된다면 내가 복기하는 인생은 참 보람차고 흐뭇하지 않을까? KBS를 망치는 양승동 사장 체제에 맞서 싸워야겠다고 결심한 순간부터 허성권 KBS 노동조합 위원장은 나와 인연을 맺게 되었고 투쟁의 동지가 되었다.

허성권 후배는 취재기자로 KBS에 입사했다. 경남 진주 출신인 허성권 위원장은 원래 경남일보에서 신문기자로 언론사 생활을 시작했고, 경력 기자로

▲KBS노동조합 허성권 위원장(왼쪽)과 손성호 부위원장이 19대 위원장 선거에서 당선됐다. 사진=KBS노동조합

〈출처〉 미디어오늘
http://www.mediatoday.co.kr/news/articleView.html?idxno=307332

저항-민완기자 액션 수첩

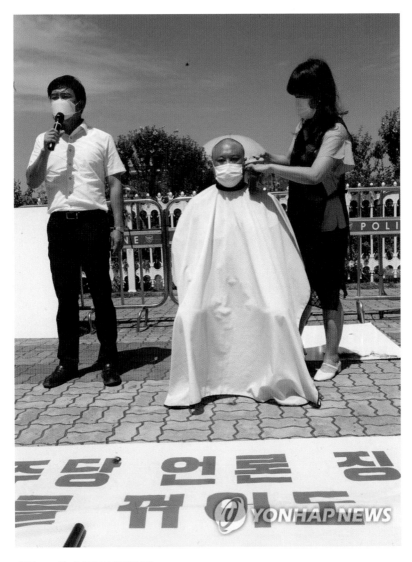

허성권 KBS 노동조합 위원장의 삭발식에 동행
〈출처〉 연합뉴스 언론중재법 개정안 반대 기자회견, 2021년 8월

KBS에 입사한 경우이다. 허성권 기자는 내가 서울 본사로 근무지를 옮긴 뒤 부산으로 배치받았기 때문에, 취재 현장에서 직접 만나지는 못했다. 그럼에도 2018년 허성권 기자가 KBS 노동조합 울산지부장, 2019년 KBS 노동조합 부위원장을 거치면서 자연스럽게 알게 되었다. 세 자매를 키우는 딸 부자이기도 하다. 그러던 중 그가 2020년 가을 어느 날 나를 불쑥 찾아왔다.

"형님, 제가 노조위원장에 출마하려고 결심했어요. 좀 도와주세요."

나는 단도직입적으로 물었다.

"양승동 사장이 오고 나서 회사가 이렇게 엉망진창인데, 뭘 어떻게 할 건데?"

나도 2005년 정연주 KBS 사장 시절 KBS 노동조합 부산시 지부장을 역임한 적이 있어서 노동조합의 생리를 잘 알고 있던 터였다. 정연주 사장 시절 노조 전임자로 활동하면서 낮에는 투쟁을 외치면서 밤에는 정연주 사측과 밀회하며 KBS를 망쳐온 많은 '노조꾼'을 많이 본 적이 있는지라 퉁명스럽게 대답했던 것이었다. 그러자 허성권 기자가 말했다.

"형님, 제가 소송 20건 이상은 감당할 수 있습니다."

나는 놀라서 말했다.

"너, 진짜야? 그걸 할 수 있겠어? 진짜지? 그럼 내가 도와준다."

투쟁 동지로서의 우리의 인연은 그렇게 시작했다. 한판 붙어보겠다는 후배 기자가 뜻을 세웠는데 선배라는 자가 팔짱 끼고 뒷짐만 지고 있을 수는 없었다.

"그래, 같이 한번 가보세. 결과가 어떻게 되든. 회사를 살릴 수만 있다면 뭐 내 조금 다치는 건 충분히 감수할 수 있네."

　　　　　　　　　　　　　　　　　저항-민완기자 액션 수첩

그리고 양승동, 김의철 KBS 사장 체제에 대한 우리의 연대투쟁은 그렇게 시작되었다. 스러져 버린 공영방송 KBS를 제대로 세워보자는 의기투합의 선언이었다. 이 과정에서 허성권 위원장을 돕는 손성호 부위원장도 만나게 되었다. 우리는 4살 터울로 개띠(이영풍), 범띠(손성호), 말띠(허성권)였는데 연대투쟁을 할 때 정말 죽이 잘 맞아서 신나게 싸웠다. 그것을 본 모 씨는 삼합이 너무 잘 맞는다며 찰떡궁합이라고 칭찬해주기도 했다. 나는 KBS 노동조합 정책공정방송실장으로서 허성권 위원장과 손성호 부위원장, 두 후배님을 성심성의껏 도왔다.

김의철 사장 고발 국회 기자회견, 2022년 4월 15일

反 양승동, 김의철 투쟁…KBS 정상화 연대투쟁

내가 허성권 위원장보다 나이로 8년 선배이니 나는 최대한 뒤에서 돕는 방식으로 허성권 위원장을 보좌하려고 노력했다. 78년 말띠인 허성권 위원장의 주력은 알아줄 만했다. 얼마나 강한 에너지가 넘치고 지칠 줄 모르는지 허성권 위원장은 전력을 다해 많은 투쟁사업을 벌여나갔다. 나는 그것을 보면서 위원장은 저런 인물이 해야 된다고 생각했다. 각종 고소·고발 투쟁을 진두지휘한 허성권 위원장이 자랑스러웠다.

일일이 나열하기 어려울 정도의 투쟁사업이 2021년부터 2022년까지 이어졌다. KBS 양승동 사장은 결국 연임에 실패했고 후임인 김의철 사장도 노동조합으로부터 감사원에 국민감사 청구 대상이 되는 등 투쟁의 결과물도 많이 나왔다. 2년 동안의 연대투쟁을 통해 KBS와 우리나라 공영언론의 정상화를 위해 몸을 불사른 허성권 위원장에게 다시 한번 더 감사의 연대사를 전한다. 그는 인기도 좋아서 2023년 많은 표 차이로 KBS 노동조합 위원장 연임에 성공했다. 고생길이 더 이어진 것이다.

공영언론 미래비전 100년 위원회 창립…인연의 확장

허성권 KBS 노동조합 위원장과의 인연은 투쟁 과정을 거치면서 이후 더 확장되었다. KBS를 비롯한 MBC, YTN, 연합뉴스 등 공영언론사 정상화를

저항-민완기자 액션 수첩

공영언론 미래비전 100년 위원회 발족식, 2022년

위한 언론인, 법조인, 시민, 사회단체, 노동단체 등의 전문 활동가들과의 네트
워크로 더 단단해졌다. 민주노총 언론노조가 우리나라 언론계와 한국 사회
에 미치는 각종 폐해를 극복하고 새로운 차원의 패러다임과 아젠다를 설정하
자는 취지에서 '공영언론 미래비전 100년 위원회'가 2022년 초 발족했고 나
는 이를 돕는 간사 역할을 담당했다. 이 모임을 통해 강규형 前 KBS 이사, 박
인환 변호사, 차기환 변호사, 김장겸 前 MBC 사장을 공동 상임대표로 위촉했
다. 또 박소영 행동하는 자유시민 상임대표 등을 상임 집행위원장으로 위촉
하며 공동 투쟁 활동을 벌였다. 특히 MBC 노동조합의 오정환, 강명일 비대위
원장, YTN 방송노동조합의 김현우 위원장, 연합뉴스 공정노동조합의 김대호
위원장을 이 모임을 통해서 만나게 되었다. 이른바 '공영언론 노동조합 협의
체'였는데 이는 민주노총 언론노조와는 다른 노선으로 그 대척점에 서서 문
제점을 지적하며 미래지향적 대안을 마련해보자는 활동으로 이어졌다.

계속되는 연대투쟁, 진실과미래위원회[047] 흑서[048] 편찬 작업

진미위 흑서 출판기념회, 2023년 2월 23일

047   진실과미래위원회: 법원, "소위 KBS 적폐청산기구 '진미위'의 징계요구는 위법"…前 보도국장 해임
       등 17명 징계효력정지 - 서울남부지법, 29일 정지환 前 보도국장 등 17명이 낸 '징계절차중지 가처
       분 신청' 모두 받아들여, "진실과미래위원회는 인사규정상 징계요구 권한 없어 이 기구의 징계요구
       는 절차상 위법", 본안인 '징계무효 확인 소송' 판결에도 영향 미칠 가능성 커, KBS 공영노조, "보복
       성 징계였음이 드러났다…언론사상 본 적 없는 '파시즘적' 행태"

048   진미위 흑서: KBS 노동조합이 양승동 사장 체제의 불법 보복기구로 비판받은 진실과미래위원회 피해

《진미위 흑서》 편집장 에필로그

틴에이저(teen-ager) 시절 팝송을 좋아했다. 몇 년 전 영화로도 히트를 쳤던 영국 팝그룹 '퀸'(Queen)의 '프레디 머큐리'의 노래를 가장 많이 따라 불렀다. '프레디 머큐리'의 노래 가사는 '자유와 혁신'을 상징한다. 40년이 지났지만 지금도 그의 노래를 여전히 따라 부르곤 한다. 카메라 플래쉬를 가장 많이 받는 자리가 밴드의 '리더 싱어'이기 때문에 나를 포함한 대중들은 간판스타인 '프레디 머큐리'만 기억하는 수가 많다.

하지만 나이가 들면서 그게 전부가 아니라는 걸 깨달았다. '프레디 머큐리' 뒤에서 드럼을 치고 있던 '로저 테일러'와 리더 기타리스트 '브라이언 메이' 그리고 베이스 기타리스트 '존 디콘'도 있었음을 발견한다. 지천명(知天命)의 나이를 넘긴 나는 위 4명 가운데 드러머 '로저 테일러'를 제일 좋아한다. 그를 따라 드럼도 즐기는 행운도 잡았다.

앞에서 끌고 가는 역할도 중요하다. 하지만 뒤에서 북 치고 장구 치고 기타 쳐주는 역할이 있어야 밴드가 전체적으로 살아난다. 그런 걸 우리는 때로는 협업(co-work)이라고 하고 노동판에서는 연대투쟁이라고도 한다. 문재인 정권이 들어서고 양승동 KBS 체제가 열리면서 나는 무대 뒤편에서 보이지 않는 '드러머'로 투쟁의 현장에 있었다. 지난 5년 동안 KBS 노동조합 허성권 위원장과 손성호 부위원장, KBS 공영노조 성창경 前 위원장과 박혜령 前 부위원장 등을 뒤에서 돕는 것이 나의 역할이었다. 많은 보람이 있었다. 겉으로

자들과 함께 편찬한 고발서. 피해자들의 처절한 몸부림이 기록된 역사서이다. 2023년 2월 시판됐다.

드러나지 않지만, 뒤에서 '리더싱어'를 돕는 역할이면 족하다고 생각했다.

KBS 노동조합의 리더싱어인 허성권 위원장과 손성호 부위원장, 진미위 소송을 이끌었던 KBS 공영노조 성창경 前 위원장과 박혜령 前 부위원장. 이들 모두는 나에게 '리더싱어'였다. 나는 '리더싱어'를 잘 섬기고 후방 지원을 잘 챙겨주는 역할이면 족했다. 그래서 나는 만족한다. 세상에 드디어 모습을 드러내는 '진미위 흑서'도 그런 투쟁의 일환이다. 추천사를 써주신 강규형 前 이사님, 박인환 변호사님을 비롯한 '진미위' 기고문을 써주신 모든 선배님들께 감사하다는 말씀을 올린다.

또 '진미위 특위 TF' 블랙요원이라며 시간을 쪼개어 활약해주신 무명의 선배님들께도 다시 한번 더 감사드린다. KBS와 우리 사회의 전통과 절차, 제도를 철저하게 파괴하고 그들만의 혁명 성지를 세우려고 발버둥쳤다는 비판을 받는 양승동, 김의철 KBS 체제의 앞날은 이제 얼마 남지 않았다. 그룹 '퀸'의 명곡 'Hammer to Fall (심판의 날)'의 가사처럼 '심판의 날'이 다가오고 있다. 《진미위 흑서》는 그 '심판의 날'을 앞당기는 역사의 기록이 될 것이다.

(2023년 1월)

저항-민완기자 액션 수첩

자유

제목   언론중재법 개정안 반대 투쟁 범국민 공동투쟁위원장

시기   2018년 8월~9월

장소   여의도 민주당사, 국회의사당

언론중재법 개정안[049] 반대 투쟁 선봉에 나서다

아시아권 국가에서 국정 최고 책임자인 대통령을 국민의 직접 투표로 뽑는 유일한 나라가 한국이다. 그리고 언론자유가 보장된 나라는 한국과 일본 두 나라뿐이다. 2021년 8월 당시 거대 여당이었던 민주당은 대선을 불과 몇 달 앞두고 징벌적 손해배상법으로 언론의 입을 틀어막는다는 비판을 받았던 언론중재법 개정안을 강행하려고 했다. 나는 언론중재법 개정안 반대 투쟁 범국민투쟁위원장을 맡아 국회의사당 앞 범국민 필리버스터를 조직화하는 등 온몸으로 맞서 싸웠다. 많은 시민, 법조, 노동단체 대표들이 참

〈출처〉 TV조선 뉴스9

049 　언론중재법 개정안 사태: 2021년 8월 당시 여당이었던 더불어민주당이 언론의 허위, 조작 보도에 대해 징벌적 손해배상 책임을 지게 하도록 하는 언론중재 및 피해구제 등에 관한 법률의 개정안 입법을 추진하면서 발생한 논란. 세계신문협회 등 국내외 언론단체와 정치권의 강력한 반발로 법안 통과가 무산되었다.

저항-민완기자 액션 수첩

여했던 국회의사당 앞 필리버스터 투쟁의 여파는 막강했다. 아래는 언론중재법 개정안의 문제점을 지적했던 언론 기고문이다.

천부인권과 언론의 자유
입법폭주가 초래한 언론독재 사회가
지향하는 곳은[050]

하나님은 왜 인간을 모두 다르게 창조하셨을까? 남성과 여성, 피부 색깔, 성격과 성품, 재능과 달란트, IQ와 EQ 등등. 왜 이렇게 모두 다르게 창조하셨을까? 사람의 지문을 보면 같은 사람이 하나도 없다고 하지 않는가. 그 깊은 섭리의 실체를 우리가 알 길은 없다.

그러므로 우리는 모든 인간이 어차피 서로가 각기 다르다는 점을 인정하고 살아가는 수밖에 없다. 생각도 다르고 삶의 방식도 다르다. 평화롭고 행복한 사회가 되기 위한 선결 조건은 나 이외의 다른 사람과 생각, 철학, 기호, 삶의 지향점이 모두 다름을 인정해야 한다는 점이다. 다른 사람을 하나님이 창조한 하나의 소중한 인격체로 존중하고 대접할 때 우리는 행복하고 평화롭고 온전한 사회를 이뤄갈 수 있다. 그러한 과정이 서로 간의 공감(共感)이고, 그 공감이 온전하게 잘 이뤄지는 사회가 모두가 행복한 사회, 평화로운 사회일 것이다.

050   월드뷰 2021년 10월호
https://theworldview.co.kr/archives/17183

자유민주주의 국가 vs 전체주의 국가

역사 속에서 인류는 그동안 크게 두 가지의 체제를 경험하고 있다. 하나는 언론자유가 보장되는 자유민주주의 국가체제이고 다른 하나는 언론자유가 아예 없는 전체주의 국가체제이다. 하나는 미국, 영국, 프랑스, 대한민국 등이다. 다른 하나는 북한, 아프가니스탄, 중국, 구소련 등이다. 핵심적인 차이점은 무엇일까? 전자는 종교의 자유와 언론의 자유가 폭넓게 존중받는 사회인 반면 후자는 종교 및 언론의 자유는 고사하고 천부인권이 압살당하는 체제이다. 과연 어느 체제에서 100년도 안 되는 짧은 생을 마감하기를 원하는가? 답은 이미 나와 있다. 탈레반이 점령한 아프가니스탄을 탈출한 3백여 명의 한국 정부 현지 조력자들이 왜 그 험한 길을 돌고 돌아 한국행을 선택했겠는가? 답은 명확하다. 자유다!

모두가 갈망하는 자유의 전제조건은 무엇인가. 종교의 자유를 제외하고 가장 중요한 조건은 바로 언론자유이다. Freedom of Speech. 누구나 자신의 주장과 생각을 언제, 어디서나 자유롭게 표명하고 말할 수 있는 권리. 이것을 보장하는 나라이면 자유민주주의 국가이고, 천부인권이 존중받는 사회라고 할 수 있다. 그것이 아니라면 독재국가이다. 일당 독재당의 수령, 당 서기나 소수의 독재자 집단이 나머지 모든 사람의 생각과 철학, 종교를 통제하려 드는 '1984년 조지오웰'식의 '동물농장' 같은 국가가 그것이다. 생각만 해도 끔찍하다. 전체주의 국가가 자유민주주의 국가를 점령하고 나서 제일 먼저 착수하는 작업이 왜 교회와 언론사 폐쇄이겠는가? 베트남이 그랬고, 북한이 그랬고, 중국 공산당이 그랬고, 지금 아프가니스탄의 탈레반이 그러하다.

저항-민완기자 액션 수첩

눈과 귀, 입 모두 닫아라! 언론독재 시대 열려

"입 닫아라! 눈과 귀도 막아라!"

이런 선전 구호가 난무하는 사회로 진입하는 순간 그 사회는 법치가 지배하는 국가가 아닌 일당 독재나 소수의 인치(人治)가 지배하는 독재사회로 진입하게 된다. 야만의 시대이며, 공정과 정의, 인권이 탄압받는 시대가 열린다. 이런 식의 독재사회로 진입하는 '헬 게이트'의 문고리를 지금 대한민국 집권 여당이 열었다. 그게 바로 '언론중재법'으로 쓰지만 실은 언론독재법, 언론재갈법, 언론봉쇄법으로 읽히는 법안의 실체다. 왜 그런가? 난해한 육법전서 식이 아니라 쉽게 그 실체를 살펴보자.

① 즐겨보는 인터넷 기사가 수시로 차단된다. 국민의 알 권리는 무시당한다.

언론중재법에는 '열람차단청구권'이 포함됐다. 간단하다. 누구든지 자신과 관련한 기사가 자신의 명예를 훼손했거나 문제가 있다고 한다면 열람 차단을 청구할 수 있다. 얼핏 좋아 보인다. 그런데 문제는 언론이 주로 관심을 갖고 다루는 권력자들이라면 얘기가 달라진다. 진실 여부와 상관없이 일단 문제를 제기하면 인터넷 신문과 포털에서 볼 수 없게 된다. 부정부패, 비리를 저지르는 권력자의 입장이라면 이 얼마나 좋은 '도깨비 방망이'요 '손오공의 여의봉'이겠는가? 1987년 대통령 직접선거 체제를 이끌어낸 故 박종철 씨 물고문 치사 사망 사건은 공직자 한 명의 제보로 시작해 중앙일보의 특종기사를 통해 세상에 알려졌고, 그 이후 동아일보를 시작으로 많은 언론의 경쟁 보도로 그 실체가 드러났음은 주지의 사실이다. 그런데 만일 지금 집권 여당이 통과시키려고 하는 언론중재법이 그때 있었다면 아마도 박종철 씨 사망 사건의 진실은 영원히 밝힐 수 없었을 것이다. 취재 초기에 기사 출고부터 불가능했을 것이다. 이렇듯 집권여당이 지금 밀어붙이고 있는 언론중재법이 실행되는 순간 국민의 알 권리가 고스란히 차단당하고 무시당하는 결과를 빚을 것이다.

② 취재원이 다 드러나 언론에 제보할 길이 막막해진다.

이 법에는 또 징벌적 손해배상의 대상이 되는 '고의 또는 중과실' 사유를 예시했다. 이를 근거로 소송이 제기되면 언론사의 기자나 피디는 보도내용이 사실이란 점을 입증해야 하는데 여기서 문제가 발생한다. 그 의혹이나 범죄사실을 제기한 취재원을 고스란히 공개해야 한다는 점이다. 한변(한반도 인권과 통일을 위한 변호사 모임) 김태훈 대표변호사는 "기자가 제보자를 공개하게 되면 향후 어느 누가 권력자들의 비리를 언론에 제보하겠는가?"라며 이법의 본질적인 폐해와 문제점을 지적한다.

③ 권력을 견제하는 언론사들의 탐사보도 끝장난다.

이 법은 다른 언론사의 보도내용을 인용하는 길도 막아놓았다. 정정, 추후보도 내용이 포함된 기사를 "별도의 검증 없이" 인용하면 허위, 조작 보도로 볼 수 있게 했다. 더구나 인터넷 신문은 정정, 반론 청구만 있어도 이를 표시하도록 의무화했다. 언론사들의 릴레이식 탐사보도는 복잡한 베일에 가려져 있는 거대권력이나 우리 사회를 병들게 하는 마피아 세력의 비리나 범죄를 드러내 법치의 심판을 받게 하는 소금의 역할을 한다. 그런데 이 법의 통과로 취재원이 다 드러나 권력 내부의 심층적인 접근이 아예 차단되는 것부터 문제이고, 이제는 인용 보도가 불가능해져서 이러한 형태의 다양한 탐사보도도 불가능해졌다. 당연히 국민의 알 권리도 폭넓게 차단된다.

④ **징벌적 손해배상제는 권력자들의 전략적 봉쇄소송 수단으로 전락한다.**

이 법은 피해 주장액의 5배까지 징벌적으로 손해배상을 요구할 수 있도록 했고 초기 법안 개정안에는 그 기준 하한선도 언론사 매출액의 1만분의 1부터 시작한다고 규정했었다. 연간 매출액이 1조3천억 원 규모인 KBS의 경우 사건당 1억3천만 원, 연간 매출액 3천억 원 규모인 조선일보의 경우 사건당 3천만 원에서부터 손해배상금이 시작될 수 있다는 의미이다. 하루에 보도되는 기사 건수를 고려한다면 이 법을 악용해 무분별한 소송전을 펼칠 가능성이 큰 권력자들에게는 너무나도 안성맞춤인 셈이다. 반면 언론사는 거의 매일 천문학인 손해배상 위협에 시달린 나머지 보도를 제대로 못하는 위축 효과 및 자체검열 부작용에 빠질 것이 자명하다. 이는 곧 언론자유의 위축으로 이어지고 결국 국민의 알 권리가 침해당한다.

⑤ **'전직 고위공직자는 제외', 이 법의 최대 꼼수인가?**

이 법 초안에 대해 각종 반발 여론이 심화되자 집권 여당은 대통령과 국무총리, 국무위원, 국회의원 등 현직 고위공직자를 제외한 수정안을 마련했다. 그런데 빠져나갈 구멍이 있다. 고위공무원들도 퇴직하고 나면 이 법을 '도깨비방망이'처럼 악용할 수 있다는 점이다. 가령 문재인 대통령도 이 법이 실행되는 내년 5월 이후면 이 법을 '손오공 여의봉'처럼 악용할 가능성이 생긴다. 대통령이나 국회의원도 퇴임 후 전직 신분이면 고위공무원 예외조항의 적용을 받지 않는 효과를 톡톡히 보게 되는 셈이다.

가짜 뉴스 잡는 척, 진짜 뉴스 죽이는 법

이 법을 통과시킨 집권 여당은 언론중재법이 가짜 뉴스를 잡는 법이라고 주장했다. 그런데 사실은 진짜 뉴스 죽이는 법이 아닌가? 가짜 뉴스는 현행 언론중재위원회의 반론 보도와 정정 보도 청구, 민·형사 손배소 제기, 방송통신심의위원회 이의신청 등의 제재절차를 통하면 충분히 잡아낼 수 있다. 그런데 왜 여당은 이런 강경 무리수를 둔 것인지, 아무리 생각해봐도 이들에게는 대한민국 헌법이 존중하고 보호하려는 천부인권과 언론의 자유라는 헌법 가치는 안중에도 없는 모양이다. 이들이 노리는 것은 결국, 내년으로 다가온 대통령 선거전에서 유리하게 언론자유를 위축시키고 셀프검열하게 만들려는 것 아니겠는가. 퇴임 후 국정 최고 책임자의 안위에만 신경 쓰는 것이 아니겠는가.

서로 다름을 인정하는 언론자유 보장되어야

지난 8월 폭염 속의 언론독재법 반대 투쟁 현장에 매일같이 나갔다. 그런데 그곳에서 특정 보수언론을 당장 폐간시켜야 한다고 주장하며 언론독

저항-민완기자 액션 수첩

재법 시위를 방해하는 난동 시위꾼들을 만날 수 있었다. 왜 자기와 다른 주장을 하는 사람을 보면 그리도 참지 못하고 훼방을 놓으려고 할까? 나와 다른 주장을 하는 상대방을 인정하지 못하고 악마화하는 순간 그 빈 틈바구니를 열고 스며든 세력은 바로 소련의 스탈린이나 독일 나치의 히틀러 같은 극단적 전체주의 세력이었음을 벌써 잊었나? 언론의 자유, 종교의 자유가 탄압받고 인권이 파탄나는 그런 사회로 과연 가고 싶은가. 아니면 다른 속셈이 있는 것인가. 언론중재법 개정안은 바로 그 점을 우리 국민에게 묻고 있다.

No.6

연대

제목　검수완박⁰⁵¹ 반대를 위한 변호사협회 필리버스터 발언자료

시기　2022년 4월 29일

장소　대한변호사협회

검수완박검찰 수사권 완전박탈 반대 필리버스터 연설자로

대한변호사협회는 검수완박 필리버스터 연설자로 나서 줄 것을 요청했다. 나는 언론중재법 개정안 반대 투쟁과 마찬가지로 삼권분립을 지켜내는 것이 우리나라의 민주주의를 지키는 데 얼마나 중요한 것인지를 알기에 흔쾌히 이를 수락하고 필리버스터 연사로 나섰다. 변호사협회와의 연대투쟁의 일환이었다. 아래는 연설문 원고이다.

〈출처〉 법조신문 http://news.koreanbar.or.kr/news/articleView.html?idxno=24850

051   검수완박: 검찰 수사권 완전 박탈(약칭 검수완박)은 문재인 정부 및 더불어민주당이 추진하는 검찰
       개혁의 최종 목표이자 관련 입법 시도 등을 아울러 부르는 속칭이다. '검수완박'이라는 용어의 기원
       은 2021년 1월 민주당 강성 지지자들이 먼저 쓰기 시작했다. '파란장미 시민행동' 등 지지자 모임에
       서 민주당 의원들을 상대로 검수완박 추진 서약서 작성을 압박했고 처럼회 의원들이 잇따라 서명
       을 하면서다. 이후 당시 윤석열 검찰총장이 2021년 3월 "검수완박은 부패완판(부패가 완전히 판치
       게 될 것)"이라 주장하며 검찰총장직을 사퇴하고 정치권에 입문하였다.

검찰 수사권 완전 박탈 법안 무엇이 문제인가?

(2022년 4월 29일 대한변호사협회)

저는 오늘 대한 변협이 주최하는 국민을 위한 검찰 개혁 입법 추진 필리 버스터에 참여한 KBS 기자 이영풍입니다. 저는 현재 KBS 노동조합의 정책 공정방송실장으로 활동하고 있어요.

KBS 노동조합은 아시는 것처럼 민노총 소속의 노동조합이 아닙니다. KBS 기업별 노조인데요, 우리는 민노총 언론노조가 우리 사회에 얼마나 큰 해악을 끼치고 있는지 깊은 문제의식을 가지고 있어요. 그리고 공영방송 국민의 방송인 KBS가 어떻게 해야만 국민이 내주시는 수신료로 더 좋은 방송을 할 수 있을까 고민을 많이 하고 있습니다. 잘 아시는 것처럼 민노총 언론노조는 조직강령에 노동자 계급의 정치세력화를 주장하고 있습니다. 좌파 정당과 업무협약을 선거 때마다 맺기도 합니다. 국민의 방송 KBS의 일원인 이분들이 이런 일을 벌이고 있어요. 객관적인 팩트를 시청자와 독자들에게 전달하고 그것을 시청자 국민이 판단하면 되는 것을 주창 저널리즘이라고 하는데 언론인들이 특정 정치세력의 편이 되어서 심판이 아닌 선수가 되어서 링 위에 권투장갑을 끼고 등장하는 이런 일들이 벌어지고 있습니다. 참으로 개탄스럽습니다.

특히 국민의 혈세를 받는 KBS 등 공영언론사는 사주가 곧 국민이에요. 제가 오늘 여러분께 말씀드릴 주제도 국민입니다. 국민, KBS 등 공영언론사의 주인은 국민인데, 그럼에도 불구하고 KBS나 MBC 등 공영방송이 민노총 언론노조의 최대 사업장으로 특정 정치세력의 편이 되어서 편향적인 프로그램으로 물의를 빚거나 비판을 받고 있어서 문제가 아닐 수 없습니다. 오직 국민을 위한 공정한 언론, 공익적인 언론이 되어야 함에도 불구하고 그 임무를 망각한다면 국민들이 결코 이를 용인하지 않지요. 방송과 신문의 주인공은 결국 그 기사나 프로그램을 만드는 기자나 피디, 언론인이 아닙니다. 바쁜 국민을 대신해서 우리 사회가 언론이라는 무관의 제왕 역할을 하라고 맡긴 것인데, 이 같은 사회적인 공공재를 마치 자신의 것인양 마음대로 휘두르고 필봉을 휘두른다면 그 폐해는 고스란히 공영방송의 주인인 국민들에게 돌아가는 것이지요. 그래서 국민들은 결국 이에 분노해서 우리나라 언론 시장을 지금 그대로 두지 않을 것입니다.

제가 오늘 현재 국회에서 벌어지고 있는 검수완박 실태에 대한 비판적 필리버스터에 참석해서 우리나라 언론 상황에 대해 먼저 말씀드리는 것도 이와 무관하지 않아요. 언론계나 정치계 법조계 교육계 시민단체 할 것 없이 모두가 국민의 이름으로 모든 사태를 해석하고 재단하려고 합니다. 과연 진실이 그렇습니까? 그리고 지금은 어떤가요? 민주화 운동의 피와 땀을 흘린 주인공 국민. 그 국민들 다 어디 갔습니까?

소위 민주화 팔이 장사꾼만 설치는 지금 현실 아닙니까? 이런 장사꾼들이 민주화의 과실만을 따 먹으면서 민주화 타령을 할 때 87년 민주화 체제의 버전 2.0 3.0 4.0 5.0은 어떻게 나올 수 있단 말입니까. 586의 이름으로 민주화 팔이를 하는 장사꾼은 영원히 추방되어야 합니다. 정권만 바뀌면 요란하게 떠들어대는 언론개혁 아젠다도 마찬가지지요.

그 주인공이라는 국민들 대체 어디에 있나요? 혹시 국민을 앞세우며 그
들이 지지하는 특정 정치세력만을 위한 이른바 언론개혁 팔이하는 기자
나 프로듀서들 이런 장사꾼만 설치는 거 아닙니까? 그렇게 언론개혁을 정
권 바뀔 때마다 목소리 높여 왔는데 왜 지금 가짜뉴스가 판을 치고 공영언
론까지 특정 정치세력의 편이 되어서 정권의 나팔수 권력의 스피커 특정 정
치세력의 확성기 이런 오명을 왜 뒤집어쓰는 겁니까? 정치계는 어떻고 교육
계는 어떠하며 시민단체는 또 어떻습니까? 모두 국민을 앞세우죠. 그럴듯하
게 포장하고 변신하면서 자신만의 보따리 하나 챙겨보자고 국민을 앞세우
는 거 아닙니까? 정말 지긋지긋하네요. 알짜는 모두 어디로 가고 우리 사회
곳곳에서 민주화 팔이 보따리 장사꾼 언론개혁 팔이 보따리 필경사 장사꾼
정치계, 교육계 시민단체 할 것 없이 거의 모든 영역에서 국민의 이름으로
진행되는 거대한 위장 팔이꾼 가짜 보따리 장사꾼의 악취가 진동합니다.

제발 국민의 이름으로 뭘 한다고 떠들어대지 말고 솔직하게 자신의 장
사를 한다고 고백하면 그나마 나을지도 모르겠습니다. 하지만 그들은 대부
분의 국민들이 기대하는 것처럼 그렇게 순박하거나 솔직하지 않지요. 그렇
기 때문에 이런 자리를 빌어서라도 국민의 이름으로 이들의 정체를 낱낱이
드러내고 국민의 이름으로 심판하고 그 책임을 물어야 할 것입니다.

지금 국회에서 무슨 일이 벌어지고 있습니까? 이른바 검수완박, 검찰 수

사권 완전박탈이라는 미명하에 집권 더불어민주당이 벌이고 있는 행태는 뭔가요? 그것이 국민을 위한 길입니까? 또 사이비 국민팔이하는 건 아닌가요? 곧 야당이 될 자신들의 방패막이로 검수완박을 강행하는 것은 아닌지요? 지난 5년 동안 지은 죄가 하도 많아서 두려운 모양입니다. 이제 여당 자리를 뺏기니 덜커덕 겁도 나는 모양입니다. 도둑이 제발 저린다는 말이 있지요. 그래서 지금 이제 문재인 보호법이고, 민주당 방패막이라는 세간의 지적이 나오는 것이지요. 사법개혁안이라고 하지만 국민들의 입장에서 봤을 때는 이건 문재인 보호법이고 더불어민주당 방패막이 법이다, 악법이다 이 말입니다.

이 법의 큰 취지를 보면 경찰서는 겁이 안 나고 검찰청은 아주 겁이 나는 모양입니다. 경찰은 아주 만만한데 검찰은 식은 땀이 흐르도록 겁이 나는 모양입니다. 경찰 손에 죽는 한이 있더라도 검사들 손에는 죽지 않겠다 검찰 손에는 절대 죽지 않겠다 뭐 이런 겁니까? 그래서 경찰권력을 저리도 비대하게 권력화시켜도 되는 겁니까? 그러면 국민 인권이 개선됩니까?

국민의 이름으로 검찰개혁 어쩌구 하면서 거룩한 척하고 있지만 실상은 자신들의 이권을 챙기고 자신들의 방패막이 보따리 한몫 챙기려고 하는 것 아닌가요? 그 보따리가 뭡니까? 지난 문재인 정권 5년 동안 벌어진 악취 나는 비리 공직자 사건, 부정선거 사건 이런 거 덮으려고 하는 거 아닙니까? 그래서 그게 덮어집니까? 해방 이후 대통령이 몇 번 바뀌었습니까?

청와대의 울산시장 선거 개입 의혹을 뒷받침하는 정황

◢ 는 송병기 울산시 부시장 업무일지 내용

2017년 10월 11일

송철호(현 울산시장), 청와대에서 임종석 비서실장 만남

◢ VIP(대통령)가 직접 후보 출마 요청 부담(면목 없음)으로 실장이 요청

송철호　　　임종석

2017년 10월

송병기 부시장, 청와대와 공약 논의

◢ 단체장 후보 출마 시, 공공병원(공약). 산재모병원→ 좌초되면 좋음

공약 협의

송병기

2017년 11월

청와대 관계자, 임동호(전 민주당 최고위원)불출마 권유

◢ 중앙당과 BH(청와대), 임동호 제거→ 송 장관(송철호) 체제로 정리

불출마 회유

임동호

2018년 3월

울산경찰, 김기현 당시 울산시장 비서실 압수 수색

하명 수사

김기현

2018년 4월

송철호 민주당 울산시장 후보, 경선 없이 단독 공천

◢ 당내 경선에서는 송철호가 임동호보다 불리

2018년 6월

송철호 울산시장 당선

〈출처〉 나무위키

국민들은 다 알고 있어요. 덮으려고 해봤자 덮어지지 않아요. 진실은 반드시 드러나게 되어 있는 것이죠. 국민들이 그렇게 바보로 보입니까? 더불어민주당은 이번 대선에서 윤석열 후보에 패했기 때문에 정권 연장에 실패했지요? 그래서 아주 무서운 모양입니다. 공포스러워서 잠이 안 옵니까? 지난 5년 문재인 정권에서 벌어진 이른바 비리 공직자 사건, 선거범죄 사건에 대해서 검찰이 직접 수사할 것이 그렇게 무섭고 공포스럽습니까? 그래서 비리 정치인과 공직자, 부정선거 범죄사건에 대한 검찰의 직접 수사권을 제한하고 가위로 싹뚝 잘라내서 속이 시원하십니까?

전문 수사 관계자가 아닌 제가 봐도 윤석열 새 정부에서 착수해야 할 필요가 있다고 생각되는 고위공직자가 연루된 사건이나 부정선거 의혹사건은 차고도 넘칩니다.

먼저 울산시장 선거 개입 의혹사건을 봅시다. 문재인 대통령의 수십 년 친구라고 하지요. 송철호 현 울산시장이 시장 되기 전에 2017년 10월 청와대에서 임종석 비서실장을 만납니다. 문재인 대통령이 직접 후보 출마하라고 요청했나요? 그래서 임종석 비서실장과 사전에 만나서 짰나요? 그 뒤에 벌어진 일이 어떤 일입니까? 2017년 10월에 송병기 울산시 부시장이 청와대와 공약을 논의한 것으로 언론에 보도돼 있습니다. 송철호 씨가 울산시장으로 출마하면 공공병원 공약을 세워주는 등 공약 협의를 했다는 혐의가 있지요. 2017년 11월에는 또 무슨 일이 있었습니까? 청와대 관계자가 울산시장으로 나오려고 준비하던 임동호 씨라고 전 민주당 최고위원에게 출마

하지 말 것을 종용합니다. 즉 민주당 중앙당과 청와대가 임동호 유력후보를 낙마시키고 송철호 씨를 단일후보로 내세우기 위해 작전을 짰다는 혐의가 짙지요. 그리고 2018년 3월에 또 무슨 일이 벌어집니까? 계속 이어서 벌어지는 겁니다. 울산경찰청이 갑자기 김기현 당시 울산시장 비서실을 압수수색합니다. 이른바 청와대 하명 수사라는 의혹이 바로 튀어나왔지요.

그 결과 여론조사에서 큰 차이로 앞서가던 김기현 울산시장 어떻게 됐습니까? 직격탄을 맞아서 지지율은 곤두박질치고 불리하게 되어서 결국 낙선했습니다. 2018년 4월에 있었던 민주당 당내 경선에서는 또 어땠습니까? 당내경선에서 임동호 후보보다 불리했던 송철호 씨가 단독 울산시장 후보로 선출됐고 결국 울산시장이 되었어요. 이 사건은 청와대가 직접 개입해서 그런지 그 이후 경찰수사가 잘 진행됩니다. 수사가 진행되면서 임동호 전 더불어민주당 최고위원이 2018년 울산시장 선거 당시에 후보공천의 피해자였다는 의혹도 새로 일고 있지요. 임 전 의원이 청와대로부터 제7회 전국동시지방선거를 앞두고 문재인 대통령의 친구인 송철호 현 울산시장을 위해서 경선을 포기하는 대신 자리를 주겠다고 제안받았다는 의혹이 일어났기 때문이지요. 압수수색 과정에서 이런 사실도 드러났습니다. 전 대전경찰청장 황운하 씨는 지금 더불어민주당 국회의원입니다.

이번 검수완박법을 주도한 초선그룹 처럼회 소속이죠. 이분이 공직선거법 위반혐의로 피의자로 입건된 사실이 새로 확인되었습니다. 이후에 2018년 지방선거를 앞두고 김기현 울산시장이 수사 받았고 김기현 후보는 낙선

저항-민완기자 액션 수첩

했지만 2019년 3월 검찰에서는 김 전 시장의 측근 3명에 대해 증거 부족으로 무혐의 처리한 바가 있습니다. 김기현 수사를 맡은 울산지방검찰청 95쪽에 달하는 불기소 결정문에서 이렇게 이야기합니다. 수사의 공정성과 정치적인 중립성, 수사권 남용의 논란을 야기한 수사라며 이례적으로 경찰 수사를 비판합니다. 결국 당시 울산지방경찰청장이었던 황운하, 현 더불어민주당 의원입니다. 전 대전지방경찰청장 등은 직권남용 등으로 고소를 당했고요. 중앙지검에서 수사에 착수했습니다.

황운하 씨는 지금 기소된 상태에 있지만 당시 현직을 유지하면서 끝까지 버티다가 21대 총선에서 대전 중구에 출마해서 더불어민주당 국회의원으로 당선되었습니다. 이번 검수완박법 밀어붙이는 더불어민주당 내 강성 초선그룹 처럼회의 멤버이지요. 이런 경찰의 무리한 경찰 수사행태의 배후에 청와대 민정수석 비서관실이 있는지가 주요 쟁점입니다. 조국의 민정수석실에서 송철호 후보 당선을 위해서 경찰이 수사를 지시한 게 아닌가 하는 의혹이 있는 것이죠. 이와 관련해서 박형철 전 반부패비서관 담당 수석실입니다. 지방선거를 전후해서 현직 선출직 공직자와 관련된 비리첩보가 이런 경로로 전달된 것은 이런 사례가 유일했다. 똑똑히 기억한다고 검찰에서 진술했습니다. 김태우 전 특감반원은 이렇게 얘기했습니다. 특감반에서 김기현 당시 울산시장에 대한 문서를 봤다. 조국 당시 민정수석과 황운하 당시 울산경찰청장이 등장하는 수사동향 보고서였다. 이렇게 주장을 합니다.

김기현 전 울산시장은 이렇게 얘기합니다. 하명 내린 이유는 뻔하지 않느냐? 대통령 친구를 울산시장에 당선시켜 주기 위해서 그렇게 한 것 아니겠느냐. 민간인 사찰이다. 이렇게 주장했습니다. 이런 사건 덮어야 됩니까? 말아야 됩니까? 검수완박이 통과되고 제도화되면 청와대의 울산시장 선거 개입 의혹사건 누가 수사할 겁니까? 경찰이 할 수 있겠습니까? 황운하 경찰청장이 할 수 있겠습니까?

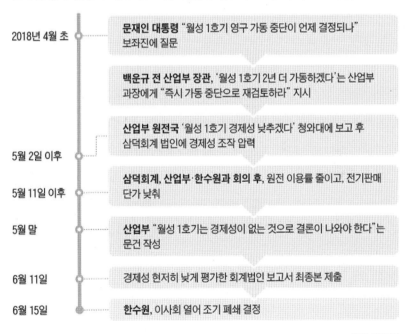

감사원 감사·검찰 수사에서 드러난 2018년 월성 1호기 경제성 축소 전말

2018년 4월 초	문재인 대통령 "월성 1호기 영구 가동 중단이 언제 결정되나" 보좌진에 질문
	백운규 전 산업부 장관, '월성 1호기 2년 더 가동하겠다'는 산업부 과장에게 "즉시 가동 중단으로 재검토하라" 지시
5월 2일 이후	산업부 원전국 '월성 1호기 경제성 낮추겠다' 청와대에 보고 후 삼덕회계 법인에 경제성 조작 압력
5월 11일 이후	삼덕회계, 산업부·한수원과 회의 후, 원전 이용률 줄이고, 전기판매 단가 낮춰
5월 말	산업부 "월성 1호기는 경제성이 없는 것으로 결론이 나와야 한다"는 문건 작성
6월 11일	경제성 현저히 낮게 평가한 회계법인 보고서 최종본 제출
6월 15일	한수원, 이사회 열어 조기 폐쇄 결정

〈출처〉 나무위키

저항-민완기자 액션 수첩

월성 원전 경제성 조작 사건은 또 어떻습니까. 문재인 정부의 지시로 산업통상자원부 소속의 공무원들이 월성 원전 1호기 조기 폐쇄를 위해 경제성을 조작했음이 감사원 감사를 통해서 밝혀진 사건입니다. 이 사건 역시 청와대의 개입 의혹이 강하게 제기되고 있습니다. 이 사건 덮을 겁니까? 경찰이 또 수사합니까? 울산시장 김기현 시장의 선거 개입 의혹 사건과 월성 원전 경제성 조작사건 마찬가지입니다. 청와대가 깊숙이 개입했다는 의혹을 사고 있지요.

산업부 블랙리스트 사건은 또 어떻습니까. 이 사건은 문재인 정권 출범 직후인 2017년 9월에 산업부 국장급 간부가 전 정권이 임명한 한국전력 산하의 발전사 네 곳의 사장에게 사표를 강요했던 사건이죠. 발전사 사장들이 임기를 2년 정도 남긴 채 모두 사임했습니다. 2019년 5월 검찰조사에서 산업부 국장에게 사표 강요를 받은 사실이 있다면서 당시 상황을 구체적으로 진술했다고 하는군요. 산업부 환경부 뿐만 아니라 총리실 기재부 법무부 교육부 보훈처 산하 관은 물론 과학계 조차에서도 비슷한 일이 있었습니다. 수사와 재판에서 움직일 수 없는 증거가 잇달아 나왔어요.

하지만 문재인 정권은 뭐라고 했습니까. 그건 블랙리스트가 아니라 체크리스트다. 우리는 사찰 DNA 자체가 없다. 이렇게 잡아떼는 뻔뻔함을 보였습니다. 문재인 정권은 전 정권의 문화계 블랙리스트를 대표적 적폐로 몰아서 전직 대통령, 청와대 비서실장, 장·차관 등 수십 명이 유죄를 받도록 했지요. 그래 놓고 자신들이 저지른 블랙리스트 사건은 뭉개버렸습니다. 이렇게 명백한 사건을 3년 이상 뭉갠 당시 정치검찰의 행태 역시 비판받아 마땅합니다. 역설적으로 정신이 똑바로 박힌 검찰이 비리 정치인이나 비리 공직자 수사에 대해서 직접 수사권을 행사해야 하는데 이를 차단당한다면 이런 사건의 진실이 은폐될까요? 아닐까요? 그런 다음은 누가 수사합니까.

언론장악 의혹사건은 또 어떻습니까. 2017년 9월 조선일보 보도입니다. 민주당은 공영방송 야당 측 사장과 이사진 퇴진을 목표로 담은 언론 적폐청산 문건을 작성했습니다. 현재 더불어민주당의 원내대표인 박홍근 수석원내부대표가 이를 확인한 게 기사에 있습니다. 문건에는 야당 측 이사들의

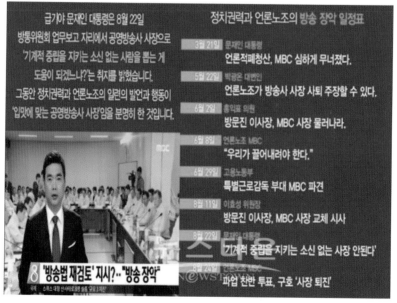

〈출처〉 뉴스타운 2017년 9월 12일 http://www.newstown.co.kr/news/articleView.html?idxno=298118

저항-민완기자 액션 수첩

개인 비리를 부각시켜서 퇴출시키자. 이런 내용이 포함되어 있습니다. 해당 문건에서는 더불어민주당은 공영방송 사장 퇴진문제와 관련해서 정치권이 나설 경우에 언론탄압이라는 역공의 우려가 있기 때문에 방송사 구성원 시민단체 학계 중심의 사장 퇴진운동 전개가 필요하다. 이렇게 적시하고 있습니다. 그 이후의 언론장악 시나리오는 실제 그대로 진행이 됐어요.

KBS의 경우에 강규형 명지대 교수 당시 KBS 이사였습니다. 강규형 이사를 쫓아냅니다. 그 자리에 김상근 씨를 앉혀서 이사회를 장악한 뒤에 임기가 7개월이나 남은 전임 고대영 사장을 축출합니다. 그랬던 더불어민주당이 공영방송을 영구적으로 장악해서 민노총 언론노조에 상납하려는 공영방송 사장 선출 악법을 발의하고 있습니다. 뻔뻔하기 짝이 없는 작태 그 자체입니다.

그 이후에 쫓겨난 강규형 교수는 문재인 대통령을 상대로 자신의 KBS 이사 해임처분 무효소송을 냈어요. 그리고 대법원에서 최종 승소했습니다. 원인무효 상황이 발생했는데도 책임지는 관계자는 한 명도 없지요. 언론장악 문건 누가 작성한 겁니까? 왜 작성했습니까. 그 과정에 청와대나 더불어민주당 관계자가 개입한 거 아닌가요. 이런 사건도 이제 덮어야 됩니까? 정권 바뀌면 다 덮습니까? 검수완박이 통과되고 제도화되면 청와대와 더불어민주당의 언론 장악문건 의혹사건은 누가 수사할 겁니까. 이밖에 태양광 비리의혹 사건 등 말하자면 밤샐 정도입니다.

지난 4월 20일 여야 간 중재안이라는 합의문을 다시 한번 살펴봅니다. 그 이후에 또 일부 수정은 되어 있습니다만 큰 흐름을 보면 공직자 범죄, 선거범죄에 대한 검찰의 직접 수사권을 봉쇄하자는 취지가 강합니다. 국민의 이름으로 더불어민주당에게 한번 물어 보겠습니다.

왜 이렇게 중요한 법안을 지난 5년 동안 법안 발의도 하지 않고 통과시키려고 노력도 안 했어요? 문재인 대통령 임기 이제 일주일도 안 남았는데 이제 와서 이 난리법석을 떱니까? 이렇게 중차대한 법안이었다면 몇 년 전부터 차근차근 준비해서 공청회도 폭넓게 하고 여론수렴도 했어야 하는 것 아닌가요? 뭐가 그리 급합니까. 이유를 대체 알 수가 없어요.

그런데 곰곰이 한번 더 생각해 보면 이유를 추정할 수 있습니다. 만일 이재명 씨가 지난번 대선에서 대통령에 당선됐다면 검수완박 이 악법을 국회 통과하려고 강행하려고 했을까요? 문재인 정권 5년 동안 검찰권력, 경찰권력 동원해서 온갖 패악질을 벌이더니 이제 겁이 많이 나는 모양이죠.

왜 이렇게 중요한 법안을 문재인 정권 5년 동안 추진하지도 않다가 문재인 대통령 임기 이제 일주일 남겨놓고 이런 난리법석을 떨어서 강행하려고 하는 의도가 뭐냐 이거예요. 만일 이재명 씨가 대통령으로 선출되었으면 검수완박법 국회 법안 발의했겠습니까? 더불어민주당 한번 말해보시기 바랍니다. 국민들이 그렇게 우습게 보입니까. 자신들이 여당일 때에는 그렇게 잘 들던 수사기관의 칼날이 이제 자신들에게로 향할 것 같으니까 덜커덕 겁나

저항-민완기자 액션 수첩

고 공포스럽지요? 죄지은 게 없으면 전혀 걱정할 필요가 없는데도 불구하고 졸속으로 법안을 통과시키려고 하는 것은 속셈이 뻔하지요.

일상생활에 바빠서 텔레비전 신문보도를 잘 보지 못하는 자주 접하지 못하는 국민들도 다 알고 있습니다. 국민들은 바보가 아니란 말입니다. 법조 전문가들만 비판하는 것이 아니라 많은 국민들이 문제점을 이렇게 비판하지요. 만일 이재명 씨가 대통령에 당선되었더라면 검수완박법은 나타나지 않았을 것입니다.

왜요? 말 잘 듣는 검찰권력, 경찰권력, 그 사정의 칼날로 또 야당 탄압하고 정권에 비판적인 세력들 길들이면 되지 않습니까. 속셈이 뻔하잖아요. 더불어민주당에게는 우리나라의 정의사회 구현이나 법치국가 실현 이런 게 1차 목표가 아닌 것 같아요. 더불어민주당 국회의원은 문재인 대통령의 안위를 지킬 꼼수만 부리는 거죠. 그래서 이 법이 문재인 보호법 더불어민주당 방패막이 악법이라는 비판을 받는 것입니다. 검수완박 악법은 문재인 보호법 더불어민주당 국회의원 보호법 이런 지적이 그래서 나오는 것입니다.

국민을 우습게 보지 말기 바랍니다. 분노한 국민들이 국회를 해산하라는 청원을 했어요. 좀 전 기사를 보고 왔는데 9만 명이 넘는 국민들이 지금 청원을 내고 있습니다. 국회를 해산하라고요. 국회 쳐들어갑니다. 국민들이 국회에 대한 국민의 신뢰가 완전히 땅에 떨어졌습니다. 정신 차리시기 바랍니다. 특히 이렇게 하게 되면 경찰권력이 비대해지지요.

일반 국민의 입장에서는요. 착하게 살아가는 사람들은 검사 만날 일이 별로 없어요. 하지만 경찰 만날 일은 많습니다. 교통 스티커 범칙금 딱지 떼이는 것부터 경찰 만날 일이 많습니다. 착하게 살아가는 사람도 검사보다는 경찰 만날 일이 많아요. 그래서 경찰권력이 일반 국민들에게는 훨씬 더 강하게 느껴지는 것이지요. 착하게 살아가는데 검사 만날 일이 뭐가 있어요?

경찰은 현재 정보 수사 치안이라는 막강한 권한을 가지고 있습니다. 저도 개인적으로 기자 초년병시절에 경찰서를 새벽부터 밤늦게까지 출입한 적이 있습니다. 경찰권력의 어마어마한 문어발식 안테나, 저는 온몸으로 체험했습니다. 동네마다 정보 형사가 배정되어 있습니다. 그 집에 숟가락 몇 개인 것까지 다 알아요. 쉽게 이야기하면 정치인들이나 주요 인물들이 무슨 일을 하는지, 어떤 동향을 하는지 매일 견문 보고서를 씁니다. 그 당시는 타이핑을 쳤기 때문에 부지런한 기자들은 일찍 가면 볼 수 있었어요. 지금은 컴퓨터에 저장해서 바로 쏘기 때문에 기자들이 잘 못 보지만. 이런 검수완박 악법이 제도화되면 경찰권력이 비대화 됩니다.

황운하 국회의원은 경찰권력 비대해지니까 좋아요? 경찰 출신이라서? 국민들은 그런 걸 바라는 게 아닙니다. 주인공은 국민이라는 거죠. 당신이 아니라. 경찰 독재국가로 가자는 말입니까. 경찰권력을 견제하고 감시해야 할 제도도 함께 강구하면서 천천히 가도 늦지 않습니다. 공청회 좀 하세요.

사족입니다만, '국민의힘'도 정신 차리시기 바랍니다. 왜 국민들이 윤석열 씨를 대통령으로 뽑아줬습니까? 첫 번째 명제는 촛불적폐를 청산하라는 겁니다. 지난 5년 동안 촛불의 이름으로 온갖 패악질을 벌이지 않았습니까? 앞에서 설명드린 대로 부정부패사건 불법 편법 국기문란 헌법위반사건 얼마나 많습니까? 김기현 울산시장 선거개입 의혹사건, 월성 원전 경제성 조작사건, 산업부 블랙리스트사건, 언론장악 문건사건 등 얼마나 많아요? 촛불적폐를 청산하라고 국민들이 윤석열 씨를 대통령으로 뽑아준 겁니다. 그 초심을 제발 잃지 말기를 바랍니다.

며칠 뒤면 집권 여당이 되니까 근육자랑 하고 싶습니까? 국민들이 바라는 건 그런 게 아니죠. 국민들은 진정으로 정의사회를 구현하고 법치국가를 실현해 달라는 겁니다. 그래서 검사 출신이 바로 대통령이 된 거예요. 이게 바로 촛불적폐 청산해 달라는 국민의 여론입니다. 말씀을 정리하겠습니다.

문재인 대통령. 애매한 소리 그만하시고 검수완박 특별법에 대한 거부권을 행사하시기 바랍니다. 도망갈 생각하지 마세요. 더불어민주당이 이 악법을 계속 몰아붙인다면 국민들은 이번 지방선거에서 더불어민주당을 심판할 것입니다. 국민의힘도 각성해주세요. 국민의 이름으로 심판받을 수 있습니다.

국민 여러분, 해외동포 여러분. 이제 국민팔이하는 정치권을 규탄합시다. 국민의 이름으로 장사하는 정치권을 규탄합시다. 그 실상을 제대로 압시다. 이제 국민들도 정신 똑바로 차리고 국민팔이나 하면서 자신들의 비리나 부정부패 사건을 덮으려는 정치권을 향해서 반대의 목소리를 강하게 냅시다. 감사합니다.

No.7

사찰

제목   당신들이 뭔데 내 핸펀을 몰래 봐?…공수처 통신사찰 대상

시기   2022년 2월

장소   서울중앙지법

"통신사찰 혹시? 나도 확인해볼까?" 그리고 깜놀한 사연

2021년 말 공수처의 통신사찰 사건[052]이 여론을 뜨겁게 달구었다. 나도 혹시나 대상이 되었을까를 의심했다. '아니면 그만이고'라는 심정으로 통신사에 조회를 신청했다. 나의 핸드폰은 KBS가 통신비를 일부 지원하는 법인폰이라 신청

▲ 10일 서울중앙지법 앞 정문에서 한반도인권과통일을위한변호사모임(한변)이 공수처의 '통신사찰'을 규탄하며 국가배상소송을 제기하는 기자회견을 열고 있다. 왼쪽부터 한변 사무총장 문수정 변호사, 한변 전임 회장 김태훈 변호사, 이영풍 KBS 기자. ⓒ이태준 기자

052 공수처 통신사찰 사건: 고위공직자 범죄수사처에서 2021년 6월 보도된 언론사찰에 대한 보도 이후 TV CHOSUN 기자들의 통신자료를 15차례 이상 열람한 사건. 이후 문화일보를 시작으로 조선일보, 중앙일보, 연합뉴스, 뉴시스, 뉴스1, 헤럴드경제, 노컷뉴스 등의 기자들의 통신자료까지 조사한 것으로 드러났다. 이후 일본 아사히신문 등 외신 기자, 정치권, 시민단체 관계자 등에게도 광범위한 통신조회가 이뤄진 것으로 드러나 파문이 확산되었다.

하는 데 애를 먹었다. 회사 법인 설립증 등 자질구레한 서류를 첨부 제출해야 최종 확인되는 작업이어서 괜히 했다는 후회도 들었다. 그리고 열흘쯤 기다렸다.

"이게 대체 뭔 일이야?"

나는 확인서를 받아들고 깜짝 놀랐다. 고위공직자 범죄수사처가 나의 휴대폰을 들여다본 것이 확인됐다. 공수처 수사과가 2021년 8월 2일, 공수처 수사3부가 2021년 10월 1일 각각 사찰했음이 드러났다. 개인 민감정보인 나의 이름과 주민번호, 주소 등을 털어간 것이 확인되었다.

SK텔레콤이 확인한 통신자료 제공 확인서, 2022년 1월

저항-민완기자 액션 수첩

국가배상소송 제기, 헌법재판소 법 개정 주문

나는 이를 확인한 뒤 한 달 만인 2022년 2월 '한반도 인권과 통일을 위한 변호사 모임(한변)'의 도움을 받아 원고 자격으로 국가배상소송을 제기했다. 비판 여론이 들끓자 이후 문제점들이 드러나며 반전의 소식들이 전해지기 시작했다.

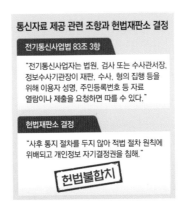

먼저 헌법재판소는 2022년 7월 21일, 수사기관이 이동통신사로부터 통신자료를 받을 수 있도록 한 전기통신사업법 83조 3항이 기본권을 침해한다며 청구된 4건의 헌법소원 사건에 대해 재판관 전원일치 의견으로 헌법불합치 결정을 내렸다.

이에 따라 영장 없이 광범위하게 개인정보를 수집하던 수사 관행에 철퇴가 내렸다는 해석이 나왔다. 헌법재판소는 특히 "2023년 12월 31일까지 국회가 관련 법 개정에 나서야 한다"라고 밝혀 2023년 말까지 법 개정에 나설

것을 주문했다. 일선 법원의 재판부도 2022년 7월 13일, 수사기관의 무차별 통신사찰에 대해 제동을 걸고 나섰다. 서울중앙지법 민사37단독 전경호 판사는 "범죄혐의도 없고 수사 대상도 아닌 변호사와 언론인의 인적 사항을 공수처가 무차별적으로 조회했다"며 "적법한 요건을 갖추지 못한 공수처의 사찰행위는 피해자와 국민에게 위압감과 불안감을 불러왔다"고 밝혔다. 이는 '한반도 인권과 통일을 위한 변호사 모임' 김태훈 한변 명예회장과 이헌 부회장, 우인식, 박주현, 권오현 변호사, 이영풍 KBS 기자가 낸 소송의 첫 변론기일에서 나온 재판부의 입장이었다.[053]

053   '통신사찰' 소송 재판부 "통신 조회 왜 필요" 묻자 공수처 "못 밝혀"
       중앙일보, https://www.joongang.co.kr/article/25086634

No.8

보훈

제목   민간인 학살자라고?…분노한 월남전 참전자회[054] 어르신

시기   2022년 8월, 9월

장소   KBS, 용산, 여의도 63빌딩

KBS 사장 모형 화형식⋯월남전 참전자회 어르신의 분노

　2022년 8월 18일 아침 출근도 하기 전에 선배 기자 한 명의 전화를 받았다. 그 선배는 이미 새벽 출근을 한 상태였다.

054　대한민국 월남전 참전자회: 2011년 12월 29일 「참전유공자 예우 및 단체설립에 관한 법률 개정안」이 국회를 통과하여, 2012년 4월 18일 공법단체로 공식 출범하였다. 대한민국월남전참전자회는 2012년 7월 4일 공법단체로서 창립총회를 가졌다. 대한민국월남전참전자회는 월남전 참전으로 이룩한 국위선양 및 경제발전의 위업을 후세에 기리기 위한 기념사업과 참전 정신의 계승을 통하여 국가안보와 자유민주주의 체제 수호에 기여하는 한편, 회원 상호 간의 친화와 단결로 회원의 명예 선양과 복리증진에 이바지하고 국가발전에 기여할 목적으로 설립되었다.

　　　　　　　　　　　　　　　　저항-민완기자 액션 수첩

〈이화종 월남전 참전자회 회장의 연설〉 공영언론사 사장 사퇴 촉구 연대집회, 2022년 9월 3일

"이 기자, 지금 경찰이 엄청나게 많이 회사 앞으로 몰려왔어. KBS 입사 이래 이렇게 경찰이 많이 몰려온 걸 본 건 처음이야. 이게 대체 뭐야? 한번 알아봐. 심각해."

나는 무슨 일일까 싶어 안테나 망을 돌려봤다. 월남전 참전자회 어르신 2만여 명이 여의도 KBS 앞에 집회신고를 냈다는 소식을 듣고 충격을 받았다. 무슨 일이 벌어졌길래 2만여 명이나 오시는 것일까?

서둘러 출근한 뒤 집회 장소로 가봤다. 군복을 입은 어르신, 상복을 입은 참전자회 유족들, 인산인해를 이루고 여의도 공원을 가득 메웠다. 그리고 KBS 사장 성토대회가 한창이었다. KBS 사장 모형 화형식도 거행되었다. 시

KBS 김의철 사장 모형 화형식, 2022년 8월 18일 여의도 KBS 앞

너를 뿌린 모형 인형에 불이 붙자 순식간에 활활 타올라 집회 참석 어르신
들은 "KBS 사장 몰아내자" 구호를 제창했다.

월남전 참전자회 관계자를 만나 자초지종을 들어봤다. 심각한 명예훼손
가능성이 농후한 사건이 있었음을 알게 되었다. KBS 노동조합의 성명서를
읽어보면 그날의 집회가 왜 발생했는지를 잘 이해할 수 있다.

저항-민완기자 액션 수첩

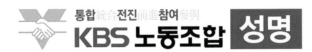

통합統合 전진前進 참여參與
KBS 노동조합   성명

20년 전 알려진 논쟁 아이템,
한국군의 베트남 민간인 총살사건을
1심 선고 전 방송한 까닭은?

KBS의 주요 뉴스와 다큐멘터리, 시사 토크쇼 등 주요 시사 프로그램은 엄청난 사회적 영향력을 행사한다. 식사 자리에서 논쟁이 벌어졌다가도 "KBS 방송에 나왔다"는 말 한마디로 논쟁이 정리되는 경우도 다반사이다. 그래서 KBS 제작 실무자들은 방송 중 말 한 마디, 한 마디에 조심을 해야 한다. 제작 책임자는 방송의 허위 유무와 방송 시기 등에 대해서도 신중한 자세를 견지할 필요가 있다. 특히 영향력이 막강한 KBS 방송 프로그램이 주요 사건의 선고를 앞두고 있다면 그 신중함은 더할 나위 없을 것이다. 어제 KBS 본사를 항의방문했고 "김의철 사장 사퇴하라"고 강력 항의한 월남전 참전자 전우회 2만여 명의 주장도 이런 측면에서 경청할 필요가 있다. 이들은 '김의철 화형식'을 감행하는 등 강력 반발했고 'KBS를 해체하라'고 선언했다.

월남전 참전자회는 왜 '김의철 사퇴촉구' 하고 분개했나?

자신들의 목숨을 내놓고 참전한 월남전 참전용사들을 민간인이나 마구 학살하는 일개 탈레반 집단처럼 KBS 보도본부 시사제작국 시사제작1부가 제작하는 〈시사멘터리 추적〉 방송이 묘사했기 때문이라고 주장한다. 이른바 베트남 전쟁 때 북베트남과 남베트남 접경지역인 '퐁니, 퐁넛' 지역 일대에서 일어난 베트남 민간인 총살 사망 사건이다. 8월 7일 방송된 〈시사멘터리 추적 편〉이 문제의 방송이었다. '퐁니, 퐁넛' 민간인 사망 사건은 이미 네이버나 나무위키 등에도 상세하게 소개돼 있다. 22년 전인 1999년 한겨레가 특종 보도한 뒤 잘 알려진 사건이다. 한국의 민변 등 특정 정치세력이 최근 몇 년 전부터 대한민국 국가를 상대로 손해배상 소송을 벌이고 있다. 그래서 일각에서는 본 소송을 '정치적인' 소송 사건으로도 평가한다.

전체 방송 런닝타임 26분 가운데 베트남인 사망 상세 방송 20여 분
월남전 참전자회 반론 인터뷰는 달랑 2분

먼저 방송 시간 배치부터 보자면 이른바 '악마적 편집'이라고 비판받아도 싸다는 평가를 받을 수 있다. 한국군의 베트남 민간인 학살사건이라고 규정하면서도 월남전 참전자회 홍보국장 조봉휘 씨의 반론 인터뷰는 달랑 2분만 할애했다. 이런 걸 업계 용어로는 '무고한 사람 다 죽여놓고 반론권 보장했다고 치고 빠지는 '히트앤드런(Hit and Run) 신공' 이라 부른다.

조봉휘 월남전 참전자회 홍보국장의 주요 인터뷰 내용은 달랑 2분, 왜 수박 겉핥기식으로 반영했나?

방송 시작부터 20분대까지 사건 현장의 주요 목격자들로부터 증언 인터뷰를 배치하고 현장을 상세히 소개해 본 방송은 정작 당시 '퐁니 퐁넛' 지역 군사작전의 배경을 설명하는 조봉휘 월남전 참전자회 홍보국장의 반론 인터뷰를 수박 겉핥기식으로 흘러보냈다는 지적을 받을 만하다. 방송에 소개된 1분 가량의 첫 인터뷰에서 조봉휘 홍보국장은 ● 당시 퐁니 퐁넛 지역이 북베트남과 남베트남 접경지역이었고 베트남 국도 1호선이 지나는 지역이어서 베트콩들이 거점지역으로 활동한 지역이었음을 설명한다. 특히 조봉휘 홍보국장은 두 번째 반론 인터뷰 (1분 가량)에서 ● 한국군이 통상의 경우 군사 작전 전에 민사작전을 실시해 민간인들이 작전지역을 이탈할 수 있도록 사전작업을 했음도 밝혔다. 그런데 사전 경고에도 불구하고 그 지역을 이탈하지 않고 베트콩으로 추정되는 세력을 도왔다면 작전에 돌입하는 한국군은 어떻게 해야 하는가? '퐁니 퐁넛' 사건의 경우에도 민간인 주거지역에서 먼저 총탄이 한국군쪽으로 날아들어 이런 참사가 일어난 것으로 기록돼 있다.

이 부분에 대한 속 시원한 설명이나 해명이 반영되지 않은 점은 방송을 본 많은 시청자들을 답답하게 만들었다. 베트남전은 베트콩 세력이 민간인 사이사이에 숨어들어 비정규전을 치른 탓에 전, 후방이 따로 없는 전쟁이었다는 평가를 받는다. 그런 와중에 한국군이 그리도 개념 없이 군사작전을 수행하는 탈레반 같은 비정규군은 아니지 않았을까?

미군이 촬영했다는 두 장의 사진, 상세 설명없이 일방 전달

미군이 당시 왜 출동했는지? 이 사진의 의미가 무엇인지를 상세하게 설명하지 않고 오로지 '한국군이 선량한 베트남 민간인을 마구 총살하고 수류탄을 던져 폭사시켰다'는 메시지를 전달하는 소품으로 악용됐다는 뉘앙스가 강하게 풍긴다는 비판도 가능하다. 결국 미군도 한국군의 베트남 양민학살 사실을 인정했다는 뉘앙스를 풍기기 위함이었나?

저항-민완기자 액션 수첩

제작 실무자와 책임자들은 국가손해배상 소송
1심 선고 전에 방송하는 결단을 왜 내렸을까?

재판이 걸린 모든 사건을 선고 전에 방송하지 말라는 법은 없다. 하지만 선고 전에 방송한 다면 신중에 신중을 기해야 한다. KBS 방송이 소송에 결정적인 영향력을 줄 수 있기 때문이다. 가령 소송 전에 방송을 한다면 이번 사건의 경우 방송 러닝타임 26분의 상당부분을 원고와 피고의 입장을 반영해야 할 것이다. 전체 방송시간 26분 가운데 반론 인터뷰 달랑 2분으로 땡처리하는 식의 '악마적 편집' 장난질을 치지 말아야 한다.

시사직격 진행자 임재성 변호사
'퐁니 퐁넛' 민간인 희생 사건 TF 대리인 활동

본 사건의 진상규명을 위해 민주사회를위한변호사모임(민변)의 '베트남전쟁 시기 한국군에 의한 민간인학살 진상규명을 위한 태스크포스'(TF) 소속 변호사 6명에 임재성 KBS 시사직격 진행자도 포함돼 있는 점도 눈길을 끈다. 임재성 변호사는 KBS 시사직격 프로그램을 진행하면서 그동안 과연 방송을 공정하게 진행했을까라는 질문에 답할 수 있어야 한다.

김의철 사장은 월남전 참전자회
면담하고 방송에 반영하라

월남전 참전자회는 어제 김의철 사장 면담을 추진했으나 불발됐다. 언론보도에 따르면 김덕재 부사장과 안양봉 시사제작국장이 면담을 한 것으로 나왔다. 월남전 참전자회는 김의철 사장을 만나 강력 항의하겠다는 입장인 것으로 보인다.

- 김의철 사장은 월남전 참전자회와 진정성 있는 만남을 하라.
- 수신료를 받는 공영방송사 CEO라면 그래야 한다.
- 2만 명 규모의 시위대가 KBS를 항의방문하고 '김의철 화형식'까지 감행했는데 이들을 모두 정신 나간 시청자들이라고 몰아세울 수는 없는 것 아닌가?
- 월남전 참전자회는 자신의 목숨을 내놓고 월남전에 청춘을 바쳤던 파병용사들이고 KBS의 소중한 시청자이다. 이들의 목소리를 외면하지 말라.

2022년 8월 19일

KBS 노동조합

편파방송이 드러낸 궁색한 반론권

전체 프로그램 러닝타임 26분 가운데 반론권 인터뷰가 달랑 2분이었다. 무성의하고 궁색하기 짝이 없는 사이비 반론권 보장 흉내나 내었던 건 아닐까? 월남전 참전자회 관계자를 만나서 들어보니 그 인터뷰도 방송 나가기 바로 며칠 전 연락이 와서 했던 것이고 인터뷰 장소도 출장을 가던 중 공항에서 급하게 했다는 설명을 들었다. 어처구니가 없었다. 뭐가 그리도 급했는지? 아니 백 번 양보하더라도 월남전 참전자회 어르신 단체가 무슨 범죄자 단체인지? 무슨 심대한 범죄를 저지른 조직원들을 탐사보도하나? 다큐 프로그램 제작의 abc가 없어 보이는 행동을 한 것으로 생각되었다. 편파방송이란 것이 따로 있나? 취재의 대상이 되었던 시청자 입장이라면 이런 것을 편파방송으로 느끼지 않았을까?

이화종 월남전 참전자회 회장님을 만나게 된 것도 이런 계기에서였다. 이화종 회장님은 극도로 분개하셨다. "20대 꽃다운 시절 국가의 부름을 받고 이역만리 이름도 모르는 베트남으로 가서 청춘을 고스란히 바치고 돌아온 참전용사들에게 국민의 방송 KBS가 이 무슨 짓이란 말이에요? 왜 우리가 베트남 양민 학살자란 말인가요?"라면서 KBS를 당장 해체해야 한다고 목소리를 높이셨다. 이화종 회장님은 "지금도 나는 전쟁 트라우마에 시달려요. 해병대 청룡부대원으로 파견되고 바로 전투에 투입됐는데 헬기에서 내리는 순간 많은 전우가 총을 맞고 현장에서 전사했어요. 나는 운이 좋아서 그랬는지 살아남았어요. 지금도 헬기 소리만 들으면 그 자리에 앉아서 잘 일어나질 못해요. 이 평생의 고통을 KBS 기자들이 알아요?"라면서 고통을 호소했다. 이화종 회장님은 "앞으로 KBS 노동조합과 함께 KBS 사장 몰아내고 이번 프로그램 제작 책임자들에게 책임을 묻는 연대투쟁을 끝까지 하자."라며 제안하셨다. 그리고 월남전 참전자회는 방송통신심의위원회에 문제의 프로그램에 대한 이의신청을 내는 등 법률투쟁도 시작했다.

KBS 사장 등 공영언론사 사장 퇴진 촉구, 연대투쟁으로 확대

공영언론사 사장 즉각 퇴진 촉구 연대집회 포스터, 2022년 9월 3일

저항-민완기자 액션 수첩

공영언론사 사장 즉각 퇴진 촉구 연대집회, 2022년 9월 3일 여의도

2022년 9월 3일 여의도 63빌딩에서는 방송의 날 기념식이 열렸다. 연례행사인데 방송통신위원회 관계자들은 물론이고 KBS 김의철 사장, MBC 박성제 사장, YTN 우장균 사장 등 이른바 편파방송의 책임자로 지탄받는 방송사 사장들이 대거 참석했다. 월남전 참전자회는 KBS 노동조합 등 공영언론 노동조합 연합체, 각종 시민단체 등 30여 개 단체와 연합해 공영언론 사장 즉각 퇴진 촉구 집회를 열었다. 약 3천여 명의 집회 참석자가 운집했고 편파방송을 일삼는 공영방송의 최고 책임자들에게 즉각 사퇴하라는 직격탄을 날렸다.

월남전 참전자회 어르신들과의 연대투쟁은 계속 이어져 용산 대통령실 앞에서 가짜 방송 규탄 집회도 함께 펼쳤다.

〈보수 언론·시민단체 "MBC 가짜 뉴스 규탄" 기자회견〉
용산 전쟁기념관, 2022년 9월 28일
〈출처〉 자유일보, 2022년 9월 28일

법원, '베트남전 민간인 학살' 한국 정부 배상 책임 첫 인정

이 와중에 월남전 참전자회 입장이라면 이해하기 어려운 법원의 판결이 나왔다. 베트남 전쟁 당시 한국군의 민간인 학살에 따른 피해를 한국 정부가 배상해야 한다는 판결이 나온 것이다. 서울중앙지법 민사68단독 박진수 부장판사는 2023년 2월 7일 베트남인 응우옌 티탄(63) 씨가 대한민국을 상대로 낸 손해배상 청구 소송을 원고 일부 승소로 판결했다.[055] 이는 베트남 민간인 학살에 대한 우리 정부의 배상 책임을 인정한 첫 판결로서 향후 다

---

055   법원, '베트남전 민간인 학살' 韓정부 배상책임 첫 인정, 연합뉴스 2023.2.7
       https://www.yna.co.kr/view/AKR20230207108353004?section=search

른 피해자들의 소송 제기가 잇따를 가능성이 제기된다. 향후 항소 과정과 최종심까지 소송전이 잇따를 것으로 보여 그 결과에 따라 월남전 참전자회 어르신들의 대응이 주목된다. 조국의 부름을 받고 전쟁터로 투입된 월남전 참전자회 어르신들은 이 판결을 보고 무슨 생각을 하실까? 조국 사법부에 대한 배신감? 현재의 기준으로 60년 전 그 처절한 전쟁터를 마구 재단하는 법원의 몰역사성?

국방장관, "베트남전 민간인 학살 없었다" 법원 판결 부정

법원의 이 같은 판결을 부정하는 국방장관의 발언도 잇따라 나왔다. 이 사건이 얼마나 복잡 첨예한지를 보여주는 대목이다. 이종섭 국방부 장관이 최근 나온 베트남전쟁 당시 한국군의 민간인 학살 사건 피해자들에게 한국 정부가 배상해야 한다는 한국 법원 판단과 관련해 "국방부가 확인한 바에 따르면, 우리 장병들에 의해 (민간인이) 학살된 것은 전혀 없다."며 "국방부는 거기(판결)에 동의하지 않는다"고 2023년 2월 17일 밝혔다.

이 장관은 이날 국회 국방위원회 전체회의에 출석해 법원 판결에 대한 입장을 묻는 윤후덕 더불어민주당 의원에게 이같이 답했다. 이 장관은 "당시 상황은 굉장히 복잡했기 때문에 한국군 복장이 있다고 하더라도 그것(한국군)이 아닌 경우가 굉장히 많았다."며 "당시 미군도 '한국군에 의한 민간인 학살은 없었다'라고 결론 내린 것으로 안다."고 밝혔다. 이 장관은 "추후 법적 조치에 대해서는 관련 기관과 협의해 진행해 나갈 생각"이라며 "파월 장병

들의 명예를 생각해서도 이 부분에 대해 엄중하게 보고 있다."고 말했다.[056]

056   국방장관 "베트남전 민간인 학살 없었다"···법원 1심 판결 부정, 경향신문 2023.2.18.
       https://www.khan.co.kr/politics/defense-diplomacy/article/202302171723001

No.9

공감

민완기자 액션 수첩

제목 나도 썼다. 책 한 권…공감으로 집권하라

시기 2020년 9월

《공감으로 집권하라》…책 집필 투쟁의 보람

2020년 총선을 통해 거대 여당이 출범하면서 나는 우리나라 민주주의에 큰 먹구름이 몰려올 것이라는 직감을 가졌다. 그 직감은 곧 현실화 되었다. 내가 속한 KBS 뿐 아니라 우리 사회 전반에서 목격된 연성 독재주의[057] 현상으로 귀결되었던 것이다. 이른바 촛불정권이 권력 내면의 권위주의를 드러내면서 권력의 독재성을 유감없이 발휘하기 시작한 것이다.

권력이란 원래 균형추가 무너지면 편파성을 드러내며 한쪽으로 급속도로 기울어지는 경향이 크다. 그러면서 내면의 독재성을 띠는 본질을 가지지 않았는가? 그래서 권력은 자식과도 나누지 않는다고 하지 않는가? 인류는 부족하나마 수천 년에 걸친 실험 끝에 입법, 행정, 사법의 삼권분립이라는 시스템을 통해 질주하는 독재 권력을 조금이나마 순화시키는 지혜를 마련해왔다. 많은 희생자들의 피와 땀으로 쌓아 올려온 우리나라 민주주의, 이를 어떻게 만들어 온 우리 시대의 유산인데 말이다. 그런 심정으로 책 한 권을 집필하였다. 《공감으로 집권하라》는 세금 잘 내고 아이들 잘 키우고 싶은 심정을 가진 평범한 시민의 목소리였다. 마침 책이 출간되자 많은 언론인이 나의 책을 소개하는 등 보이지 않는 도움을 주셨다. 아래는 이 가운데 〈신동아〉 2020년 11월호에 소개된 내용이다.

---

057   촛불정권, 연성 독재로 전락했다, 진중권의 퍼스펙티브
      https://www.joongang.co.kr/article/23862385#home

新東亞

정치 · 경제 · 사회 · 국제 · 문화&라이프 · 정보과학 · 스포츠 · 피플

저자와 茶 한잔

'공감으로 집권하라' 펴낸 이영풍 KBS 기자

'21세기형 이순신 장군'을 찾는 우파 집권 플랜

입력 2020-10-26 10:00:02　　　댓글 쓰기　｜　📄 읽기 설정

'공감(共感)'은 타인의 감정을 충분히 이해하는 마음이다. 인간에게는 공감 능력이 있어 공동체를 이루고 협력하며 문명을 일으켰다. 한쪽에선 아파하는데 한쪽에선 귀를 막고 다른 이야기를 떠든다면 인류의 발전은 요원했을 터. 이탈리아 신경심리학자 지코모 리촐라티는 "인간은 본능적으로 타인과의 교감을 갈망하고, 보는 것만으로 타인의 마음이 머릿속에 거울처럼 반영된다"고 말한다. 사람은 누구나 상대를 이해하는 만큼 공감받기를 원한다.

이영풍(50) KBS 보도본부 라디오뉴스팀 기자가 '공감'이라는 화두로 펜을 들었다. 4·15 총선 패배로 전국 선거 4연패라는 참담한 성적표를 받은 한국 보수당이 어떻게 국민과 공감해야 할지를 사건과 정책을 예로 들며 조목조목 설명한다. 각 사안을 '이슈' '실태' '논쟁' '대안' 순으로 설명해 한눈에 현안을 파악할 수 있도록 했다. 25년차 기자의 혜안은 보수 정당뿐 아니라 정치권 인사라면 누구나 공감할 만하다. 다음은 그와의 일문일답.

-책을 집필한 동기는 뭔가.

"지난 4월 총선으로 180석 '슈퍼 여당'이 출현하다 보니 좌우 정치세력의 건전한 균형에 경고등이 켜지는 사례가 많았다. 예를 들어 고위공직자범죄수사처(공수처) 설치와 검경수사권 조정, 언론 지형 변화, 미·중 신냉전 상황의 한국 외교 등에 대해 문제점과 대안을 메모하기 시작했다. 총선 결과를 분석하면서는 그동안 우파 정치세력이 스스로를 개혁하지 못하고 특정 소수 세력

에 포위된 구조적 문제가 눈에 들어왔다. 이를 종합해 1·2장은 대한민국 우파의 태생과 총선 결과 분석 및 집권 가능성을, 3·4장은 앞으로의 과제를 다뤘다."

-우파 정당의 가장 큰 한계가 무엇이라고 보나.

"인재 영입 방식이다. 현장 활동가를 키우고 영입하는 좌파와 달리 우파는 과거부터 육군사관학교 출신이나 고위공무원, 율사(법조인) 출신 인물을 흡수하는 방식이었다. 그러니 시대 변화를 좇아가지 못했고, '꼰대 정당'이라는 비판을 들었다. 국민과 공감하지 못했다."

-그래서 공감을 강조했나.

"그렇다. 나라가 잘되려면 우파든 좌파든 의회에서 토론하고 나라의 생존법을 함께 찾아야 한다. 국민과 공감, 유권자와 공감 없이 특정 세력이 정치를 주도하면 중국 홍위병이나 독일 나치로 흐를 가능성이 크다. 총선 이후 그러한 징후가 나타나고 있다고 본다. 부동산 문제도 그렇다. 자유민주주의는 건전한 시장 자본주의를 존중한다. 공산당 중앙계획경제국에서 가격을 결정하는 체제가 아니다. 정부는 부동산 가진 사람을 나쁜 사람

으로 몰아간다. 이대로 계속 간다면 '시장의 복수'를 피하긴 어렵다고 본다."

-21세기형 충무공 이순신 장군을 찾아야 한다고 했는데.

"이순신 장군의 팬이다. 광화문에서 충무공 동상을 볼 때마다 가슴에서 불끈 솟아오르는 무언가가 있다. 충무공 정신은 자유이자 헌신, 혁신이라고 생각한다. 해군은 바닷길과 조류, 기상 등 외부 환경을 적극 활용하는 만큼 해양 문화가 발달한 국가는 자연과학이 발달하고 합리주의 문화가 자리 잡는다. 그리고 충무공은 책임과 헌신에 대해서도 철저했고, 거북선을 만들고 병졸의 지혜를 듣는 혁신의 아이콘이었다. 자유와 헌신, 혁신은 이른바 우파 정치권의 3원칙이라고 본다."

신동아 2020년 11월호

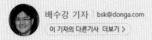

배수강 기자　bsk@donga.com
이 기자의 다른기사 더보기 >

No.10

소통

민완기자 액션 수첩

제목   나도 한다, 유튜브 방송...이영풍TV

시기   2022년 2월 개국

내친 김에 유튜브 방송도 해보자

　　성창경 전 KBS 공영노조 위원장이 회사를 그만두면서 유튜브 방송을 한다는 소식을 듣고 만났다. 2022년 2월 초였다. 성창경 위원장은 언변도 출중해 유튜브 업계에서는 구독자 75만 명을 보유한 '인플루언서'로 이름을 날리고 있다. 기자 시절 단련된 방송 멘트력과 핵심을 뽑아내는 직관력이 특징이다. 성창경 위원장과의 커피타임 끝에 나도 유튜브 방송을 할 수 있겠다는 자신감을 가졌다.

　　유튜브 방송은 거창한 스튜디오나 방송 장비가 필요한 것이 아니다. 녹화할 휴대폰과 거치대 그리고 간단한 마이크만 있으면 1인 미디어인 유튜브 방송을 즐길 수 있다. 방송 타이틀부터 정했다. 처음에는 '영풍TV'로 하려고 했다가 개국 직전 '이영풍TV'로 급전환했다. 큰아들이 중요한 역할을 했다. '영풍TV'는 충남지역의 유명한 역술인이 운영하는 유튜브 방송이었음을 뒤늦게 발견했기 때문이다. 천만다행이었다. 몰랐다면 그분에게 큰 실례를 끼칠 뻔했다. 이후 친분이 있는 선배님이 채널아트 등을 구성해 주었다. 그리고 2022년 2월 15일 '이영풍TV'를 개국했다. '알기 쉬운 시사 뉴스, 속 시원한 뉴스 논평'을 주제로 콘텐츠를 제작하고 있다.

저항-민완기자 액션 수첩

현재까지 구독자 수는 5만 명이 넘었고 업로딩 되어 있는 콘텐츠는 2백 여 개를 훌쩍 넘긴 상태이다. KBS 현업을 병행하다 보니 전문 유튜버처럼 콘텐츠를 다량으로 제작하지 못하는 약점도 있다. 하지만 앞으로 꾸준히 유튜브 콘텐츠 제작에 매진해볼 작정이다. 혹시 또 모르지 않는가? 누군가가 나의 유튜브 콘텐츠를 시청한 뒤 공감하고 소통하는 친구가 될 수도 있지 않을까? 항상 소통의 문을 열어 놓아야 한다. 그래야 퇴보하지 않는다. 그래야 열린 사회로 간다. 칼 포퍼가 설파한 명언을 바탕으로 앞으로 '이영풍TV'를 더 활짝 열린 공론의 장으로 만들어 볼 계획을 다짐한다.

"우리는 언제나 틀릴 수 있다. 왜냐하면 우리는 유한하기 때문이다. 합리적 비판이 없는 곳엔 철학도, 과학도, 민주주의도 없다. 절대적이고 영원한 지식은 없다. 열린 사회는 토론과 비판의 자유가 보장되는 사회이다. 열린 사회로 가는 최선의 길은 점진적 사회공학이다. 민주주의는 다수결이 아니다. 민주주의는 가장 나쁜 국가형태, 즉 전제 정권이나 독재정권을 피하는 수단이다. 무장한 폭력 앞에 민주주의는 폭력으로 자기를 방어해야 한다. 자유의 값은 영원한 불침번이다."[058]

058   칼 포퍼, 2000, 우리는 20세기에서 무엇을 배울 수 있는가? pp.15~49

동맹 - DMZ POLICE였던 테일러 일병은 잘살고 있을까?

야구 - 파울 볼은 아~주라

행운 - 천국 갈 뻔한 교통사고…새롭게 태어나다

추억

민완기자 회고 수첩

No.1

동맹

제목   DMZ POLICE였던 테일러 일병은 잘살고 있을까?

시기   1991년~1993년

6·25 전쟁 71주년 앞두고 2021년 6월 23일 페북

며칠 뒤면 6·25 전쟁 71주년이다. 최근 전역하고 복학을 준비하고 있는 큰아들이 군대 이야기를 끄집어냈다. 덩달아 30년 전 나의 군 시절이 생각났다. 대한민국 남자는 모두 군대에 간다. 나도 그랬다. 1990년 12월 17일 논산 육군훈련소에 입소했고 1993년 5월 20일 전역했다. 큰아들이 계산해 줬다. 복무기간이 886일이다. 근데 왜 이렇게 입대일과 전역일까지 잘 외우냐고? 군대 다녀온 사람이라면 이걸 잊을 수 없다. 입대일과 전역일은 죽을 때까지 외우게 되어 있다. 젊은 시절 자신의 소중한 청춘과 개인의 자유를 나라를 위해 맡기고 봉사했기 때문에 그런 것 아닐까? 각종 번호의 조합인 군번도 아마도 죽을 때까지 절대 잊지 못할 것이다.

테일러 일병과 함께, 1992년 DMZ 캠프 그리브스

추억-민완기자 회고 수첩

나는 대학 2학년 때인 1990년 당시 카투사 시험에 합격했다. 예나 지금
이나 사관학교에 지원하지 않은 거의 모든 남학생이라면 어떻게 하면 군 생
활을 조금이나마 유익하게, 또 편안하게 해볼 수 있을까를 고민하지 않을
까? 나도 마찬가지였다. 그러던 중 카투사 복무를 끝내고 전역했던 학교 선
배의 조언을 우연한 기회에 듣게 되었다. KATUSA[059] 시험을 쳐서 군에 가
게 되면 군 생활을 하면서 영어도 배우고 군 복무도 할 수 있는 일석이조의
기회가 된다는 것이었다. 바로 준비했고 1990년 여름 카투사 시험을 쳤다.
국사, 국민윤리, 영어 등 3과목에 300점 만점이었는데 난 운이 좋았던지 점
수를 잘 받아서 KATUSA 시험을 한 방에 붙어버렸다. 논산 육군훈련소 훈
련과정을 마치고 미군부대로 배속이 되었다.

카투사라고 하면 흔히 서울 용산 미군기지나 후방의 미군캠프에서 근
무하는 병사들을 많이 떠올리겠지만 당시에는 휴전선 전방의 전투부대에
배속된 카투사들도 많았다. 지금은 많이 사라졌다. 아마도 경기도 파주, 문
산, 동두천 등 서부전선에 있던 전투부대들이 대부분 한국에서 철수한 이
유인 듯하다.

나는 경기도 문산의 민간인 통제선 이북 지역에 들어가 있던 캠프 그리
브스(Cp. Greaves)라는 곳에서 근무했다. 미 보병 제2사단 506보병대대. 일반
인들은 접근하기 힘든 '자유의 다리'를 건너 민간인 통제선 이북에 있었다.

---

059   KATUSA: 카투사(Korean Augmentation To the United States Army, KATUSA)는 대한민국 육
군인사사령부 예하 주한 미8군 한국군지원단(駐韓美八軍 韓國軍支援團) 소속으로서 주한 미국 육
군에 파견되어 근무하는 대한민국 육군의 부사관(전문하사)과 병을 말한다.
https://ko.wikipedia.org/wiki/%EC%B9%B4%ED%88%AC%EC%82%AC

당시 카투사 병사들 사이에서는 널리 악명(?)을 떨친 부대가 JSA(판문점 공동 경비구역)와 미 제2사단 506보병이었다. 506보병부대는 영화 〈라이언 일병 구하기〉에도 나오는 부대라고 한다. JSA와 506보병, 이 두 부대는 민간인 통제선 이북에 있는 유일한 미군부대였다.

그곳에 배치된 카투사들은 규정상 여느 카투사와 달리 '민정경찰'[060] 이라는 별도의 명찰을 군복에 달고 다녀야 했다. '민정경찰' 즉 DMZ-POLICE란 뜻이다. 비무장지대 군사경찰이라고 해석하면 될까 싶다. 카투 사로 입대한 병사들은 가장 배치받기를 꺼리던 곳이었다. 이 부대의 카투사 들은 북쪽인 판문점 방향으로는 이동이 상대적으로 자유로웠으나 반대로 남쪽인 자유의 다리 방향으로 휴가증 없이 임진강을 건널 수 없었다. 평상 시에도 병력의 80%가 항상 부대 안에 남아 있어야 했던 탓에 비좁은 부대 안에 미군이 약 700여 명, 카투사가 100여 명이 와글와글했던 특이한 부대 였다. 후방의 카투사 병사들에게는 자주 돌아왔던 Pass(외출) 등은 하늘에 서 별 따기라고 해도 과언이 아니었던 희한한 미군부대였다. 이것이 모두 휴 전선에 가장 근접한 미군부대여서 그랬을 것이다.

1년 중의 절반인 약 5~6개월 동안을 휴전선 근처에서 야전 훈련을 되 풀이했다. 미군의 훈련예산이 얼마나 많은지 특히 9월에서 12월 초까지는 FTX 등 야외훈련이 끊임없이 이어졌다. 같은 부대 내 미군 인사과에 근무

---

060   민정경찰: (DMZ POLICE) 비무장지대에서 경찰 업무를 담당하는 사실상의 군인이다. 6·25 전쟁의 정전협정 제9조에 따르면, 비무장지대 내에는 무장 군인이 들어가지 못한다. 따라서 군사분계선 주 변에서 근무하는 이들은, 민사행정경찰의 신분으로 작전에 투입된다.

했던 선임 병사의 말에 따르면 한 해를 넘기기 전에 훈련예산을 모두 소진해야 하는 것 같다는 얘기를 전해 듣곤 했다. 부대로 복귀하면 또 어땠을까? 1주일 동안의 훈련계획이 빈틈없이 진행되었다. 매주 목요일 새벽 4시부터 아침 7시 반까지 3시간 30분 완전군장 집중 행군, 매주 월수금 아침 6시부터 7시 반까지 PT와 구보, 헬기 타고 공중강습(Air striking) 훈련을 하는 전투보병이었다.

부대 비상도 자주 걸려 새벽에 완전군장으로 대기했던 기억도 생생하다. 귀를 찢는듯한 그 비상 사이렌 소리. 새벽에 자다가 들으면 가슴이 쿵쿵 뛰었다. 완전군장 새벽 행군? 구보 1시간 넘게? 별거 아닐 것 같다는 생각을 할 수도 있다. 빨리 가든지, 아니면 늦게 가든지 전우들이 다 같이 끝까지 간다면 그렇게 생각할 수 있겠다.

그러나 미군은 달랐다. 병사들끼리 경쟁이 치열했다. 그 점이 한국군과 다른 점이다. 군 생활 전반에 진급 경쟁이 치열했고 그 결과에 따라 승진과 연봉이 달라졌다. 미군은 행군이나 구보에서 낙오자가 발생하면 따라오는 대형트럭에 이들을 태웠다. 트럭보다 늦은 속도로 행군했다가는 뒤에 처져서 트럭에 실리게 되었다. 처음에는 웰빙 당나라 군대라고 생각했다. 그런데 그게 아니었다. 그 트럭에 타는 순간 관등성명이 기록되어 연봉이 깎이거나 진급에 막대한 차질이 빚어진다. 즉 돈과 승진 평가로 직업군인인 미군 장병들의 군기를 자동 관리했다. 아주 자본주의적이었다. 미군은 연봉 인상과 승진을 위해 죽기 살기로 뛰고 달렸다.

그럼 카투사는 어땠을까? 입대한 지 1년 반을 넘긴 고참 상병이 군기반장이었다. 카투사 가운데 낙오자가 생기면 군홧발로 뻥뻥 차면서 모두 데리

고 갔다. "미군들에게 약한 모습 보이지 마라. 쪽팔지 마라."라면서 군기를
유지했다. 그 덕분에 전역할 때 람보 같은 우람한 근육과 체력을 키울 수 있
었다. 카투사들이 행군이나 구보에서 낙오자가 나왔던 날은 어김없이 집합
명령이 떨어졌다. 고참 병장이 늦은 밤에 으슥한 헬기장이나 야외 농구장으
로 카투사 집합을 걸어서 단체 얼차려를 받았던 기억도 많다.

물론 당시에는 위법적인 행태였지만 한국군 파견대장(대위)은 퇴근하고
부대에 없었고 이를 알고 있는 부대 안의 미군 지휘관들도 모른 척 넘어가는
일이 다반사였다. 미군은 연봉 인
상과 승진을 위해 뛰고 달렸지만,
카투사들은 애국심과 자존심으
로 버텼다. 그것이 미군과 한국군
의 차이였다. 1993년 전역하기 직
전 입대 6년 차 미군 병장 월급이
약 3천 달러(약 360만 원)였던 것으
로 기억한다. 카투사 병장 한 달
월급은 12,000원이었다.

미군은 에누리가 없었다. 철
저하게 FM(야전교범)대로 원칙을

팀 스피리트 훈련[061], 1991년 강원도

---

061 팀 스피리트 훈련: 한반도에서 발생할지도 모르는 군사적인 돌발 사태에 대비하기 위하여 1976년
부터 1993년까지 연례적으로 실시되었던 韓美 양국군의 연합군사훈련.
https://terms.naver.com/entry.naver?docId=531007&cid=46628&categoryId=46628

추억-민완기자 회고 수첩

지키면서 부대를 관리했다. 특히 웨스트포인트(美 육군사관학교) 출신의 장교가 소대장, 중대장, 대대장으로 오는 날이면 모든 부대원이 긴장하고 부대는 얼어붙었다. 이런 훈련을 미군 대대장은 쉬지 않고, 빠지지 않고 FM(야전교범)대로 실행했다. 눈이 펑펑 내리던 겨울철 새벽 제3땅굴 도라산 인근을 돌아오는 완전군장 행군의 추억이 지금도 뚜렷하다. 비무장지대로 발령받은 미군 장교들은 야전교범대로 부대를 운영했고 작전을 수행했다. 빈틈이 없었다. 미군 입장이라면 당연했다. 전 세계에서 최전선인 한국의 비무장지대, DMZ 휴전선에 왔으니 말이다.

그때 얼마나 뛰어다녔길래 무릎도가니가 아직도 얼얼한 것 같다. 야전 훈련이 많은 부대는 예나 지금이나 일반 병사들에게는 기피 대상이 아니겠나? 그래도 감사한 것은 그때 다진 체력으로 지금까지 잘 버티고 건강하게 산다는 것이다. 전역할 땐 거짓말 조금 보태서 람보 저리 가라였다. 근육운동을 열심히 하지 않으면 훈련을 나가서 다치는 수가 많았기 때문이다. 입대한 지 딱 1년이 지난 상병 때쯤엔 포기하고 뛰어다녔다. 금방 적응했기 때문이다. "까라면 까"라는 일방적 지시가 통용되던 것이 1990년대 초 군대 아니었나? 뭐 나만 힘들었나? 모두 고생하는데. 이렇게 생각하고 하루하루를 버텼다.

내가 근무했던 부대 시설은 2000년대 초 미군부대가 철수한 뒤 경기도청의 안보교육관으로 활용되고 있다. 최근 몇 년 전 공전의 히트를 쳤던 KBS 드라마 〈태양의 후예〉가 촬영된 곳이기도 하다. 기회가 되면 한번 다시 가보고 싶다.

그때 전우들이 지금도 생생하게 기억난다. 미군 장병들과 카투사 전우들은 지금 어떻게 지내고 있을까? 내 방의 룸메이트는 미군 3명이었다. 보통 카투사 1명에 미군 2~3명이 같은 방을 썼다. 그 가운데 가장 기억나는 미군 병사 한 명은 테일러 일병이었다. 쾌활한 성격에 일을 열심히 했던 직업군인으로 기억한다. 미군들은 도시 출신과 시골 출신들로 나뉘는데 서로 약간씩 달랐다. 테일러 일병처럼 도시 출신들은 눈치도 빠르고 카투사들과 잘 지냈다. 서로 다른 문화적 차이를 잘 극복하고 이해하고 지냈다. 한미동맹을 거창하게 설파하는 분들이 많은데, 이런 것이 한미동맹이다. 국력이 약한 나라 입장에서는 어려울 때, 국력이 강한 나라 입장에서는 국제전략적 이해관계가 맞아떨어질 때 서로 버팀목이 되어 주고 도와주는 것이 한미동맹의 핵심 아닌가?

테일러 일병은 계약한 군 복무기간이 끝나면 장학금으로 대학에 갈 수 있다고 군에 입대했다고 말했다. 테일러 일병은 그 뒤 무사히 전역하고 고향으로 돌아가 대학을 무사히 졸업했을까? 아주 궁금하다. 잘살고 있을까? 훈련 가서 내가 캔틴컵(수통컵)에 끓여준 신라면을 먹고 맵다면서 "Wow~ God damn so hot, man~"이라면서 고통스러워했던 표정이 지금도 생생하게 기억난다. 이른바 신라면 한미동맹 외교였다. 그 뒤로는 야전훈련을 나가든지 부대 막사 방에서도 혼자 알아서 잘 끓여 먹는 것을 보고 서로 한참 웃었다.

군대 생활이란 예나 지금이나 어디 있거나, 어느 군대이건, 군 복무 중인 병사들에게는 모두 배고픈 시절이니 말이다. 딱 30년 전인 1991년과

동계 FTX 야외훈련, 경기도 서부전선 비무장지대, 1992년

1992년 팀 스피리트(韓美합동 군사훈련) 동계 훈련에 투입되어 눈비 내리는 강원도 산골에서 같이 고생했던 기억도 생생하다. 동계 훈련을 나가기 전에 같이 찍었던 사진이 남아 있어 그때의 추억을 되새겨본다.

다 밝히기 거북하지만 관계가 아주 험악했던 미군들도 제법 있었다. 이건 뭐 동맹이 아니라 원수 덩어리였다. 일부 미군이 한국의 정서와 실정을 잘 이해하지 못하거나 한국을 비하하는 발언을 하는 날이면 치고받고 설전을 벌이거나 서로 심하게 다투어 군기교육대에 가는 카투사들도 일부 있었다. 동맹의 전제는 상호존중이다.

당시 혈기 왕성한 청춘들에게 무서운 것이란 없었다. 카투사들끼리는 똘똘 뭉쳤기 때문이었다. 연락되는 카투사 전우들과는 지금도 소통하고 만난다. 이 병장, 박 병장, 김 병장, 신 병장 등등. 전부 병장이다. 하늘의 명을 깨닫게 된다는 지천명(知天命)의 나이인 50살이 넘은 지금 만나도 그 기분은 30년 전과 똑같다. 즐겁고 비장하다. 비무장지대 카투사 '민정경찰 506보병'이었으니 말이다. 그 당시 일부 전우들에게는 섭섭하게 대했거나 잘해주지 못해 지금도 두고두고 후회하는 일들이 많다. 죽기 전에 만날 수 있다면 "정말 미안하다."라는 말과 함께 꼭 소고기를 대접하고 싶다.

며칠 뒤면 6·25 전쟁 71주년이다. 이 나라가 어떻게 그동안 유지되었나? 나라를 지키기 위해 목숨을 바친 선배 군인 장병들의 헌신과 희생 때문이 아닐까? 그분들의 희생이 없었다면 지금쯤 우리나라는 어떻게 되었을까? 나의 큰아들은 얼마 전 공군 병장으로 전역했고 작은아들도 곧 육군에 입대한다. (2023년 4월 만기 전역) 자랑스럽고 대견하다.

말로만 나라를 걱정하는 사람들이 많다. 우리나라를 이끌어가는 지도자급 인사 중에는 군 복무에 하자가 있는 분들이 상당수 있는 것 같다. 그래서 진정성을 1도 느끼지 못한다. 나라 사랑! 대한민국! 국방의무! 말로만 하지 말자.

좀 전에 큰아들과 집 앞에 있는 돈까스 식당에서 밥을 먹고 들어오다 아파트 편지함에 든 우편물을 들고 왔다. 대구에 있는 육군 50사단 훈련소에서 훈련받고 있다는 둘째 아들의 친구가 쓴 편지라고 한다. 오늘 밤 바로 답장을 써주라고 했다.

"어이~양 훈련병~고생 많지? 밥 잘 챙겨 먹고 아프지 마라. 훈련 잘 받고

추억-민완기자 회고 수첩

자대 배치 잘 받고 또 편지하거라. 양 훈련병! 자네가 애국자다. 진정한 애국
자! 고맙네. 내가 밤에 발 뻗고 편안하게 잘 수 있게 해줘서 고마워.”

6·25 전쟁 71주년. 잊지 말자. 그 엄청난 역사의 의미와 무게감을. 대한민
국 국군 파이팅이다.

No.2

야구

제목 파울 볼은 아~주라

시기 2009년~2015년

난 야구를 사랑한다. 왜? 2021년 6월 28일 페북

부산에서 초등학교 시절부터 야구글러브를 야구방망이에 끼고 다니면서 학교운동장이든 골목이든 닥치는 대로 친구들과 야구공을 주고받고 야구배트로 치고 달렸다. 왜 그랬을까? 80년 초 초등학교 5학년 때 흑백 텔레비전에서 방송되는 고교야구 게임을 조마조마한 심정으로 시청했던 추억이 아련하다. 부산고, 경남고, 경남상고, 경북고, 대구상고, 선린상고, 군산상고, 광주제일고, 천안북일고, 광주진흥고, 신일고, 충암고 등.

프로야구 개막 직전이었던 1981년까지만 하더라도 고교야구 선수들은 그 당시 초등학생들에겐 아이돌 그 이상이었다. 황금사자기, 대통령기, 봉황기, 화랑대기, 대붕기 등 전국 고등학교 야구경기는 거의 빠지지 않고 시청했었다.

초등학교 6학년 때는 프로야구가 공식 출범했는데 개막전 경기 장면이 지금도 눈에 선하다. 삼성라이온즈(대구)와 MBC청룡(서울) 두 팀의 격돌이었는데, 삼성의 이선희 투수가 던진 볼을 MBC청룡의 이종도 선수가 끝내기 만루홈런을 쳐서 승부가 갈렸다. 서울 동대문 야구장이 함성으로 터져나갔고 중계 아나운서

까지 흥분해 그런 난리 난 방송은 지금도 본 적이 별로 없다.

내가 살던 곳은 부산 동구의 수정동으로 고등학교 야구 명문고인 부산고등학교 인근이었다. 그래서 친구들과 멀리서 야구선수들이 연습하는 걸 재미삼아 보면서 선수들의 흉내를 내던 기억도 생생하다. 더구나 친구들 가운데 부모님으로부터 철제 징을 박은 야구화를 선물받아 신고 오는 아이들도 있었는데 그날은 서로 그 야구화를 신어보자고 한바탕 소동이 나기도 했었다. 40년 전 이야기다.

서울 여의도 본사로 발령이 나면서 나는 KBS 기자협회 야구단(한방구락부)에 가입해 신나게 사회인 야구경기를 즐겼고 어려서부터 야구를 배운 것

두 아들, 부산 사직 야구장 2007년

이 얼마나 행복한지 몰랐다. 4번 타자에 유격수가 나의 포지션이었다. 사회
인 야구가 대개 그렇듯이 나의 타율은 보통 6할에서 7할이었다. 투수가 던
진 볼 10개 중 6개에서 7개는 맞춰서 안타를 친다는 소리이니 제법 강타자
인 셈이다. 선, 후배들과 신나게 야구를 한 탓에 야구부 감독도 약 2년 한
것 같다. 방송기자협회 야구대회에 출전해 우승했던 경험도 즐거운 추억으
로 남아 있다.

나는 골프보다는 야구를 좋아한다. 같은 공을 치는 게임인데 골프는 칠
때마다 일정한 방향으로 볼을 쳐야 하는 부담이 있다. 바짝 신경 써야 한다.

내가 즐기는 스포츠인데 이렇게 신경 쓰면서 볼을 쳐야 하는 부담이 꽤 컸다. 그리고 무엇보다 볼이 너무 작다. 그 작은 볼이 행여나 OB가 나서 페어웨이 밖으로 나가거나 나무 밑으로 빠져들거나 헤저드에 빠지기라도 하면 정말 곤란하다.

이후 골프에 재미를 잃었다. 사회인 야구는 신나게 마음대로 볼을 때리면 된다. 어디로 가든 안타만 치면 된다. 자유롭다. 그리고 사회인들이 주로 쓰는 알루미늄 야구배트는 탄성이 좋고 볼이 맞고 난 뒤 소리가 경쾌하다. 그래서 나는 광 야구팬이다. 고향이 부산이니 당연히 롯데자이언츠 광팬이다. 한국 야구의 성지 부산 사직야구장이 리모델링 된다는 소식을 최근 뉴스에서 들었다. 사실 부산시민들이 향토야구팀 롯데자이언츠에 대해 가지는 애정은 대한민국이 다 아는 이야기 아닌가? 광적이다. 개인적인 생각에는 재개발사업이 한창인 부산항 북항 어딘가에 바다가 잘 보이고 바다로 직접 풍덩거리는 홈런을 칠 수 있는 야구장을 만든다면 좋겠다는 상상을 해봤지만 몇 년 전 무산되고 사직야구장을 리모델링하는 쪽으로 논의가 정리된 모양이다. 건립한 지 벌써 30년 가까이 됐기 때문에 편의시설 등이 부족하다고 한다. 부산시나 대한야구협회 등 관련 단체가 좀 더 관심을 가지고 더 좋은 사직야구장을 만들어줬으면 좋겠다.

10년 전 서울 목동에서 살 때 당시 초등학생 아들 둘과 함께 목동야구장을 자주 갔던 추억이 있다. 어웨이팀인 롯데응원단 자리인 줄 알고 3루 베이스 쪽으로 갔더니 목동야구장은 어웨이팀과 홈팀의 자리가 반대라서 아들과 1루 쪽 롯데응원단 쪽으로 뛰어갔던 해프닝도 있었다. 경기가 끝나

추억-민완기자 회고 수첩

고 롯데의 이대호 선수를 응원하기 위해 쫓아다녔던 기억도 생생하다. '이!
대!호!' 라면서 함성을 지르면서 응원하고 윙크 인사를 받았을 때 좋아서 고
함치던 추억이 아련하다.

　나는 야구를 배우면서 인생을 배웠고 인생을 즐겼다. 지금도 야구글러
브에 잔뜩 왁스를 발라놓고 잘 보관하고 있다. 이제 그 글러브를 아들이 보
관한다. 한 번쯤은 상상해본다. 내가 초등학교 때 야구선수로서 진로를 정
했다면 박찬호(공주고)나 이대호(경남고), 추신수(부산고), 류현진(동산고) 같은 대
선수가 될 수 있었을까? 그런 소리를 하면 돌아가신 어머니가 그때마다 말
씀하셨다.

　"니, 어데~ 공부 안 하고 정신 안 차릴끼가?"

　그래 맞다. 아쉽지만 야구는 취미활동으로 충분했다. 그립다 그 시절. I
Love Baseball. 반드시 파울 볼은. "아~ 주라." (Give the foul ball to the kids.)

No.3

행운

민완기자 회고 수첩

제목   천국 갈 뻔한 교통사고...새롭게 태어나다

시기   2008년 10월 11일

아찔했던 그 순간, 나는 새롭게 태어났다

방금 금강휴게소를 지났다. 2008년 10월 11일 새벽 0시 30여 분쯤. 음악을 들으며 부산으로 향하고 있다. 혼자다. 경부고속도로 영동나들목을 조금 지난 것 같다. 터널을 몇 개 통과하고 조금만 가면 김천이다. 김천휴게소 가서 쉬어야겠다. 그리곤 차선이 2차선으로 좁아졌다. 속도를 조금 줄였다. 그런데.

"쾅쾅쾅 칙칙칙 ~~~쾅!"
차 범퍼 밑에 뭔가 돌덩이 같은 것이 굴러 들어왔다. 차가 갑자기 덜커덩

폐차된 사고 차량 정면, 2008년 10월 11일

거리면서 오른쪽으로 기운다. 순간 급브레이크를 밟았다. 몸이 앞으로 쏠린다. 에어백이 터진다. 에어백은 내 얼굴을 부드럽게 감싼다.

옆자리 에어백도 터진다. 무섭다. 이렇게 죽는구나. 뭔지 모를 물체가 내 머리를 칠 것만 같다. 큰일이다. 그리곤 쿵하고 어딘가에 부딪힌다. 앞자리 창문 유리가 쩍 갈라진다. 타고 있던 차 엔진 전면부가 내게로 밀려온다. 으악! 죽는구나. 그리곤 잠시 정신을 잃었다….

왼쪽 갈비뼈가 아프다. 핸들을 꽉 잡았던 오른쪽 손목과 발목이 뻐근하다. 다리가 잘 빠지지 않는다. 그런데도 살아 있다.

"살았다! 살았다!"

순간 소리를 치며 감사했다. 밖에서 사람들 소리가 들린다. 본능적으로 도망쳐야 한다고 느꼈다. 다른 문들은 다 닫혔고 운전석 문만 찌그러진 채 열렸다.

운이 좋다. 누군가가 나를 돕고 있는가보다.

문을 열고 고속도로로 나갔다. 찬 바람이 분다. 춥다. 등골이 오싹하다. 지갑도 없고 휴대폰도 어디 갔는지 모르겠다. 일단 도망가자. 아주머니 한 분과 아저씨 한 사람이 빨리 자기들 쪽으로 오라고 소리를 지른다.

"거기 있으면 죽는다!"

저기 멀리서 시커먼 큰 물체가 내 쪽으로 돌진한다.

뛰자! 빨리 뛰자! 달렸다. 갓길인 것 같다. 아주머니 아저씨와 함께 뛰다가 어디에 걸려 넘어진다. 아이고, 갓길 턱에 웬 철근이 삐죽 튀어나와 있나? 무릎이 찍혔다. 피가 난다. 아저씨도 나와 함께 넘어져 피를 흘린다.

폐차된 사고 차량 측면, 2008년 10월 11일

아주머니는 비명을 질러댄다.

"죽는다. 으악."

덤프트럭이 달려왔다. 불과 10여 미터 앞 고속도로 1차로에 콘크리트 중앙분리대 큰 것이 2개가 깨져서 널브러져 있다. 순간 알았다. 내가 저기에 박은 뒤 튕겨 나갔구나. 넘어져 있는 중앙분리대 돌덩이를 덤프트럭이 또 박는다. 엄청난 굉음이다. 그 큰 차가 콘크리트 돌덩이를 치고 끌고 간다. 불꽃이 마구 튄다. 아주머니가 머리채를 잡고 비명을 지른다.

"으악."

덤프트럭은 허연 연기를 내며 시동이 꺼진다. 트럭도 숨이 끊어질 땐 덜커덩거리는가 보다. 차가 퍼졌다는 말은 이럴 때 한다. 그런데 뒤를 돌아볼 틈도 없다.

검은색 승용차가 바로 트럭 뒤를 추돌한다. 아주머니와 아저씨, 나는 손을 잡고 비명을 지른다. 인상을 찌푸린다. 바로 내 눈앞에서 그 큰 차들이 들이받고 뒤엉킨다. 아비규환이다.

왜 경찰은 안 올까? 119는 어디 갔을까? 춥다. 몸이 바들바들 떨린다. 와이셔츠 한 장 달랑 입고 도망 나왔다. 차 안의 점퍼를 꺼내야 하는데. 무서워서 내 차 근처에는 못 간다. 두 손으로 어깨를 어루만졌다. 계속 문질렀다.

추위에 떨면 안 된다. 아주머니가 전화한다. 그 전화를 빌렸다. 119와 경찰에 전화했다. 어딘지는 잘 모르겠는데 금강휴게소 조금 지나서다. 맞은편 서울 방향 고속도로에 지게차가 나타났다. 자세히 보니 중앙분리대가 뻥 뚫려 있다.

아 이제야 알았다. 서울로 가던 어느 녀석이 탄 차가 저 중앙분리대를 박았고 그게 부산 쪽으로 떨어졌구나. 지게차들의 사이렌 음과 불빛이 요란하다. 경찰이 나타났다. 여경이다. 키가 작다. 붉은색 지휘봉을 들고 차선을 통제하려 한다.

으이구. 저러다 또 사고난다. 경찰복은 검은색이어서 잘 안 보인다. 그런데 차들은 계속 달려온다. 그나마 아까 멈춰 선 덤프트럭이 차선통제 역할을 한다. 그런데 이건 또 뭔가? 튜닝한 파란색 스쿠프 스포츠카가 2차로로 쏜살같이 달려온다.

추억-민완기자 회고 수첩

등신이다.

"야, 인마야 너 죽는다."

콘크리트 돌덩이를 발견했는지 오른쪽으로 회전하면서 다시 왼쪽으로 휙 돌며 용케 피해간다. 깨진 콘크리트 파편들이 우리 쪽으로 튄다. 운전 잘 하는 놈이다. 운 좋다.

119 앰뷸런스다. 살았다. 2차선 차로가 모두 통제됐다. 그제야 고속도로로 내려갔다. 아주머니와 아저씨 그리고 나는 그때까지 2차선 좁은 길옆(갓 길이랄 것도 없다)에 세워진 길목 턱 위에 간신히 피신해 있었다. 더구나 방음벽을 등지고 있어서 도망갈 곳도 없었다. 고속도로가 뭐 이리 좁나? 119 아저씨를 잡았다.

"아저씨 제 차 문 좀 열어주세요!"

휴대폰과 소지품을 대충 챙긴다. 119 아저씨들이 타라고 한다. 절뚝절뚝 걸으며 앰뷸런스 안 간이침대에 누웠다. 무섭다. 아주머니는 계속 운다. 아저씨는 어디엔가 전화를 하고 큰 소리를 지른다.

잠시 누웠다 도착한 곳은 영동병원 응급실이다. 링거를 준다. 왼쪽 갈비뼈가 쓰리고 아프다. 무릎도 아프고 이상하다. 내 정신이 어리버리하다. 사고 피해자들이 하나둘씩 응급실로 실려 온다.

충북 영동에 산다는 25살의 총각이 들어온다. 이건 이런 중상이 없다. 머리끝부터 발끝까지 상하지 않은 데가 없다. 끙끙 앓는다. 숨만 붙어있다. 소식을 듣고 부모들과 여자친구가 왔다. 들어보니 내가 박은 중앙분리대를 가장 처음 충돌하고 튕겨 나갔다고 한다. 얼마나 빨리 달렸는지 갓길 옆 낭떠러지로 떨어져 논바닥에 뒹굴었다고 한다. 으이구 불쌍해라. 여자친구가 운다. 저 녀석 장가는 가겠나? 의사선생님은 최소 6개월이라고 한다. 그리고 "배 아프지 않냐?"라고 묻는다. 총각은 아직 안 아프다고 한다. 의사선생님은 배 아프면 바로 이야기하라고 한다. 장 파열 우려가 있다고 한다.

이번엔 아저씨 한 분이 들어온다. 으이구 이건 더 중상이다. 엎드려 들어 왔는데 가슴과 얼굴이 피범벅이다. 정신도 없는 것 같다. 아이고.

아주머니도 들어온다. 쇼크로 사시나무 떨듯이 떨고 있다. 내 왼쪽엔 중상의 총각이 누워 있고 오른쪽엔 아주머니가 사시나무 떨듯이 덜덜 떨고 있다. 응급실 시계가 벌써 새벽 3시 반이다. 그 사이 엑스레이 찍었고. 눈을 좀 붙여야 한다. 근데 못 잔다. 옆 총각은 계속 신음 소리를 낸다.

"아이고. 아이고."

숨만 붙어있다. 아주머니는 계속 울면서 신음한다.

그런데 아주머니 남편이라는 사람. 참 못된 사람이다. 그 새벽 시간에 보험회사에 전화해서 불만을 털어놓는다. 재수 없이 사고가 났다고 고성을 지른다. 부인을 위로할 생각은 하지 않고. 의사선생님이 아주머니에게 신경안정제 두 방을 놓는다. 아주머니가 조금 조용해졌다.

한두 시간쯤 잤나? 쓰리고 아프다. 여긴 어딘가? 충청북도 영동군의 영동병원이다. 난 부산 가야 하는데. 부산의 동료 직원에게 보험회사 신고를 부탁하고 간호사를 통해 사설 앰뷸런스를 불렀다. 한참 지나서 왔다. 129 앰뷸런스란다. 선글라스를 낀 총각 운전자가 왔다.

나를 앰뷸런스 간이침대로 옮긴다. 허리가 아프다. 그리곤 짐을 찾으러 내 차가 옮겨져 있는 정비공장으로 간다.

"아저씨 정말 다행이네유. 차가 다 망가졌는데 아저씨는 살았으니까유 정말 다행이네유. 차 한번 보실래유?"

덧없다. 앰뷸런스에서 내리기도 힘들었지만 완전히 폭격 맞은 것처럼 부서진 차를 보면 충격 받을 것 같았다.

"그냥 가요. 얼른 가지요."

이 총각 운전자는 뒤에 눕힌 나를 핑계 삼아 온갖 사이렌이란 사이렌은 다 울리고 빵~빵 거리며 질주를 시작한다. 어림잡아도 시속 150km는 되겠다 싶다.

살 떨린다. 또 사고 나는 것 아냐? 겁난다. 충북 영동에서 부산의 병원까지 1시간 40분 만에 도착했다. 한 시간 넘게 빨리 온 것이다. 추풍령을 넘는데 눈물이 나왔다. 살았다는 사실에 감사의 눈물이 나왔다. 계속 줄줄 흘러내렸다.

엑스레이 CT 촬영 등 여러 가지 검사를 했다. 의사선생님이 말한다.

"측면에서 봤을 때 평소에는 S자 형태인 척추가 환자의 경우 거의 일자로 섰네요. 아주 큰 충격을 받은 모양이네요. 뇌에서 지시하지 않아도 자율신경계가 작동하는 거예요. 이상할 건 없고요. 한 며칠 지나면 S자로 돌아갈 건데 그때부터 많이 아플 겁니다."

병실로 올라갔다. 잠이 온다. 계속 잔다. 정신이 혼미하다. 내 눈에 힘이 없고 눈빛이 어둡다. 등이 바늘로 쑤시는 것처럼 아프다. 오른쪽 목덜미가 통통 부었다. 아프다. '눈알'이 튀어나올 것처럼 아프다. 편두통도 심하다. 손목 발목도 시리고 아프다. 배는 큰 권투 장갑에 세게 얻어맞은 것처럼 아프고 얼얼하다. 몇 년 전 맹장수술 받은 부위는 속살이 시리고 찌릿찌릿하다. 역시 아프다. 후배가 사고개요를 들고 와서야 자초지종을 알게 되었다.

"오늘 오전 0시 반쯤 충북 영동군 용산면 경부고속도로 234킬로미터 지점에서 상행선과 하행선 차량 9대가 잇따라 추돌했습니다. 이 사고로 경북 구미시 현곡동 40살 이 모 씨와 서울시 공항동 이 모 씨 등 5명이 다쳐 인근 병원에서 치료받고 있습니다. 경찰은 상행선 차량이 들이받은 가드레일이 하행선 쪽으로 넘어지면서 사고가 난 것으로 보고 정확한 사고경위를 조사하고 있습니다."

최초 사고를 낸 운전자는 음주운전 의혹을 받는다는 이야기도 들었다. 그 사람 때문에 여러 명 고생이다. 그런데 정작 본인은 멀쩡하다고 한다. 음주 운전자가 사고를 내면 딱 두 가지라고 한다. 사망 아니면 아주 멀쩡하단다.

2주 입원 치료 뒤, 난 오늘도 병가를 내고 병원 치료받고 있다. 목과 허리에 통증이 심하고 온몸에 다발성 타박상 진단을 받았다. 차량이 완전 폐차된 사고에 비하면 일단 부러진 데는 없는 나는 그야말로 축복받았다. 행운이다. 물론 후유증은 오래 간다고 한다. 며칠 전 비가 오니 목덜미가 뻣뻣해지고 곳곳이 전기충격 받은 것처럼 찌릿찌릿했다. 그러나 살아 돌아온 것만으로도 나는 감사할 따름이다.

추억-민완기자 회고 수첩

이번 사고로 많은 교훈을 얻었다.

① 人命在天이다.

내가 죽고 사는 것을 내가 결정할 수 있는 것이 아니다. 언제 저세상으로 갈지 모르는 것이 우리 인간의 필연적인 운명이다. 거창한 과학이나 논리나 이데올로기도 이 문제를 해결하지 못한다. 우리 인간의 존재가 얼마나 가소로운 것인가? 그런데도 인간의 욕심은 머리끝까지 차서 끝이 없다. 죽음의 문턱에서는 이런 것 아무 소용이 없다. 그래서 힘든 세파에 지친 이들의 최종 종착역이 종교에 귀의하는 것이 새삼스럽지 않다. 이런 하늘 앞에서 좀 더 겸손해져야 한다.

② 新生善行이다.

나는 새롭게 태어났으며 좀 더 겸손하게 좋은 일 하면서 여생을 살아야 한다. 9살 때 부친이 운명하셨다. 난 아버지 없는 청소년기를 보냈다. 그래서 아버지 없는 설움을 잘 안다. 나의 두 아들 나이가 공교롭게 10살과 8살이다. 내가 이번에 불의의 사고라도 당했더라면 이 녀석들이 또 나처럼 아버지 없는 설움으로 청소년기를 보낼 뻔했다. 그래서 나는 하나님께 감사한다. 가슴을 쓸어내린다. 병문안 온 동료가 생일을 바꾸란다. 7월 6일에서 10월 11일로. 검토해 볼 만하다. 다시 태어난 나는 지금까지와는 좀 다르게 살아야 한다. 천국 갈 뻔한 생명을 선물로 다시 받았으니 좀 좋은 일을 하며 여생을 보내야 할 듯싶다.

③ 에어백 필수다.

반드시 달아야 한다. 에어백 없었다면 나는 목에 치명상을 입었을 것이고 그 결과는 생각만 해도 끔찍하다. 이번 사고로 본의 아니게 내가 탔던 승용차 홍보맨이 됐다. 후배 한 분도 이 차를 새로 샀다. 스마트 에어백을 꼭 달아야 한다. 형편이 허락한다면 차는 안전성이 강화된 옵션을 추가해 좋은 차를 타야 한다. 비싼 외제차 탄다고 나무라지 말자.

두서없이 기억나는 대로 썼다. 꼭 한번쯤은 기록으로 남겨두어야 할 것 같았다. 하지만 이제는 지우고 싶다. 2008년 10월 11일 새벽 0시 30분쯤 수원 연수원 교육을 마치고 귀가하다 경부고속도로 영동나들목 부근에서 발생한 9중 추돌사고의 추억을 나는 이제 내 기억 속에서 DELETE한다. DELETE KEY 꾸~~욱한다. 격려 전화 주시고 병실을 찾아주신 많은 분께 감사를 드립니다. 앞으로 새로 살겠습니다.

2008년 11월 1일. 李永豊 씀

에필로그

2023년 5월 30일 오후 4시 반. 나의 운명은 이 시점 이전과 이후로 나누어졌다. 그때 이미 직감했다.

"이 시간이 지나면 나는 이제 예전의 나로 돌아올 수 없을 것이다."

그리고 바로 직진했다.

여의도 KBS 본사 보도본부 사무실에서 나는 "여기가 민노총 해방구입니까?"라고 외치며 김의철 KBS 사장 체제의 종말을 선언했다. 국민의 방송 KBS가 민노총 왕국의 노영방송으로 전락했음을 폭로하고 국민과 함께 KBS를 국민의 품으로 돌리는 거대한 투쟁을 선언한 날이기도 했다.

"KBS를 국민의 품으로"라는 슬로건으로 시작했던 나의 투쟁은 벌써 70여 일을 넘겼다. 수많은 국민께서 호응해주셨다. 나에게 "국민기자"라는 애칭을 붙여주셨고 수백 개의 응원 화환도 보내주셨다.

반면 김의철 KBS 체제 앞으로는 이들에게 종말을 고하는 수백 개의 근조 조화 폭탄이 떨어졌다. 편파왜곡 방송과 불공정 방송에 대한 국민들의 강력한 항의의 메시지였다.[062]

"축 사망! 민노총 KBS! 축 부활! 국민방송 KBS"

국민운동이 시작됨을 알리는 대투쟁이 전개된 것이었다.

---

062   KBS 김의철 체제에 대한 근조 조화 보내기 운동은 KBS 정상화 범국민투쟁본부(이준용 공동대표, 박준식 사무총장) 주도로 전개됐다.

민노총 김의철 KBS 사장 체제 퇴진 촉구 국민집회, 2023. 6.28

    이 과정에서 수많은 자유 유튜버들도 가세해 국민들과 함께 투쟁했다.[063] 자유 유튜버들은 여의도 KBS의 투쟁 현장을 매일 생생하게 전달했

063   고성국TV, 성창경TV, 서초동법원이야기(염순태), 한동훈삼촌TV(김기환), 윤피디TV(윤여익), 석열

고 많은 국민이 시청하며 공감했다. 승리 투쟁할 수 있는 결정적인 동력이었다.

내부에서는 KBS 제1노동조합(위원장 허성권)과 KBS 방송인연합회(회장 정철웅)도 합세해 김의철 사장 퇴진과 남영진 이사장 심판을 외쳤다.

국민의 분노가 KBS 안팎에서 폭발하자 김의철 KBS 사장 체제는 나에게 "사내 직장 질서 문란"과 "외부 세력 불법행위 유발"이라는 어처구니없

동훈짱TV(남기석), 이봉규TV, 손상대TV, 진성호방송, 신의한수(신혜식), 따따부따(배승희), 펜앤드마이크TV(천영식), 빨대포스트(서민, 김유진, 정철웅), 어벤저스전략회의(신지호), 고영신TV, 누리PD-TV, KNL뉴스(강용석 김용호), FNL뉴스, K비탈TV, 김사랑작가TV, 한국시사TV, 이정성TV Korea, 드보라kr빛tv, 이창섭TV, 선구자유튜브, 신정해, 백두산TV4, 샬롬TV

김의철 사장은 제게 해고를 통보 했습니다

국민이 주인되는 방송을 하라 외치는 기자를 해고했습니다. 저는 해고통지서 수령에도 불구하고 의연하게 KBS 정상화를 위한 투쟁을 이어갈 것입니다. 국민 여러분과 함께라면 우리는 승리할 것입니다. 공영방송 KBS를 국민의 품으로~

이영풍 KBS보도본부 기자 ▶ 이영풍TV

는 죄목으로 해고처분을 통보했다.

김의철 체제는 결코 KBS의 주인인 국민을 이길 수는 없었다. 민노총 KBS 노영방송의 편파 왜곡 불공정 방송을 비판하는 국민을 외부 세력으로 몰고 민노총만의 KBS를 만들었던 그들의 숨통도 이제 끊어졌다. 쓰나미 같은 국민의 격렬한 저항 속에 그들도 이제 국민의 방송 KBS에서 퇴출당했고 무릎을 꿇었다. KBS는 원래 주인인 국민에게 다시 돌아갈 것이다.

2023년 5월 30일 이후 벌어진 KBS 사태로 나는 여느 KBS 기자처럼 60세에 축하 꽃다발을 받고 정년 기념식을 하며 아름다운 퇴장을 할 수 있는 달콤한 꿈을 잃어버렸다. 이것이 나의 운명이었을까?

힘들지 않냐고?
국민과 함께라면 결코 외로운 여정이 아니다.

후회하지 않냐고?
해고처분을 받고도 눈도 깜짝하지 않았다.
나의 운명이었다면 그 파도에 내 인생을 맡겨볼 뿐이다.

앞으로 어쩔 거냐고?
"끝장 투쟁"과 "직진 투쟁"을 계속할 것이다.
언론 정상화가 곧 대한민국 정상화의 지름길이기 때문이다.

특종본능으로 출발한 민완기자 이영풍의 쟁투는 이제 새로운 여정으로 들어섰다.

이제 지난 27년 동안 정들었던 내 직장 KBS를 떠난다.

"정성을 다하는 국민의 방송, KBS! 한국방송"
I Love KBS! 굿바이~

이영풍

부산항이 내려다보이는 금성고등학교에서 학창시절을 보냈다. 부산대 경제학과와 한국해양대 해운경영학 석사를 졸업했다. 영국 외무성 주관 쉐브닝 장학생에 선발되어 웨일스 카디프대학에서 해양정책(MSc in Marine Policy) 석사를 졸업했다. KBS에 입사해 평범한 기자의 삶을 살던 저자는 2001년 9·11 테러 이후, 한국에서는 만나보기 힘든 종군기자가 된다. KBS 종군 전쟁취재 특파원으로서 아프가니스탄 전쟁의 한복판에 뛰어들어 전쟁의 비극과 참상을 직접 목격했다. 이후 KBS 보도본부 시사제작팀장, 국제팀장, 신사업기획부장 등을 거쳤다. 현장 기자시절 군폭력으로 식물인간이 되었다가 기적적으로 깨어난 훈련병의 사연을 특종 보도해 KBS 우수프로그램상 보도 부문 최우수상, 방송통신심의위원회의 이달의 좋은 프로그램상을 수상했다. 일본 전역을 돌며 후쿠시마 수산물의 방사능 실태를 밀도 있게 추적해 YWCA가 뽑은 좋은 TV프로그램상을 받았다. 청해부대 충무공이순신함에 승선하여 소말리아 해적의 실태를 보도한 공로로 KBS 우수프로그램상 보도 부문 우수상을 수상했다. 2023년 5월 30일 KBS 보도본부 간부의 겁박에 "KBS가 민노총 해방구입니까?"라고 외치며 KBS의 편파, 왜곡, 불공정보도를 비판하며 사장 퇴진 1인 농성을 벌였다. 그리고 농성 70여 일만인 8월 10일 최종 해고되었다.

특종 본능
민완기자 이영풍의 수첩

글 이영풍 | **발행인** 김윤태 | **교정** 김창현 | **발행처** 도서출판 선 | **북디자인** 화이트노트
등록번호 제15-201 | **등록일자** 1995년 3월 27일 | **초판 1쇄 발행** 2023년 11월 11일
주소 서울시 종로구 삼일대로30길 23 비즈웰 427호 | **전화** 02-762-3335 | **전송** 02-762-3371

값 23,000원
ISBN 978-89-6312-629-6 03340